Des eigenen Glückes Schmied_in!?

Christiane Micus-Loos · Melanie Plößer
(Hrsg.)

Des eigenen Glückes Schmied_in!?

Geschlechterreflektierende Perspektiven auf berufliche Orientierungen und Lebensplanungen von Jugendlichen

Herausgeber
Christiane Micus-Loos
Fachhochschule Kiel
Deutschland

Melanie Plößer
Fachhochschule Bielefeld
Deutschland

ISBN 978-3-658-09132-3   ISBN 978-3-658-09133-0 (eBook)
DOI 10.1007/978-3-658-09133-0

Die Deutsche Nationalbibliothek verzeichnet diese Publikation in der Deutschen Nationalbibliografie; detaillierte bibliografische Daten sind im Internet über http://dnb.d-nb.de abrufbar.

Springer VS
© Springer Fachmedien Wiesbaden 2015
Das Werk einschließlich aller seiner Teile ist urheberrechtlich geschützt. Jede Verwertung, die nicht ausdrücklich vom Urheberrechtsgesetz zugelassen ist, bedarf der vorherigen Zustimmung des Verlags. Das gilt insbesondere für Vervielfältigungen, Bearbeitungen, Übersetzungen, Mikroverfilmungen und die Einspeicherung und Verarbeitung in elektronischen Systemen.
Die Wiedergabe von Gebrauchsnamen, Handelsnamen, Warenbezeichnungen usw. in diesem Werk berechtigt auch ohne besondere Kennzeichnung nicht zu der Annahme, dass solche Namen im Sinne der Warenzeichen- und Markenschutz-Gesetzgebung als frei zu betrachten wären und daher von jedermann benutzt werden dürften.
Der Verlag, die Autoren und die Herausgeber gehen davon aus, dass die Angaben und Informationen in diesem Werk zum Zeitpunkt der Veröffentlichung vollständig und korrekt sind. Weder der Verlag noch die Autoren oder die Herausgeber übernehmen, ausdrücklich oder implizit, Gewähr für den Inhalt des Werkes, etwaige Fehler oder Äußerungen.

Lektorat: Stefanie Laux, Stefanie Loyal

Gedruckt auf säurefreiem und chlorfrei gebleichtem Papier

Springer Fachmedien Wiesbaden ist Teil der Fachverlagsgruppe Springer Science+Business Media
(www.springer.com)

Inhaltsverzeichnis

**Des eigenen Glückes Schmied_in!?
Geschlechterreflektierende Perspektiven
auf berufliche Orientierungen und Lebensplanungen von
Jugendlichen – Eine Einführung** 1
Christiane Micus-Loos und Melanie Plößer

**Konstruktionen der Geschlechterdifferenz in Bewegung:
Wandel, Beharrung und (Re-)Traditionalisierung?** 11
Birgit Riegraf

**Riskante Übergänge und Doing gender – Vermittlungsleistungen
zwischen Lebenslauf und Biographie** 27
Barbara Stauber

**Normalitätsregime von Geschlecht und Sexualität
im Kontext von Arbeit** 43
Volker Woltersdorff

**Auf dem Weg in den Arbeitsmarkt. Junge Erwachsene im
Spannungsfeld zwischen Individualität
und Geschlechternormen** 61
Karin Schwiter

„Das Richtige für einen selbst rauszufinden,
ist ziemlich schwer". Normative Anforderungen in den
Berufswahlprozessen und Lebensplanungen junger Frauen 77
Karen Geipel, Christiane Micus-Loos, Melanie Plößer und Marike Schmeck

Riskante Übergänge: Politische Bildung in der
Berufsorientierung unter prekären Bedingungen 99
Susanne Offen und Jens Schmidt

‚Ein gutes Leben!' – Ansätze, Stolpersteine
und Qualitätsmerkmale einer intersektionalen
geschlechterreflektierten Pädagogik integrierter
Berufs- und Lebensorientierung 115
Katharina Debus

„Als ich selbst an der Maschine war, war ich erstaunt
wie leicht es ging" – Kriterien zur Gestaltung von
Berufsorientierungsveranstaltungen für Mädchen 135
Wenka Wentzel und Lore Funk

Angaben zu den Autor_innen

Katharina Debus Dipl. Pol. Dissens – Institut für Bildung und Forschung und freiberuflich. Arbeitsschwerpunkte (Fortbildung und Forschung): Geschlechterreflektierte und intersektionale schulische und außerschulische Pädagogik, Geschlechterverhältnisse, geschlechterreflektierte Rechtsextremismusprävention.

Lore Funk Dipl.-Soz. Kompetenzzentrum Technik-Diversity-Chancengleichheit e. V. Arbeitsschwerpunkte: Evaluation, Methoden quantitativer Sozialforschung, Berufsorientierung von Mädchen und Jungen.

Karen Geipel Dipl.-Päd. wissenschaftliche Mitarbeiterin, Technische Universität Berlin/Institut für Erziehungswissenschaft. Arbeitsschwerpunkte: Genderforschung, Berufsorientierung und Lebensplanung, Migrationspädagogik, Intersektionalität, Qualitative Sozialforschung.

Prof. Dr. Christiane Micus-Loos Fachhochschule Kiel, Fachbereich Soziale Arbeit und Gesundheit. Forschungsschwerpunkte: (Auto-)Biographie- und Generationenforschung, Geschlechterforschung, Gewaltforschung, Übergänge, Soziale Arbeit und Geschlecht, Methoden und Methodologien qualitativer Sozialforschung.

Dr. Susanne Offen Bildungswissenschaftlerin, Leuphana Universität Lüneburg. Schwerpunkte in Lehre und Forschung: Politische Bildung, civic education (auch im internationalen Kontext), Inklusion, Exklusionsrisiken, Didaktik der Sozialwissenschaften und des Sachunterrichts, Achsen sozialer Ungleichheit und reflexive Professionalisierung sowie Weiterbildungsforschung im Bildungsbereich.

Prof. Dr. Melanie Plößer Fachhochschule Bielefeld, Fachbereich Sozialwesen. Arbeitsschwerpunkte: Differenzverhältnisse und Soziale Arbeit, Ansätze und Perspektiven der Gender- und Queerforschung, Konzepte und Theorien Sozialer Arbeit.

Prof. Dr. Birgit Riegraf Universität Paderborn, Fakultät für Kulturwissenschaften, Allgemeine Soziologie. Arbeitsschwerpunkte: Gesellschafts- und Gerechtigkeitstheorien, Theorien und Methoden der Geschlechterforschung, Arbeits- und Organisationssoziologie, Hochschul- und Wissenschaftsforschung.

Marike Schmeck MA wissenschaftliche Mitarbeiterin, Fachhochschule Kiel, Fachbereich Soziale Arbeit und Gesundheit. Arbeitsschwerpunkte: Gender Studies und Ingenieurwissenschaften, Gender und Soziale Arbeit, Berufsorientierung und Lebensplanung.

Jens Schmidt Bildungsreferent, Arbeit und Leben Hamburg. Arbeitsschwerpunkte: Bildungsarbeit zu den Themen Geschlechterverhältnisse, Rassismuskritik, Antisemitismus, Qualitätsmanagement und Professionalisierung; Leiter Mobiles Beratungsteam gegen Rechtsextremismus Hamburg.

Dr. Karin Schwiter Universität Basel, Zentrum Gender Studies und Universität Zürich, Wirtschaftsgeographie. Arbeitsschwerpunkte: Arbeit, Identität und Geschlecht.

Prof. Dr. Barbara Stauber Universität Tübingen, Abteilung Sozialpädagogik, Genderforschungsinstitut Tübingen und IRIS Tübingen. Arbeitsschwerpunkte: biographische Übergangsforschung, Gender und Diversity, jugendkulturelle Praktiken, Methoden qualitativer Sozialforschung.

Wenka Wentzel Dipl.-Soz. Kompetenzzentrum Technik-Diversity-Chancengleichheit e. V. Projekte Girls'Day – Mädchen-Zukunftstag und Boys'Day – Jungen-Zukunftstag. Arbeitsschwerpunkte: Qualitative Sozialforschung, geschlechtsspezifische Berufsorientierung, Evaluation.

Dr. phil. Volker Woltersdorff alias Lore Logorrhöe Kulturwissenschaftler und Queer-Theoretiker, Affiliated Fellow am Institute for Cultural Inquiry ICI Berlin. Arbeitsschwerpunkte: Theorien von Geschlecht, Sexualität und Herrschaft, Sadomasochismus, subkulturelle Ästhetiken und die intersektionale Analyse von Heteronormativität und Kapitalismus.

Mitarbeiterverzeichnis

Katharina Debus Dissens – Institut für Forschung und Bildung e. V., Berlin, Deutschland

Lore Funk Kompetenzzentrum Technik-Diversity-Chancengleichheit, Fachhochschule Bielefeld, Bielefeld, Deutschland

Karen Geipel Institut für Erziehungswissenschaft, Technische Universität Berlin, Berlin, Deutschland

Christiane Micus-Loos Fachbereich Soziale Arbeit und Gesundheit, Fachhochschule Kiel, Kiel, Deutschland

Susanne Offen Institut für integrative Studien, Leuphana Universität Lüneburg, Lüneburg, Deutschland

Melanie Plößer Fachbereich Sozialwesen, Fachhochschule Bielefeld, Bielefeld, Deutschland

Birgit Riegraf Fakultät für Kulturwissenschaften, Allgemeine Soziologie, Universität Paderborn, Paderborn, Deutschland

Marike Schmeck Fachbereich Soziale Arbeit und Gesundheit, Fachhochschule Kiel, Kiel, Deutschland

Jens Schmidt Arbeit und Leben Hamburg, Hamburg, Deutschland

Karin Schwiter Department of Geography, University of Zurich, Zürich, Schweiz

Barbara Stauber Wirtschafts- und Sozialwissenschaftliche Fakultät, Institut für Erziehungswissenschaft, Universität Tübingen, Tübingen, Deutschland

Wenka Wentzel Kompetenzzentrum Technik-Diversity-Chancengleichheit, Fachhochschule Bielefeld, Bielefeld, Deutschland

Volker Woltersdorff ICI Berlin, Berlin, Deutschland

Des eigenen Glückes Schmied_in!? Geschlechterreflektierende Perspektiven auf berufliche Orientierungen und Lebensplanungen von Jugendlichen – Eine Einführung

Christiane Micus-Loos und Melanie Plößer

Geschlechterreflektierende Perspektiven auf berufliche Orientierungen und Lebensplanungen von Jugendlichen einzunehmen, ist keinesfalls neu, aber nach wie vor von großer Bedeutung. Die Beständigkeit der geschlechtlichen Arbeitsmarktsegregation zählt noch immer zu den zentralen Themen der Gleichstellungspolitik und der Geschlechterforschung. Aller Selbstverständlichkeit der Bildungs- und Erwerbsbeteiligung von Frauen auf der Ebene der Sozialstruktur und der Überwindung formaler geschlechtsspezifischer Zugangsbeschränkungen zum Trotz, kann von einer wirklichen Chancengleichheit im Erwerbsleben keine Rede sein. Nach wie vor zeigen sich geschlechtlich codierte Prozesse bei der Ausbildungs-, Berufs- und Studienwahl und in der Folge soziale Ungleichheiten im Erwerbsleben in Bezug auf Sozialstatus, die Verdienst- und Aufstiegsmöglichkeiten sowie die Chancen der Weiterqualifikation (vgl. Heintz et al. 1997; Matthes und Biersack 2009). Dieser soziale Tatbestand provoziert die Frage nach seinen Ursachen.

Als eine Antwort auf diese Frage hat Angelika Wetterer (2002) historisch und theoretisch eindrücklich herausgearbeitet, wie die Arbeitsteilung zwischen den

---

C. Micus-Loos (✉)
Fachbereich Soziale Arbeit und Gesundheit, Fachhochschule Kiel, Sokratesplatz 2, 24149 Kiel, Deutschland
E-Mail: christiane.micus-loos@fh-kiel.de

M. Plößer
Fachbereich Sozialwesen, Fachhochschule Bielefeld, Kurt-Schumacher-Straße 6, 33615 Bielefeld, Deutschland
E-Mail: melanie.ploesser@fh-bielefeld.de

© Springer Fachmedien Wiesbaden 2015
C. Micus-Loos, M. Plößer (Hrsg.), *Des eigenen Glückes Schmied_in!?*,
DOI 10.1007/978-3-658-09133-0_1

Geschlechtern Frauen und Männer zu Verschiedenen macht. Das, was jeweils als Frauen- oder Männerarbeit gilt, kann sich zwar durchaus historisch wandeln – wie Wetterer beispielsweise am historischen Geschlechtswechsel vom Sekretär zur Sekretärin verdeutlicht –, die Geschlechtertrennung bleibt jedoch konstant, sowohl im Hinblick auf die horizontale Dimension der unterschiedlichen Arbeitsinhalte als auch im Hinblick auf die vertikale Dimension der unterschiedlichen Positionierung von Frauen und Männern in der beruflichen oder auch betrieblichen Hierarchie (vgl. Wetterer 2002, 2009).

Darüber hinaus zementiert die nach wie vor starke Orientierung der zeitlichen Organisation von Arbeit am sogenannten Normalarbeitsverhältnis Asymmetrien im Arbeits- und Geschlechterverhältnis. Aber auch das Berufsbildungssystem erweist sich als Ort der Entstehung von Geschlechterungleichheiten (vgl. Krüger 1995, 2001). So werden in den dualen Ausbildungsgängen junge Männer eher im (berufs-)fachschulischen Bereich und junge Frauen eher für traditionell weibliche Berufsfelder ausgebildet: „Die bis heute nicht aufgehobenen Segregationslinien des Berufsbildungssystems folgen geschlechtsspezifischen, territorialen Zuordnungen und präformieren für diejenigen, die in traditionelle Frauenberufe münden, entsprechend erwerbsarbeitlich benachteiligende Lebenswege", wie Helga Krüger (1995, S. 211) ausführt. Dadurch werden die geschlechtlich segregierten Arbeitsmarktstrukturen wie auch stereotype Vorstellungen scheinbar weiblicher und männlicher Berufszweige perpetuiert.

Theorien, die ausgehend von einer kapitalistischen Gesellschaft das Wesen des Geschlechterverhältnisses mit seinen unterschiedlichen Logiken bzw. Arbeitsvermögen der Berufs- und Hausarbeit herausarbeiten, begründen die Arbeitsmarktsegregation mit den Konzepten eines „weiblichen Lebenszusammenhanges" (vgl. etwa Prokop 1976) oder eines „weiblichen Arbeitsvermögens" (Beck-Gernsheim 1981; Beck-Gernsheim und Ostner 1979; Ostner 1990) stärker sozialisationstheoretisch bzw. identitätstheoretisch.

Während es diesen Ansätzen eher darum geht, androzentrische Strukturen aufzudecken, deuten andere Ansätze die Handlungen der Subjekte vor dem Hintergrund ethnomethodologischer Konzeptualisierungen von Geschlecht und fokussieren stärker die Ebene der sozialen Handlungen. Sie lenken damit ihre Aufmerksamkeit auf das ‚Wie' alltäglicher Zuschreibungs-, Wahrnehmungs- und Darstellungsroutinen in Berufsorientierungen als interaktiven Prozess (vgl. etwa Kuhlmann 1999; West und Zimmerman 1987; Wetterer 2002; Wilz 2002). Berufswahlen werden hier weder allein als Resultat geschlechtlich segregierter Arbeitsmarktstrukturen, noch als Ausdruck vermeintlich natürlicher oder ansozialisierter Geschlechterdifferenzen verstanden. Vielmehr finden diese immer im gesellschaftlich dominanten System der Zweigeschlechtlichkeit statt, in dem sich Subjekte fortwährend als vergeschlechtlichte Subjekte inszenieren müssen, geschlechtlich codierte Zuschreibungen erfahren und sich diese aneignen (vgl. Goffman 1994). Den Berufsbildern ist dabei eine wirkmächtige Geschlechtersymbolik inhärent, die als Ressource für die geschlechtliche Zuschreibungs- wie Darstellungsarbeit der Subjekte fungiert. Schulisches Engagement, das Interesse an bestimmten Fächern und Interaktionen zwischen Lehrkräften und Schüler_innen werden im Rahmen handlungstheoretischer Ansätze somit als bedeutsame Bestandteile von ‚doing gender'-Prozessen verstanden (vgl. Budde 2006a, b; Faulstich-Wieland 2002; Faulstich-Wieland et al. 2004; Wetterer 1995). So verdeutlichen etwa Ann Phoenix und Stephen Frosh (2005), wie hegemoniale Männlichkeitsbilder (z. B. das des ‚toughen, coolen Jungen') als mitverantwortlich für das schlechtere schulische Abschneiden von Jungen verstanden werden können, insofern diese einem schulischen Engagement widersprechen bzw. ein solches Engagement als weiblich markieren. Andere Studien (etwa Cech 2007; Chu 2007) belegen die nach wie vor enge und ungebrochene Assoziation des Konzepts MINT[1] mit dem Konzept von Männlichkeit und dessen Inkompatibilität mit der sozialen Konstruktion von Weiblichkeit. In der Konsequenz kann z. B. „studying MINT" immer auch „doing masculinity" bzw. „undoing feminity" bedeuten. Die Geschlechtersymbolik zeigt sich dabei eng an die Beschreibung beruflicher Kompetenzen gebunden und begünstigt häufig die Darstellung konventioneller Weiblichkeit bzw. Männlichkeit (vgl. Hofbauer 2004). Damit werden Berufe zu Orten, an denen Geschlechterdifferenzen inszeniert und als implizite Strukturen in geschlechtsbezogenen Denk- und Wahrnehmungsmustern verankert sowie in Handlungspraxen reproduziert werden.

Struktur- wie auch subjektorientierte Ansätze verweisen damit trotz allen Wandels auf die Mechanismen wie auch auf die Risiken der Retraditionalisierungen von Geschlechterverhältnissen am Übergang Schule – Beruf. Diese Wirkmacht von Geschlechterdifferenzen und die damit einhergehende Kontinuität von (Geschlechter-)Ungleichheiten am Übergang Schule – Beruf drohen nun aber durch die Erwartung junger Menschen, ‚des eigenen Glückes Schmied_in!?' zu sein, verdeckt und ausgeblendet zu werden. Die Erwartung bzw. Überzeugung lautet: Durch die individuelle Anstrengung wird sich das eigene Glück schon einstellen. Vieles ist möglich, jede und jeder darf und muss sich immer wieder neu erfinden, sein bzw. ihr Glück selbst in die Hand nehmen, und nur, wenn er oder sie das tut, wird es sich auch einstellen. Diese Erwartung verweist zunächst auf die eine Seite des von Ulrich Beck (1983, 1986) thematisierten Individualisierungsphänomens: Die Prozesse von Freisetzung (vernachlässigt wird bewusst erst einmal die Dimen-

---

[1] Mit der Abkürzung MINT werden Schulfächer, Studiengänge wie auch Berufsfelder in den Bereichen Mathematik, Informatik, Naturwissenschaft und Technik bezeichnet.

sion der Re-Integration) vervielfältigen die möglichen realisierbaren Handlungsmöglichkeiten, eröffnen Wahlmöglichkeiten jenseits der vorgegebenen Bahnen der „Normalbiographie" (Beck und Beck-Gernsheim 1994, S. 11). „[D]er einzelne [wird zum] Handlungszentrum [...] in Bezug auf seinen eigenen Lebenslauf, seine Fähigkeiten, Orientierungen, Partnerschaften usw." (ebd., S. 217). So zeigt auch Karin Schwiter (2013), dass junge Menschen im Rahmen ihrer Berufswahlen einem „Diskurs der individuellen Einzigartigkeit" (ebd., S. 230) folgen, im Zuge dessen die Entscheidungen des Subjekts als freie Wahlen verstanden werden müssen und sich die individuellen Eigenschaften des Subjekts in den jeweiligen Berufs- und Lebensentwürfen widerzuspiegeln haben.

Dass die Vorstellung junger Menschen ‚des eigenen Glückes Schmied_in!?' zu sein, so wirkmächtig ist, kann auch damit begründet werden, dass diese, in den Worten Judith Butlers gesprochen, in verschiedenen Kontexten auch immer wieder als verantwortlich für ihr ‚Glück' „[a]ngerufen" (Butler 2001, S. 99) werden: ‚Mach etwas aus deinem Leben', ‚Nutze diese Chance', ‚Kümmere dich', ‚Zeige Initiative, Anpassungsfähigkeit und Flexibilität'. Gleichzeitig scheint mit der Erfüllung dieser normativen Erwartungen auch das Versprechen verknüpft zu sein, erfolgreich und autonom das Leben zu bewältigen. Jugendliche sehen sich diesen normativen Erwartungen nicht nur gegenüberstellt; sie müssen sich an ihnen abarbeiten, sei es identifizierend oder auch ablehnend. Die Normen müssen „zitiert" (Butler 1997, S. 37) werden, damit Individuen überhaupt erst als Subjekte für sich und andere (an-)erkennbar, d. h. „intelligibel" (Butler 1991, S. 38) werden. Das bedeutet, dass Subjekte auf die durch Anrufungen transportierte symbolische Ordnung, auf Normen und Gesetze angewiesen sind, um „erkennbare und anerkannte Subjekte" (Fritzsche 2012, S. 191) zu sein und zu bleiben. Damit geht die Aufforderung zur täglichen Normalisierungsarbeit einher, die den Subjekten ein hohes Maß an (Selbst-)Disziplinierung abverlangt. „(Selbst-)Zurichtungs- und Herrschaftseffekte neoliberaler Gouvernementalität" (Lemke et al. 2000, S. 32) rücken damit in den Blick, die Subjekte zu einem bestimmten normativen Handeln bewegen bzw. zwingen. Dieses Erzwingen einer bestimmten Subjektposition (z. B. einer autonomen Subjektivität) bringt stets – und darauf verweisen die Arbeiten Butlers (1991, 1997, 2009) – Ausschlüsse anderer Subjektpositionen mit sich.

Die normative Anrufungsfigur ‚des eigenen Glückes Schmied_in zu sein' führt aber nicht nur zu Ausschlüssen aus dem Bereich des Anerkennbaren – wenn es einem beispielsweise nicht gelingt, autonom zu agieren, zu wählen, finanzielle Unabhängigkeit zu erreichen etc. –, sondern sie bringt die Möglichkeit des Scheiterns mit sich. Für Angela McRobbie (2010, S. 115) ist beispielsweise „ein gut durchgeplantes Leben" eine zentrale „soziale Norm zeitgenössischer Weiblichkeit" (ebd.). Auch sei „die Fähigkeit, sich den eigenen Lebensunterhalt zu verdienen, [...] das wichtigste Kennzeichen der sozialen und kulturellen Transformationen, als deren privilegierte Subjekte junge Frauen gelten" (ebd., S. 109). Das bedeutet aber gleichzeitig, dass die Nicht-Realisierung dieser Normen und das „Nichtvorhandensein dieser Formen von Selbstorganisation zum Indikator einer Pathologie, zu einem Zeichen des Scheiterns, zu einem Symptom persönlicher Schwierigkeiten" (ebd.) werden. Die Vorstellung, des eigenen Glückes Schmied_in zu sein, erweist sich damit als ebenso machtvoll wie trügerisch.

Mit dem vorliegenden Sammelband[2] wird der Versuch unternommen, die Ungleichheiten und Begrenzungen der Subjekte, die durch die Anforderung, ‚des eigenen Glückes Schmied_in zu sein', verdeckt oder (re-)produziert zu werden drohen, aus einer geschlechterreflexiven Perspektive in den Fokus zu rücken. Ziel ist es, Merkmale aktueller Geschlechterverhältnisse wie auch konkrete Praxen der Herstellung und Zuschreibung von Geschlecht in Berufs- und Zukunftsentwürfen junger Menschen herauszuarbeiten. Darüber hinaus geht es darum, geschlechtlich codierte Anforderungen und Bedingungen zu beleuchten, die durch die neoliberale Figur, das eigene berufliche Glück selbst verantwortlich schmieden zu können und zu müssen, für die Subjekte produziert werden. Schließlich führt der neoliberale Diskurs über die Selbstverantwortlichkeit der Subjekte auch zu neuen wirkmächtigen Anforderungen und Zumutungen, die abhängig von der geschlechtlichen oder sexuellen Kategorisierung von Subjekten differieren (können).

In einem ersten Zugang wird deshalb herausgestellt, inwiefern die Berufsorientierungen und Zukunftsentwürfe als durch Geschlechterverhältnisse, als durch normative Anforderungen wie auch durch eigene Praxen des doing gender gekennzeichnet verstanden werden können. Zugleich werden Hinweise auf aktuelle Merkmale dieser Verhältnisse, Anforderungen und Praxen gegeben.

So fokussiert der Beitrag „Konstruktionen der Geschlechterdifferenz in Bewegung: Wandel, Beharrung und (Re-)Traditionalisierung?" von *Birgit Riegraf* zunächst die auffällig widersprüchlichen Bewegungen in den gesellschaftlichen Geschlechterarrangements seit den 1970er Jahren. Während sich einerseits Hinweise auf eine Aufweichung geschlechtsspezifischer Trennungslinien in der Berufs- und Arbeitswelt finden, lässt sich andererseits eine Verstärkung der Zuweisungspro-

---

[2] Die in dem vorliegenden Sammelband veröffentlichten Aufsätze gehen auf die Tagung „Des eigenen Glückes Schmied_in. Geschlechterreflektierende Perspektiven auf berufliche Orientierungen und Lebensplanungen von Jugendlichen" zurück, die im Rahmen des Forschungsprojekts „AN(N)O 2015 – Aktuelle normative Orientierungen, Geschlechteridentitäten und Berufswahlentscheidungen junger Frauen" an der Fachhochschule Kiel stattfand. Das Forschungsprojekt „AN(N)O 2015" wurde vom Bundesministerium für Bildung und Forschung und mit Mitteln des Europäischem Sozialfonds der Europäischen Union von 2011 bis 2014 gefördert (Förderkennzeichen 01FP1187 und 01FP1118).

zesse nach Geschlecht beobachten. In dem Artikel wird der Frage nachgegangen, inwiefern diese gegenläufigen Entwicklungsprozesse die derzeit dominanten gesellschaftlichen Männlichkeits- und Weiblichkeitskonstruktionen herausfordern und Geschlechterdifferenzen in der Berufs- und Arbeitswelt verändern und (re-) produzieren.

Barbara Stauber beschäftigt sich in ihrem Beitrag „Riskante Übergänge und Doing gender – Vermittlungsleistungen zwischen Lebenslauf und Biographie" mit den Anforderungen, die strukturell veränderte Übergänge an Jugendliche und junge Erwachsene stellen. Übergangskonflikte werden zunehmend individualisiert, und die handelnden Subjekte finden sich in paradoxen Situationen von zugemuteter und zugleich verwehrter Planungs- und Handlungsfähigkeit wieder. Gleichzeitig ist dies ein Bereich, in dem die komplexen Prozesse der Herstellung von Geschlecht besonders wirksam werden. Der Beitrag fordert dazu auf, Übergänge in den Beruf in ihrer Prozessstruktur zu betrachten, in der das Zusammenspiel verschiedener Differenzlinien erst sichtbar und bearbeitbar wird.

Der Beitrag „Normalitätsregime von Geschlecht und Sexualität im Kontext von Arbeit" von *Volker Woltersdorff* skizziert die Herausbildung geschlechtsspezifischer Arbeitsteilung in der bürgerlichen Kleinfamilie mit der ihr typischen Trennung von produktiver Arbeitssphäre und reproduktivem Zuhause, um anschließend vor allem deren Veränderung im neoliberalen Kapitalismus zu analysieren. Diese Veränderungen beinhalten das Ende des patriarchalen Alleinverdienermodells und die – unter anderem – sexuelle und geschlechtliche Diversifizierung von Arbeitsprofilen, die nun auch vermehrt Frauen sowie schwul, lesbisch oder trans* lebenden Menschen Karrieremöglichkeiten eröffnen. Dies führt zu einer neuen Kultur der selbstverantworteten Gestaltbarkeit von Arbeit und Leben, deren Versprechen aber aufgrund unterschiedlich verteilter Handlungsmacht nicht von allen geschlechtlichen und sexuellen Lebensweisen gleichermaßen eingelöst werden können.

Karin Schwiter zeigt in ihrem Beitrag „Auf dem Weg in den Arbeitsmarkt. Junge Erwachsene im Spannungsfeld zwischen Individualität und Geschlechternormen" wie sehr die Erzählungen junger Erwachsener über ihr Leben und ihre Zukunftsvorstellungen auf einer Vorstellung von Individualität basieren. Das Leben wird damit zum frei gestaltbaren Projekt, welches Frauen ebenso wie Männer selbstverantwortlich planen dürfen und auch müssen. Der Aufsatz reflektiert das Spannungsfeld zwischen diesem Planungsanspruch und der wahrgenommenen Unabsehbarkeit der Zukunft. Die Vorstellungen von Individualität und Wahlfreiheit werden als widersprüchliche und gleichzeitig machtvolle Diskurse, die das Selbstverständnis junger Erwachsener und die Logik ihrer Lebensplanung formen, fokussiert.

Aus einer die Wirkmacht von Normen bedenkenden Perspektive heraus beschäftigt sich der Beitrag „‚Das Richtige für einen selbst rauszufinden, ist ziemlich schwer'. Normative Anforderungen in den Berufswahlprozessen und Lebensplanungen junger Frauen" von *Karen Geipel, Christiane Micus-Loos, Melanie Plößer* und *Marike Schmeck* mit der Phase des Übergangs von der Schule in das Studium bzw. den Beruf. Schüler_innen der gymnasialen Oberstufe bietet sich eine Vielfalt an Wahlmöglichkeiten, allerdings erweist sich die vermeintliche Freiheit der Wahl an widersprüchliche normative Anforderungen gekoppelt. Einerseits eröffnet die Wahl zu haben jungen Frauen im Berufsorientierungsprozess die Möglichkeit, das eigene Selbst als modernes und autonom entscheidendes Subjekt zu inszenieren. Gleichzeitig stehen sie unter dem Druck, die für sie individuell richtige Wahl treffen zu müssen und die Entscheidung anhand anerkannter Kriterien zu begründen. So birgt die Freiheit der Wahl zugleich das individualisierte Risiko des Scheiterns, sollte die Wahl misslingen. Der Beitrag zeigt mit den Kriterien ‚Spaß' und ‚ökonomische Sicherheit' zwei normative und dabei widersprüchliche Orientierungsmuster auf, die im Zuge der Berufswahlprozesse bedeutsam werden und von den Subjekten individuell zu bearbeiten und zu lösen gesucht werden.

Während es in diesem ersten Zugang vor allem um die ungleichheitskritische Analyse beruflicher Orientierungen und Lebensplanungen junger Frauen und Männer geht, werden in einem zweiten Schritt pädagogische Konzepte wie auch Möglichkeiten und Dilemmata einer geschlechterreflexiven Beratung und Unterstützung von Jugendlichen diskutiert. So stellen *Susanne Offen* und *Jens Schmidt* in ihrem Beitrag „Riskante Übergänge: Politische Bildung in der Berufsorientierung unter prekären Bedingungen" das Seminarkonzept „Arbeit ist das halbe Leben …" als Teil politischer Jugendbildung vor und diskutieren die Chancen und Herausforderungen, die mit diesem Konzept gegenüber herkömmlichen berufsorientierenden Maßnahmen für Jugendliche verbunden sind. Ihr Beitrag schenkt einen Einblick in die konkrete Arbeit mit den Jugendlichen, illustriert methodisches Vorgehen in der Bildungsarbeit zu Lebensentwürfen und Berufsorientierung junger Menschen und diskutiert zentrale Ansatzpunkte für eine gelingende emanzipatorische und geschlechterreflexive Jugendbildungsarbeit in der spezifischen Phase des Übergangs Schule – Beruf.

Der Beitrag „Ein gutes Leben!' – Ansätze, Stolpersteine und Qualitätsmerkmale einer intersektionalen geschlechterreflektierten Pädagogik integrierter Berufs- und Lebensorientierung" von *Katharina Debus* plädiert entgegen einer einseitigen Berufsorientierungspädagogik für eine Pädagogik der Zukunftsgestaltung, die von der Gegenwart ausgehend unterschiedliche Aspekte des späteren Lebens verknüpfend thematisiert. Ansätze einer solchen Pädagogik werden aus geschlechterreflektierter und intersektionaler Perspektive vorgestellt und entlang der Leitlinie eines

‚guten Lebens' konkretisiert. Abschließend werden die Themen „Gefühle" in der zukunftsbezogenen Pädagogik und „gemeinsames lebenslanges Lernen" zwischen Pädagog_innen und Adressat_innen diskutiert.

Der Beitrag „‚Als ich selbst an der Maschine war, war ich erstaunt wie leicht es ging'– Kriterien zur Gestaltung von Berufsorientierungsveranstaltungen für Mädchen": von *Lore Funk* und *Wenka Wentzel* diskutiert, wie MINT-Berufsorientierungsprojekte für Mädchen gestaltet werden können, um Schülerinnen für technisch-naturwissenschaftliche Berufe zu begeistern. Ihr Beitrag überprüft empirisch, ob und inwiefern die eingesetzten Elemente – wie beispielsweise die freiwillige Teilnahme der Mädchen, das Geschlecht der Betreuungspersonen und die Durchführung von Mitmach-Angeboten – tatsächlich Wirkung zeigen. Als Datenbasis dienen die Ergebnisse der Evaluation des Girls'Day 2013, der eine Befragung von mehr als 10.000 Schülerinnen zugrunde liegt.

Allen Beiträgen gemeinsam ist das Interesse, aus einer geschlechterreflexiven Perspektive einen Blick auf aktuelle und dabei durch die Diskursfigur der ‚individuellen Selbstverantwortlichkeit' beeinflusste Berufsorientierungen und Zukunftsentwürfe junger Menschen zu werfen. Schließlich erweisen sich die im Zuge der diskursiven Anrufung ‚des eigenen Glückes Schmied_in zu sein' erzeugten Bilder als überaus wirkmächtig: „Sie produzieren Wissen und erzeugen Wirklichkeiten […]. Das heißt sie konstituieren Sichtbarkeit und Evidenz, sie konstruieren Wahrscheinlichkeiten, sie geben das Eine dem Blick frei und machen im selben Atemzug das Andere unsichtbar" (Hark und Villa 2010, S. 8). Den in diesem Band versammelten Beiträgen geht es mithin darum, alte wie auch neue Geschlechterungleichheiten in den beruflichen Orientierungen und Lebensplanungen von Jugendlichen sichtbar zu machen und Wege zu bedenken, wie diese Ungleichheiten durch pädagogische Angebote verringert oder zumindest weniger unsichtbar gemacht werden können.

Literatur

Beck, U. (1983). Jenseits von Stand und Klasse? Soziale Ungleichheiten, gesellschaftliche Individualisierungsprozesse und die Entstehung neuer sozialer Formationen und Identitäten. *Soziale Welt, Sonderband 2*, 36–74.
Beck, U. (1986). *Risikogesellschaft. Auf dem Weg in eine andere Moderne*. Frankfurt a. M.: Suhrkamp.
Beck, U., & Beck-Gernsheim, E. (1994) (Hrsg.). *Riskante Freiheiten*. Frankfurt a. M.: Suhrkamp.

Beck-Gernsheim, E. (1981). *Der geschlechtsspezifische Arbeitsmarkt. Zur Ideologie und Realität von Frauenberufen.* Frankfurt a. M.: Suhrkamp.
Beck-Gernsheim, E., & Ostner, I. (1979). *Mitmenschlichkeit als Beruf. Eine Analyse des Alltags in der Krankenpflege.* Frankfurt a. M.: Campus.
Budde, J. (2006a). Dramatisieren – Differenzieren – Entdramatisieren. Männlichkeitskonstruktionen im Unterricht. *Der Deutschunterricht*, 1, 86–91.
Budde, J. (2006b). Interaktionen im Klassenzimmer – Die Herstellung von Männlichkeit im schulischen Alltag. In B. Rendtorff & S. Andresen (Hrsg.), *Jahrbuch Frauen- und Geschlechterforschung in der Erziehungswissenschaft* (S. 113–121). Opladen: Leske und Budrich.
Butler, J. (1991). *Das Unbehagen der Geschlechter.* Frankfurt a. M.: Suhrkamp.
Butler, J. (1997). *Körper von Gewicht.* Frankfurt a. M.: Suhrkamp.
Butler, J. (2001). *Psyche der Macht. Das Subjekt der Unterwerfung.* Frankfurt a. M.: Suhrkamp.
Butler, J. (2009). *Die Macht der Geschlechternormen und die Grenzen des Menschlichen.* Frankfurt a. M.: Suhrkamp.
Cech, E. A. (2007). Dilbert in Stilettos: Deterrents facing women in engineering. In I. Welpe, B. Reschka, & J. Larkin (Hrsg.), *Gender and engineering: Strategies and possibilities. Gender research applied vol. 3* (S. 35–50). Frankfurt a. M.: Peter Lange.
Chu, H. I. (2007). Masculine engineering, feminine engineer: women's perceptions of engineering and engineer identity. In I. Welpe, B. Reschka, & J. Larkin (Hrsg.), *Gender and engineering: Strategies and possibilities. Gender research applied vol. 3* (S. 51–70). Frankfurt a. M.: Peter Lange.
Faulstich-Wieland, H. (2002). *Sozialisation in Schule und Unterricht.* Neuwied: Luchterhand.
Faulstich-Wieland, H., Weber, M., & Willems, K. (2004). *Doing Gender im heutigen Schulalltag. Empirische Studien zur sozialen Konstruktion von Geschlecht in schulischen Interaktionen.* Weinheim: Juventa.
Fritzsche, B. (2012). Subjektivationsprozesse in Domänen des Sagens und Zeigens. Butlers Theorie als Inspiration für qualitative Untersuchungen des Heranwachsens von Kindern und Jugendlichen. In N. Ricken & N. Balzer (Hrsg.), *Judith Butler: Pädagogische Lektüren* (S. 181–205). Wiesbaden: Springer VS.
Goffman, E. (1994). *Interaktion und Geschlecht.* Frankfurt a. M.: Campus.
Hark, S., & Villa, P.-I. (2010). Ambivalenzen der Sichtbarkeit – Einleitung zur deutschen Ausgabe. In A. McRobbie (Hrsg.), *Top Girls. Feminismus und der Aufstieg des neoliberalen Geschlechterregimes* (S. 7–16). Wiesbaden: Springer VS.
Heintz, B., Nadai, E., Fischer, R., & Ummel, H. (1997). *Ungleich unter gleichen. Studien zur geschlechtsspezifischen Segregation des Arbeitsmarktes.* Frankfurt a. M.: Campus.
Hofbauer, J. (2004). Distinktion – Bewegung an betrieblichen Geschlechtergrenzen. In U. Pasero & P. B. Priddat (Hrsg.), *Organisationen und Netzwerke: Der Fall Gender* (S. 45–64). Wiesbaden: Springer VS.
Krüger, H. (1995). Dominanzen im Geschlechterverhältnis. Zur Institutionalisierung von Lebensläufen. In R. Becker-Schmidt & G.-A. Knapp (Hrsg.), *Das Geschlechterverhältnis als Gegenstand der Sozialwissenschaften* (S. 195–219). Frankfurt a. M.: Campus.
Krüger, H. (2001). Geschlecht, Territorien, Institutionen. Beitrag zu einer Soziologie der Lebenslauf-Relationalität. In C. Born & H. Krüger (Hrsg.), *Individualisierung und Ver-*

flechtung. Geschlecht und Generation im deutschen Lebenslaufregime (S. 257–299). München: Weinheim.
Kuhlmann, E. (1999). *Profession und Geschlechterdifferenz. Eine Studie über die Zahnmedizin.* Opladen: Leske und Budrich.
Lemke, T., Krasmann, S., & Bröckling, U. (2000). Gouvernementalität, Neoliberalismus und Selbsttechnologien. In U. Bröckling, S. Krasmann, & T. Lemke (Hrsg.), *Gouvernementalität der Gegenwart. Studien zur Ökononomisierung des Sozialen* (S. 7–71). Frankfurt a. M: Suhrkamp.
Matthes, B., & Biersack, W. (2009). Gleichstellung: Wo Frauen und Männer in der Arbeitswelt stehen. *IAB-Forum, 1*, 18–23.
McRobbie, A. (2010). *Top Girls. Feminismus und der Aufstieg des neoliberalen Geschlechterregimes.* Wiesbaden: Springer VS.
Ostner, I. (1990). Das Konzept des weiblichen Arbeitsvermögens. *Arbeitspapiere aus dem Arbeitskreis Sozialwissenschaftliche Arbeitsmarktforschung, 1*, 22–39.
Phoenix, A., & Frosh, S. (2005). Hegemoniale Männlichkeit. Männlichkeitsvorstellungen und -ideale in der Adoleszenz. Londoner Schüler zum Thema Identität. In V. King & K. Flaake (Hrsg.), *Männliche Adoleszenz. Sozialisation und Bildungsprozesse zwischen Kindheit und Erwachsensein* (S. 19–35). Frankfurt a. M.: Campus.
Prokop, U. (1976). *Weiblicher Lebenszusammenhang. Von der Beschränktheit der Strategien und der Unangemessenheit der Wünsche.* Frankfurt a. M.: Suhrkamp.
Schwiter, K. (2013). Selbstkonzepte junger Erwachsener: Der Diskurs der individuellen Einzigartigkeit als Bestandteil neoliberaler Gouvernementalität. In D. Grisard, U. Jäger, & T. König (Hrsg.), *Verschieden Sein. Nachdenken über Geschlecht und Differenz* (S. 229–239). Königstein: Ulrike Helmer.
Teubner, U. (2004). Beruf: Vom Frauenberuf zur Geschlechterkonstruktion im Berufssystem. In R. Becker & B. Kortendiek (Hrsg.), *Handbuch Frauen- und Geschlechterforschung. Theorie, Methoden, Empirie* (S. 429–436). Wiesbaden: Springer VS.
West, C., & Zimmerman, D. H. (1987). Doing gender. *Gender and Society, 1*(2), 125–151.
Wetterer, A. (1995). *Die soziale Konstruktion von Geschlecht in Professionalisierungsprozessen.* Frankfurt a. M.: Campus.
Wetterer, A. (2002). *Arbeitsteilung und Geschlechterkonstruktion: „Gender at Work" in theoretischer und historischer Perspektive.* Konstanz: UVK.
Wetterer, A. (2009). Arbeitsteilung & Geschlechterkonstruktion – Eine theoriegeschichtliche Rekonstruktion. In B. Aulenbacher & A. Wetterer (Hrsg.), *Arbeit. Perspektiven und Diagnosen der Geschlechterforschung* (S. 43–63). Münster: Westfälisches Dampfboot.
Wilz, S. M. (2002). *Organisation und Geschlecht. Strukturelle Bindungen und kontingente Kopplungen.* Opladen: Leske und Budrich.

Konstruktionen der Geschlechterdifferenz in Bewegung: Wandel, Beharrung und (Re-) Traditionalisierung?

Birgit Riegraf

1 Einleitung

Die Geschlechterarrangements sind in den letzten Jahren unübersehbar und in höchst widersprüchlicher Weise in Bewegung geraten: Einerseits scheint es zu einer allmählichen Aufweichung geschlechtsspezifischer Trennungslinien in der Berufs- und Arbeitswelt zu kommen (Kutzner 1999). Andererseits ist eine erstaunlich stabile Persistenz und sogar Verfestigung zu beobachten (Wetterer 2002). Angela Merkel, Ursula von der Leyen, Hillary Clinton und Christina Lagard, Direktorin des Internationalen Währungsfonds, Margret Suckale, Vorstandsfrau bei BASF, oder Facebook-Geschäftsführerin Sheryl Sandberg sind weithin sichtbare Beispiele dafür, dass zumindest eine spezifische, sehr gut ausgebildete, berufs- und aufstiegsorientierte und oftmals kinderlose Gruppe von Frauen in nennenswerter Anzahl in den für sie lange Zeit verschlossenen Arbeits- und Berufsfeldern angekommen ist. Zugleich haben sich die Reproduktionsprozesse der Geschlechterungleichheit keineswegs verflüchtigt, sondern Geschlecht wirkt unabhängig von formalen Öffnungen der Berufsfelder und unabhängig von Qualifikationsnachweisen über komplexe sozio-kulturelle Zuweisungsprozesse als Selektions- und Segregationsfaktor weiterhin fort, in einigen Bereichen verstärken sich die Zuweisungsprozesse sogar noch oder es zeigen sich ganz neue diskriminierende Mechanismen

---

B. Riegraf (✉)
Fakultät für Kulturwissenschaften, Allgemeine Soziologie, Universität Paderborn,
Warburger Strasse 100, 33098 Paderborn, Deutschland
E-Mail: briegraf@mail.upb.de

(vgl. etwa Heintz und Nadai 1998; Riegraf 2015). Den Aufweichungsprozessen von geschlechtstypischen Zuordnungen in einigen Erwerbspositionen stehen also kaum überwindbar zu scheinende Beharrungstendenzen oder gar (Re-)Traditionalisierungsprozesse gegenüber: Im gesamtgesellschaftlichen Kontext ist etwa an die gegenwärtig zu beobachtende und auch in den Medien breit diskutierte ‚Pinkifizierung' zu denken, über die ganz traditionelle binäre Zuweisungen zwischen den Geschlechtern erneut aufgenommen und verstärkt werden. Wandel, Beharrung und Verfestigung sind also gleichzeitig zu beobachten, und sie stehen teilweise in einem widersprüchlichen Verhältnis zueinander (Kuhlmann et al. 2002, S. 221).

Im folgenden Artikel gehe ich den Prozessen in der Erwerbssphäre nach. Welche Belege gibt es auf der einen Seite für eine Veränderung der Geschlechterarrangements in der Berufs- und Arbeitswelt? Wie erklären sich auf der anderen Seite die anhaltende Persistenz der geschlechtsspezifischen Segregation der Arbeits- und Berufswelt und die anhaltende Resistenz gegen eine stabile Durchmischung im Erwerbsleben? Wie sind diese gegenläufigen, teilweise widersprüchlichen Bewegungen einzuschätzen? Ich werde mich bei der Diskussion der Prozesse im Wesentlichen auf sozialkonstruktivistische Untersuchungen an der Schnittstelle von Geschlechter- und Professionsforschung beziehen. Gegenstand dieser Ansätze ist die Frage, wie über Zuweisungsprozesse auf dem Berufs- und Arbeitsmarkt die sozio-symbolische Konstruktion von Zweigeschlechtlichkeit hergestellt und zugleich bestätigt wird. Zugleich betrachten diese Ansätze die Homologie zwischen einer Feminisierung und Abwertung bzw. einer Maskulinisierung und Aufwertung eines Arbeits- und Berufsfeldes genauer. Diese festgestellte Homologie wird dabei in der folgenden Argumentation aber keineswegs als zwangsläufiger, gesellschaftlicher Prozess verstanden, sondern es zeigen sich regelmäßig Brüche und Ansatzpunkte für gegenläufige Entwicklungen und politische Interventionen (Wetterer 2007).

Im ersten Schritt (2) beschäftige ich mich mit Bewegungen in den Geschlechterarrangements. Im zweiten Schritt (3) treten die Beharrungs- und (Re-)Traditionalisierungstendenzen in den Mittelpunkt der Diskussion. Im dritten Schritt (4) wird dann vor dem Hintergrund sozialkonstruktivistischer Ansätze der Frage nachgegangen, wie diese gegenläufigen Entwicklungen einzuschätzen sind. Im fünften Schritt (6) wird schließlich ein Fazit gezogen.

2 Bewegungen in den Geschlechterarrangements?

In Studien über geschlechtsbezogene Zuweisungen auf dem Arbeitsmarkt werden die erstaunlichen Beharrungstendenzen als Resultat vielfältiger diskriminierender Zwänge oder Möglichkeiten, Behinderungen oder Ermutigungen begriffen, die zum Beispiel durch institutionelle Arrangements und in alltäglichen Praktiken entstehen und die sich im Laufe eines beruflichen Lebens zuungunsten der weiblichen Beschäftigten kontinuierlich aufschichten. In diesem Aufschichtungsprozess wirken die gesellschaftlichen Mikro-, Makro- und Mesoebenen in den jeweiligen Phasen des Lebens- und Berufsverlaufes in einem komplexen und teilweise auch gegenläufigen Prozess zusammen. Oberflächlich betrachtet entsteht der Eindruck als würde sich der Aufschichtungsprozess im Lebens- und Berufsverlauf gegenwärtig nicht mehr unbedingt zuungunsten von Frauen auswirken. So zeigt eine kurze Betrachtung des Arbeitsmarktes, dass geschlechtsspezifische Zuweisungen auf Erwerbspositionen zur Zeit nicht mehr in allen Bereichen so eindeutig zu funktionieren scheinen wie noch in der nahen Vergangenheit: Zwar ist Frauen der Zugang zu vielen Bereichen faktisch noch immer erschwert, gleichwohl erhöht sich ihre Zahl in sichtbaren öffentlichen Positionen inzwischen deutlich. Auch lassen sich junge Frauen zunehmend nicht mehr von einer Orientierung an einer kontinuierlichen Erwerbsbiographie und an ‚zukunftsträchtigen' Berufen abhalten. Viele von ihnen lehnen eine Alleinzuständigkeit und eine Beschränkung auf ‚weibliche' Arbeitsfelder in der Erwerbsarbeit, wie Altenpflegerin oder Sekretärin, ab (Geissler und Oechsle 1996). Sie sind nicht mehr oder zumindest nicht mehr ohne weiteres bereit, die Versorgungsarbeiten im Rahmen der traditionellen Kleinfamilie und ihrer geschlechtlichen Arbeitsteilung zu übernehmen. Auch kann niemandem mehr oder zumindest nicht mehr ohne hörbarem öffentlichen Widerspruch der Zugang zu Erwerbsbereichen und politischen Machtpositionen mit dem offensichtlichen Verweis auf die Geschlechtszugehörigkeit verwehrt werden (Aulenbacher et al. 2013). Frauen, wie Margret Suckale und Sheryl Sandberg, zeigen, dass gesellschaftspolitische Entwicklungen, wie die Bildungsexpansionen und Gleichstellungspolitiken für eine spezifische Gruppe von ihnen durchaus Erfolge erzielen. Zumindest einige hochqualifizierte, aufstiegsorientierte weiße Mittelschichtsfrauen, die häufig keine Kinder haben, erlangen durchaus Zugang zu Tätigkeiten, die ihnen bislang in nennenswertem Umfang verwehrt blieben. Gleichzeitig treten männliche Beschäftigte in der Mehrzahl keineswegs aus der Orientierung auf machtvolle Erwerbsbereiche zurück, sie sind auch weiterhin in den Chefetagen der Unternehmen präsent. Während sich die Geschlechter in einigen, gesellschaftlich durchaus hoch angesehenen und machtvollen Erwerbspositionen damit in historisch neuartiger Weise zueinander in Konkurrenz befinden, lassen sich zugleich Gegenbewegungen und (Re-)Traditionalisierungen beobachten, die weibliche Beschäftigte in traditionelle Bereiche zurückverweisen. Trotz aller gesellschaftspolitischen, pädagogischen und individuellen Bemühungen bleiben ‚geschlechtstypische' und diskriminierende Aufgaben- und Kompetenzzuweisungen sowie charakteristische Karrierepfade über vielfältige Mechanismen weiter bestehen, sie verfestigen sich gar noch, und es entstehen überdies neue Ungleichheiten und Differenzen. Heteronormative und geschlechtliche Ordnungen strukturieren weiterhin Erfahrungen, die wiederum in Institutionen eingelassen sind. Und noch immer ordnen alltagstheoretische Annahmen über Geschlechtlichkeit soziales Miteinander und sorgen auf diese Weise für eine Kanalisierung in Lebensläufe und Positionen (vgl. Wetterer 2002; Wagels 2013). Zugleich gibt es – in einigen Kontexten stärker und in anderen schwächer ausgeprägte – Anzeichen für Strukturbrüche und für institutionelle Wandlungsprozesse und dafür, dass die Zuweisungsmechanismen der Geschlechter auf die unterschiedlichen Arbeitssphären und die damit verwobenen Männlichkeits- und Weiblichkeitskonstruktionen in Bewegungen geraten oder zumindest nicht mehr in allen Feldern und für alle Frauen in gleicher Weise wirkmächtig sind (Aulenbacher et al. 2013). Wie nachhaltig, tief und weitreichend diese Brüche tatsächlich sind, bleibt allerdings noch abzuwarten und die Beantwortung dieser Frage ist nicht zuletzt von politischen Interventionen abhängig. Die skizzierten Aufweichungsprozesse in der Erwerbssphäre wirken sich allerdings auf die Geschlechter nicht gleichermaßen aus: Während einige hochqualifizierte, berufs- und aufstiegsorientierte Frauen durchaus in den Machtpositionen ankommen und damit die geschlechtstypischen Zuweisungen in Frage stellen, finden sich Männer kaum in ‚weiblichen' Bereichen wieder. Vor dem Hintergrund gesamtgesellschaftlicher Arbeitsteilung stellen sich die Prozesse dann für die biographischen und alltäglichen Arrangements von Frauen als wesentlich widersprüchlicher dar als für Männer.

Frauen dringen zu einem historischen Zeitpunkt in die Erwerbstätigkeit und Machtpositionen ein, in dem sich die Arbeitsbedingungen in der Erwerbsarbeit grundlegend verändern: Helga Krüger (2005, S. 196) zufolge kommt es seit den 1990er Jahren zu einer Aushöhlung des Normalarbeitsverhältnisses, und „die ‚Korsettstangen' des männlichen Lebenslaufs, d. h. die sichere Erwerbskarriere auf der Basis des gelernten Berufs" brechen weg. Männliche Beschäftigte befinden sich damit in den letzten Jahren nicht nur in einer für sie neuartigen Wettbewerbssituation mit hochqualifizierten Frauen um angesehene Erwerbspositionen, sondern sie machen zugleich in für sie neuer Weise die Erfahrung von unsicheren und prekären Erwerbsverläufen. Die zunehmende Integration weiblicher Beschäftigung in die Erwerbsarbeit erfolgt also unter gänzlich anderen Bedingungen als sie für Männer bis vor wenigen Jahren noch galten, was die Konkurrenzsituation um sichere Erwerbsarbeitspositionen erhöhen wird. Zudem steigen inzwischen die Anforderungen von Unternehmen an die Flexibilität, Mobilität und Selbststeuerung und -organisation der Beschäftigten und mithin die Notwendigkeit, ihre biographischen und alltäglichen Orientierungen weitgehender als bislang auf die Erwerbsarbeit hin auszurichten. Diese neuartigen Konstellationen führen dazu, dass die Vereinbarkeit von betrieblichen mit außerbetrieblichen Belangen des Lebens noch nachhaltiger erschwert wird als bislang, beziehungsweise wird das ‚Private' in neuer Weise für betriebliche Belange in den Dienst genommen. Die reibungslose Koordination der unterschiedlichen Belange kann damit erneut und in neuer Weise zum Konkurrenzvorteil oder eben Nachteil um angesehene Erwerbsbereiche werden, was sich wiederum für die Geschlechter in unterschiedlicher Weise darstellt.

Die Brüche in den Geschlechterarrangements und das allmähliche Eindringen von Frauen in den Erwerbsarbeitsmarkt und in machtvolle Erwerbspositionen ändern wenig an der strukturellen Unvereinbarkeit zwischen den Anforderungen aus dem Erwerbsbereich und denjenigen außerhalb der Erwerbssphäre, wie sie sich aus der Kindererziehung oder der Care-Verantwortung ergeben (vgl. hierzu: Aulenbacher et al. 2014). Trotz der Aufweichungsprozesse der geschlechterbezogenen Zuweisungen in einigen Erwerbspositionen wird die Vereinbarkeitsproblematik noch mehrheitlich den weiblichen Beschäftigten aufgebürdet, und dies trotz aller Diskussionen über die sogenannte ‚Work-Life-Balance', über Vereinbarkeitsprogramme oder den Debatten zu den neuen, ‚aktiven' oder ‚involvierten' Vätern (vgl. Behnke und Meuser 2012; Meuser 2011). Frauen sind nach wie vor und vergleichsweise ungebrochen die Sorgenden, zwar nicht mehr ohne weiteres für ‚ihre' Männer, wohl aber für Kinder und pflegebedürftige Angehörige. Das bedeutet, dass diejenigen weiblichen Beschäftigten, die letztlich in politischen Machtpositionen oder im Management eines Unternehmens angekommen sind, in aller Regel darauf angewiesen sind, dass ihnen andere den ‚Rücken frei halten' von den außerbetrieblichen alltäglichen Belangen des Lebens, wie Einkaufen, Putzen, etc. und – soweit sie überhaupt Kinder haben – der Kindererziehung. Zumindest die obere Mittelschicht kann sich eine Umverteilung dieser außerbetrieblichen Anforderungen zwischen Frauen und eine Auslagerung von Care-Tätigkeiten leisten, dies ist auch notwendig, wenn diese weiblichen Beschäftigten unter den verschärften Konkurrenzbedingungen bestehen wollen. Trotz der Veränderungen in einigen Erwerbspositionen bleibt die Bewältigung dieser außerbetrieblichen Anforderungen ‚in Frauenhand' und stellt sich als Umverteilung von Versorgungsverantwortung und -arbeit zwischen Frauen unterschiedlicher sozialer und kulturelle Herkunft dar (Rerrich 2006). Die anfallenden Arbeiten werden also in aller Regel erneut von Frauen übernommen, seien es Hausfrauen und/oder ältere Frauen und Pensionärinnen, Au-Pairs (Hess 2008) oder Migrantinnen, die in schlecht bezahlten und sozial kaum abgesicherten legalen, vor allem aber halblegalen und illegalen Beschäftigungsformen von stundenweiser Aushilfe bis zum ‚live-in' in den familialen Kontexten tätig sind (Aulenbacher und Riegraf 2009; Riegraf und Theobald 2010). Während also die Verbindung zwischen gesellschaftlichen Machtpositionen, beruflichen Kompetenzzuweisungen und Weiblichkeit nicht mehr unbedingt ein Widerspruch ist und diese zunehmend zum Bestandteil der Ausprägung eines bestimmten modernen Frauenbildes wird, bleiben gleichzeitig die klassischen geschlechterbezogenen Aufgabenzuweisungen zwischen Erwerbs- und Reproduktionsarbeit bestehen, und es kommt zur Umverteilung der Tätigkeiten zwischen Frauen unterschiedlicher sozialer und kultureller Herkunft. Und auch bei der Änderung der Geschlechterbilder vollziehen sich die Bewegungen keineswegs gradlinig, sondern es lassen sich gleichzeitig gesellschaftliche Beharrungs- und (Re-)Traditionalisierungsbewegungen beobachten. Diese Konstellation zwischen Wandel, Beharrung und (Re-)Traditionalisierung führt vor allem für Frauen dazu, dass sie sich in den einzelnen Phasen des Berufs- und Lebenslaufs und in den alltäglichen Arbeitsarrangements verstärkt mit gegenläufigen und widersprüchlichen Anforderungen konfrontiert sehen, die sich je nach sozialer und kultureller Herkunft anders darstellen und anders bearbeitet werden müssen und können.

3 Beharrungen und (Re-)Traditionalisierungen

Auf dem Arbeitsmarkt lassen sich einerseits Hinweise dafür finden, dass die geschlechtersegregierenden Zuweisungen aufbrechen und sich die Geschlechter in historisch neuer Weise in einem Konkurrenzverhältnis befinden. Andererseits zeigen sich in anderen Tätigkeitsbereichen auf dem Arbeitsmarkt erstaunliche Beharrungstendenzen und (Re-)Traditionalisierungsbewegungen. Beispielsweise bleiben in auffälliger Weise die Erfolge aus, Männer in nennenswerter Anzahl für als typisch weiblich geltende Arbeitsbereiche, wie Erzieher_innenberufe zu gewinnen oder zumindest bleiben die Erfolge sehr bescheiden und dies trotz aller öffentlicher Diskussionen, Programme und Initiativen, wie der vom Bundesministerium für Familie, Senioren, Frauen und Jugend geförderten Initiative „Mehr Männer in Kitas" oder den inzwischen an den Schulen breit eingeführten „Boy's Days". Nicht einmal drei Prozent aller Erzieher_innen in Kindergärten und anderen Betreuungseinrichtungen wie Kitas, Schulkindergärten, Horten oder Krippen sind Männer. So zeigen neuere Daten, dass, trotz aller politischer Anstrengungen mehr Männer in klassisch ‚weibliche' Bereiche zu gewinnen, an den Schulen in Nordrhein-Westfalen der Anteil der Lehrer von 1996 bis 2012 um fast 25 % zurückgegangen ist. Besonders wenig Lehrer arbeiten an Grundschulen, einem als typisch weiblich geltenden Arbeitsbereich und dies mit abnehmender Tendenz. Dort liegt ihr Anteil 2012 bei neun Prozent. 1996 waren es noch annähernd 15 % (Rheinische Post 2013). Einen weiteren Hinweis auf zählebige Beharrungstendenzen gibt eine neuere Studie, die zeigt, dass Frauen 2014 bundesweit nur 49 % vom Pro-Kopf-Bruttoeinkommen der Männer verdienen (Bach 2014), und der Gender Pay Gap damit deutlich höher ist als bislang angenommen – dies trotz aller seit Jahren auch auf europäischer Ebene geführten Debatten über den Sachverhalt der ungleichen Bezahlung der Geschlechter. Arbeits- und organisationspolitische Bemühungen, Männer in für sie als nicht typisch geltende Bereiche zu gewinnen, bedienen sich häufig der Strategien, die bereits in der Vergangenheit bei dem Versuch recht erfolglos waren, Frauen für gewerblich-technische Bereiche zu gewinnen. Die Mehrzahl dieser Strategien griff gesellschaftliche Männlichkeits- und Weiblichkeitsbilder auf und betonte die Kongruenz zwischen Arbeitsinhalten und Geschlechterkonstruktionen, was keinen grundlegenden strukturellen und nachhaltigen Auflösungsprozess der geschlechterbezogenen Grenzziehungen nach sich zog. Ende der 1970er Jahre legte das Bundesministerium ein Modellprojekt zur Öffnung gewerblich-technischer Berufe für junge Frauen auf, in den 1990er Jahren versuchten Unternehmensverbünde über unterschiedliche Initiativen Frauen als Fachkräfte für als typisch männlich gedachte Bereiche anzuwerben (Glöß et al. 1981). Um die Berufsfelder jeweils für das ‚nicht-typische' Geschlecht attraktiv zu machen, wurde die Wandlung von Arbeitsinhalten prognostiziert und dies in eine Richtung, die sich mit den jeweils als typisch unterstellten Eigenschaften, Interessen und Kompetenzen decken: Arbeitsinhalte eines Tätigkeitsbereiches wurden überbetont und dann mit dem angenommenen ‚männlichen' oder ‚weiblichen' Arbeitsvermögen in Einklang gebracht, um auf diesem Wege das Arbeitsfeld jeweils zu öffnen. So sei zukünftig im Management ein Führungsstil gefragt, der Kooperationsfähigkeit, Kommunikationsbereitschaft und soziale Kompetenz voraussetzt. Da Frauen aufgrund ihres spezifischen Arbeitsvermögens über gerade diese extrafunktionalen Qualifikationen verfügten, entstehe perspektivisch, quasi ‚automatisch', eine Nachfrage nach Managerinnen. Es läge nun in der Hand der weiblichen Beschäftigten, diese Chance zu nutzen. Alle Bemühungen, die darauf abzielten, Frauen in Männerberufe zu integrieren, in dem das ‚weibliche Arbeitsvermögen' mit ‚geschlechtstypischen' Arbeitsinhalten verbunden wird, blieben bislang wenig erfolgreich. Neuere politische Initiativen greifen diese in der Vergangenheit schon erfolglosen Strategien der Geschlechterdifferenzierungen dennoch auf: Laut der NRW-Bildungsministerin Sylvia Löhrmann wollten Mädchen in Chemie vor allem wissen: „Wofür brauche ich das?" Und weiter führt sie unter Betonung von Geschlechtstypiken aus: „Wenn sie wissen, dass das zum Beispiel für Kosmetik interessant ist, haben sie einen eigenen Zugang" (Die Welt 2012). Es ist eher zu bezweifeln, dass Angela Merkel, Ursula von der Leyen oder Hillary Clinton ihre Positionen mit dem Verweis auf ihre spezifischen ‚weiblichen' Interessen, Kompetenzen oder auf einen spezifischen ‚weiblichen' Zugang erlangten. Es ist vermutlich auch wenig zielführend, wenn sich die angehende Chemikerin der Täuschung hingibt, dass sie fortan verschiedene Lidschattenfarben entwickeln wird, anstatt sich die Vielschichtigkeit der

Chemiebranche zu verdeutlichen. Vermeintliche Erfolge dieser Strategie fielen in der Vergangenheit häufig dem sogenannten Drehtüreffekt zum Opfer. So stellen Bettina Heintz und ihre Kolleginnen bereits Ende der 1990er Jahre in ihrer Untersuchung fest: „Die Tür zu den Männerberufen hat sich für Frauen zwar tatsächlich geöffnet, doch bei genauem Hinsehen erweist sie sich als Drehtür – der Prozentsatz der Frauen, die sich für einen Männerberuf entscheiden, ist kaum größer als jener, die ihn wieder verlässt. Obschon Frauen häufiger als früher einen Männerberuf ergreifen, ist das Ausmaß der geschlechtsspezifischen Segregation davon kaum betroffen: Der Drehtüreffekt verhindert, dass sich der Mut zu einer atypischen Berufswahl auch in einem signifikanten Rückgang der Segregation niederschlägt" (Heintz et al. 1997, S. 33 f.). Während also auf der einen Seite die nicht mehr übersehbare Präsenz von Frauen in politischen und erwerbsbezogenen Machtpositionen dazu führt, dass die lange Zeit als selbstverständlich hingenommene und unhinterfragte Analogiebildung zwischen öffentlicher Präsenz, gesellschaftlichen Machtpositionen und Männlichkeit nicht mehr ohne weiteres aufgeht (vgl. Gruhlich 2013; Meuser und Scholz 2011), werden auf der anderen Seite klassische Weiblichkeitsvorstellungen erneut zementiert, dies geschieht manchmal durchaus in bester Absicht, wie das Beispiel der NRW-Politikerin zeigt. Sozialkonstruktivistische Ansätze geben eine plausible Erklärung dafür, weshalb solche Strategien nicht erfolgreich sein können.

4 Brüche in der Homologie von Abwertung und Verweiblichung?

Sozialkonstruktivistische Arbeiten an der Schnittstelle von Professions- und Geschlechterforschung geben für geschlechterbezogene Zuweisungen auf dem Arbeitsmarkt eine recht eindeutige Antwort: Sie erfolgen demnach, indem einzelne Aspekte von Arbeitsinhalten und Berufsprofilen mit weithin akzeptierten und im Alltagswissen verankerten Vorstellungen über unterstellte geschlechtsspezifische Arbeitsvermögen in Einklang gebracht werden. Demnach zeichnen sich die Arbeitsinhalte von ‚Männerbereichen' und ‚Männerberufen' durch eine zugeschriebene Nähe zu als männlich klassifizierten Eigenschaften, Interessen und Kompetenzen aus. Bei Grundschullehrerinnen wird die spezifische Kompetenz im Umgang mit Kindern hervorgehoben. Beim Chemiker oder Informatiker die Technikkompetenz und die Fähigkeit zum abstrakten Denken. Dass die Grundschullehrerin aber auch zumindest ein Minimum an technischer Kompetenz und abstraktem Denken und in der Chemie oder in der Information zumindest ein Minimum an sozialer Kompetenz benötigt wird, gerät über diese Analogiebildung zwischen

Arbeitsinhalten und Alltagsannahmen über das unterschiedliche Arbeitsvermögen der Geschlechter nicht in den Blick. Ausgeblendet wird dabei auch, dass sich die Eigenschaften, Interessen und Kompetenzen innerhalb eines Geschlechts nicht auf einen Nenner bringen lassen. Bereits in den 1980er Jahren hat Carol Hagemann-White darauf hingewiesen, dass es kaum ein Verhalten gibt, „dass ausschließlich bei einem Geschlecht vorkommt; für alle in der Forschung thematisierten Bereiche gibt es sogar recht erhebliche Überschneidungen, so dass die Varianz innerhalb eines Geschlechts auf jeden Fall größer als die Differenz zwischen den Mittelwerten für jedes Geschlecht ist" (Hagemann-White 1984, S. 12). Demnach gibt es also keine Unterschiede zwischen den Interessen, Kompetenzen und Eigenschaften der Geschlechter, sondern die gesamte Bandbreite findet sich bei allen Geschlechtern. Und auch Arbeitsinhalte lassen sich nicht so eindeutig festlegen, wie solche Argumentationsmuster nahe legen: Studien zur Informationstechnik zeigen beispielsweise, dass die technische Seite des Tätigkeitsfeldes zu Lasten sozialer Anforderungen unverhältnismäßig stark in den Vordergrund gerückt wird.

Die sozialkonstruktivistischen Ansätze gehen weiter von der Annahme des „Doing gender while doing the job" (Gottschall 1998) aus, die besagt, dass Tätigkeiten und Positionen zweigeschlechtlich aufgeladen sind und im Arbeitshandeln Geschlecht hergestellt wird. Mit einer Zuordnung zwischen Arbeitsinhalten und einem vermeintlich männlichen oder weiblichen Arbeitsvermögen wird demnach sozial das Geschlecht konstruiert und bestätigt. Die Inhalte sind dabei hochgradig variabel, was in der sozialkonstruktivistisch orientierten Forschung am Beispiel der Röntgenassistentin herausgearbeitet wird (Wetterer 2002, S. 87 ff.): Der Beruf der Röntgenassistentin kann einerseits mühelos als ‚weiblich' konnotiert gelten, wenn die benötigten zwischenmenschlichen und sozialen Kompetenzen betont werden. Andererseits kann die Begründung auch in Richtung eines ‚männlichen' Tätigkeitsfeldes und eines ‚Männerberufs' gehen, wenn die Technikkompetenz bei der Betreuung der medizinischen Geräte in den Vordergrund gestellt wird. Es gibt also kein weibliches oder männliches Arbeitsvermögen, das sich mit den arbeitsinhaltlichen Anforderungen in sogenannten Frauen- oder Männerberufen spiegelbildlich deckt. Entscheidend für die Zuweisung auf dem Arbeitsmarkt scheint demnach eher zu sein, dass bestimmte arbeitsinhaltliche Aspekte (unter Ausblendung anderer Anforderungen) hervorgehoben und mit existierenden Geschlechterkonstruktionen plausibel in Übereinstimmung gebracht werden. Nicht nur ein Blick in die Geschichte, sondern auch in den internationalen Raum zeigt die kontextspezifische Ausprägung geschlechtstypischer Konnotationen von Arbeitsinhalten und -instrumenten: Während die Nähmaschine in Deutschland als typisch weiblich konnotiertes Arbeitsinstrument gilt, erhält sie in Bangladesch je nach sozialem Kontext eine männliche oder weibliche Konnotation. Auf dem Markt präsentieren sich Männer in aller Öffentlichkeit an Nähmaschinen, die in dieser Umgebung zum ‚männlichen' Arbeitsinstrument werden, was wiederum mit den notwendigen technischen Kompetenzen begründet wird, die im Umgang mit Nähmaschinen erforderlich seien (vgl. Riegraf 2005). Diese Beispiele verdeutlichen eindringlich, dass die Aufspaltung in typisch männliche und typisch weibliche Bereiche letztlich unabhängig von den konkreten Arbeitsinhalten geschieht; was als typisch männlicher und typisch weiblicher Arbeitsbereich gilt, ist bis zu einem bestimmten Grade beliebig und variiert je nach kulturellem und sozialem Kontext. Auch zeigen diese Arbeiten, dass die Zuweisungen historisch wandelbar sind.

Die sozialkonstruktivistischen Ansätze sind zugleich von der These einer Gleichursprünglichkeit von Differenz und Hierarchie geleitet. Der Prozess der Abwertung eines Arbeitsfeldes, von Arbeitstätigkeiten oder von Beschäftigungsverhältnissen und der Verlust von gesellschaftlichen Machtpositionen geht in den untersuchten Beispielen in aller Regel mit einer Feminisierung einher: Abwertung bedeutet eine Abwertung im gesellschaftlichen Ansehen, zum Beispiel über die Entlohnung, der Dauer und Attraktivität der Beschäftigungsverhältnisse oder einem Absinken der Aufstiegschancen. Umgekehrt ist ein Maskulinisierungsprozess nicht selten mit einer gesellschaftlichen Aufwertung des Berufs und damit auch einer alltäglich höheren Wertschätzung der ausgeübten Tätigkeiten verbunden (vgl. auch Gildemeister und Wetterer 2007; Wetterer 2002). Diese Analogiebildung belegen historische Studien zum Geschlechtswechsel von Berufen und Tätigkeitsfeldern anschaulich. Ein Blick in die Geschichte zeigt, dass Arbeits- und Berufsfelder, die in unserem Alltagsbewusstsein als typisch männlich und typisch weiblich gelten, nicht immer in dieser Weise vergeschlechtlicht waren, sondern einen ‚Geschlechtswechsel' vollzogen haben. Die Arbeit von Roback (1992) über Schriftsetzerinnen und Maschineneinführungsstrategien führt anschaulich vor, wie sich geschlechtliche Zuweisungen im Laufe der Geschichte verändert haben: Sie zeigt, dass die Schriftsetzerei, die – solange es dieses Arbeitsfeld überhaupt noch gab – in der Gegenwart als typischer Männerberuf galt, zu Beginn der Maschinisierung des Buchdrucks – in der 2. Hälfte des 19. Jahrhunderts – ein Beruf für Frauen aus dem Bürgertum war. Die männlichen Arbeiter in diesem Bereich weigerten sich an einer Maschine zu arbeiten, die einem Klavier glich. Frauen aus dem Bürgertum spielten Klavier, daher wurden Frauen, die angeblich über die notwendigen Fingerfertigkeiten verfügten, um die Maschine zu bedienen, als geeigneter angesehen, dieser Arbeit nachzugehen. Gegen Ende des 19. Jahrhunderts, als absehbar war, dass kein Weg an der weiteren Technisierung des Feldes vorbei ging und es sich um ein expandierendes Berufs- und Tätigkeitsfeld handelte, wurden Frauen aus dieser Berufssparte verdrängt, die insgesamt im Laufe der Zeit einen Aufschwung erlebte. Von nun an wurde nicht mehr die besondere Fingerfertigkeit im Umgang mit den Druckmaschinen betont, welche auch ihre Erscheinungsformen veränderten, sondern die männlich konnotierte technische Kompetenz wurde für die Bedienung der Maschinen als nötig betrachtet. Nun wurden Argumente vorgebracht, dass der Lärm, Dreck und das Blei die Gebärfähigkeit der Frauen gefährde. Mit in Kraft setzen des Nachtarbeitsverbotes für Arbeiterinnen von 1891 wurde die Vermännlichung des Berufsfeldes auch gesetzlich institutionalisiert. Diese Institutionalisierung des Ausschlusses von Frauen aus Berufs- und Tätigkeitsfeldern ist inzwischen nahezu vollständig verschwunden, die Prozesse der Segregation finden also über andere und soziale Mechanismen statt.

Erst als sich beispielsweise das Tätigkeits- und Berufsfeld des Schriftsetzers etablierte und expandierte, erfuhr der ehemals als weiblich konnotierte Arbeitsbereich eine Umetikettierung zur Männerdomäne. Die Umschrift der Differenz verbindet sich mit Professionalisierungsprozessen, die mit Schließungsmechanismen gegenüber weiblichen Beschäftigten einhergehen: Wenn sich also Professionalisierungsstandards und Kontrollpositionen, wie Berufsverbände etablieren, werden die Rekrutierungsmechanismen und die Qualifikationsstandards so gewählt, dass sie Ausschluss bedeuteten. Am Beispiel der Herausbildung des Verhältnisses von Ärzteschaft und Krankenpflegeberuf wurde diese Verbindung zwischen Hierarchisierung und Professionalisierung von der Professionssoziologie recht sorgfältig untersucht (Wetterer 2007). In der Geschichte galt Heilen, Gebären, Pflegen, die Herstellung und Verabreichung von Medikamenten als typisch weiblicher Bereich. Die Etablierung des Ärzteberufs im 19. Jahrhundert war damit verbunden, dass Ärzte ein Studium an den Universitäten absolvieren mussten, aus denen wiederum Frauen ausgeschlossen waren. Sie wurden zwar nicht gänzlich aus dem Gesundheitsbereich ausgegrenzt, aber auf die sogenannten Semiprofessionen, wie Hebamme oder Pflegeberufe verwiesen. Als die Frauen schließlich zum Studium zugelassen wurden, griffen andere Auslesemechanismen, in denen die Berufsverbände über die Definition von Qualitätsstandards eine zentrale (Ausschluss-)Rolle spielten. Professionalisierung verknüpfte sich im Zuge dieser Veränderung mit der Vermännlichung des Feldes.

Die sozialkonstruktivistischen Ansätze zeigen zum einen, dass Gleichstellungsstrategien, die an ein als spezifisch unterstelltes Arbeitsvermögen anknüpfen, nicht nur zu kurz greifen, sondern entgegen der ursprünglichen Absicht Geschlechterdifferenzierungen und -ungleichheiten erneut reproduzieren. Gesellschaftliche Männlichkeits- und Weiblichkeitskonstruktionen, die mit Ungleichheiten verbunden sind, werden darüber zementiert. Wenn Frauen nun aber in nicht mehr zu übersehender Anzahl in den für sie lange Zeit als untypisch geltenden Bereichen angekommen sind, dann kann dies durch die sozialkonstruktivistische Brille betrachtet drei Dinge bedeuten:

In der vorgestellten Lesart wäre das Eindringen von Frauen in öffentliche Machtpositionen, wie Angela Merkel oder Christine Lagard, der Auftakt für einen ‚Geschlechtswechsel' dieser Erwerbsarbeitsbereiche, wobei mit der Aufweichung des männlich elitären Charakters dieser Positionen die Beschneidung ihrer gesellschaftlichen Wertschätzung und Wirkmächtigkeit einhergehen würde. Allerdings lassen sich für einen solchen Prozess der Abwertung politischer und wirtschaftlicher Machtpositionen gegenwärtig nicht wirklich empirische Belege finden.

Oder aber innerhalb eines Berufs- und Tätigkeitsfeldes kommt es zu Hierarchisierungen: Z. B. sind die Managementbereiche, in denen weibliche Beschäftigte tätig sind, dann nicht so hoch angesehen wie diejenigen, in denen männliche Beschäftigte arbeiten. Auch dafür lassen sich nicht durchgängig empirische Belege finden.

Eine andere Lesart wäre, dass gesellschaftliche Machtpositionen, Kompetenzzuweisungen und Weiblichkeit nicht mehr unbedingt ein Widerspruch sind, sondern ihre Verbindung zunehmend zum Bestandteil der Ausprägung eines bestimmten modernen Frauenbildes wird. Damit würde die skizzierte Homologie zwischen Männlichkeit, Machtpositionen und Kompetenzzuschreibungen zumindest in einigen gesellschaftlichen Bereichen brüchig und dies mit weitreichenden Folgen.

In der zuletzt vorgestellten Perspektive auf die Entwicklung würde dies folgendes bedeuten: Die Verbindung zwischen Männlichkeit und der Aufwertung eines Berufs- und Tätigkeitsfeldes wird dadurch brüchig, dass Frauen zwar verstärkt in die ehemals als männlich konnotierten, gesellschaftlich angesehenen Arbeitsfelder Einzug halten, die Männer jedoch in ihnen verbleiben wollen. Die Hochbewertung dieser Arbeitsbereiche bleibt also erhalten, traditionelle Weiblichkeitsvorstellungen werden durch weibliche Beschäftigte in machtvollen Erwerbspositionen in Frage gestellt, und es kommt zu einem Machtgewinn für eine bestimmte Gruppe von Frauen, die sich also von den Kolleginnen absondern.

Etwas anders stellt es sich im umgekehrten Fall dar: Männer, die in Frauenbereiche eindringen, stellen ihren Status, ihre ‚besondere' Kompetenz und ihre männlichen Eigenschaften über vielfältige Argumentationsmuster über Besonderheiten wieder her, weil sie sonst gesellschaftlich eine Abwertung und keinen Machtzugewinn erfahren. Häufig geschieht dies, indem sie die von ihnen ausgeübten Tätigkeiten als professioneller interpretieren und deutlich anders als diejenigen ihrer Kolleginnen. Dies kann über vielfältige Argumentationsmuster geschehen. So kann das Prestige der Arbeitsstelle hervorgehoben werden: „Ich bin zwar Krankenpfleger, aber nicht in irgendeinem Krankenhaus irgendwo in der Provinz, sondern in einem berühmten, hochstehenden Krankenhaus" oder „Ich bin zusätzlich zu anderen Arbeiten für einen körperlich besonders belastenden Bereich zuständig". Nicht selten erfahren diese Beschäftigten über die Betonung von Männlichkeit dann einen Schub ‚nach oben' in den betrieblichen Hierarchien (vgl. Heintz et al. 1997).

5 Fazit

Die zunehmende Integration von Frauen in den Arbeitsmarkt, ihre unübersehbare Präsenz in einigen bislang für sie verschlossenen Berufspositionen, die auch zu neuen Konkurrenz- und Kooperationsformen zwischen den Geschlechtern bei der Arbeit führen wird, fordern sicherlich die derzeit dominanten gesellschaftlichen Männlichkeits- und Weiblichkeitskonstruktionen heraus. Diesen Aufweichungsprozessen stehen wiederum Beharrungs- und (Re-)Traditionalisierungstendenzen gegenüber. Alle diese Prozesse stellen sich im Lebens- und Berufsverlauf für Frauen, nochmals differenziert nach sozialer und kultureller Herkunft, widersprüchlicher dar als für Männer. Wie weitreichend, nachhaltig und tief diese Brüche jeweils aber tatsächlich sind, die sich gegenwärtig in einigen Bereichen der Erwerbsarbeit zeigen, ist noch völlig offen. Wie sich dies in Zukunft darstellen wird, ist nicht zuletzt abhängig von gesellschaftlichen Auseinandersetzungen und Aushandlungsprozessen. Möglicherweise sind die gegenläufigen Entwicklungen aufgrund historisch herausgebildeter ‚sozialer Zwänge' und Verfestigung einfach Schleifen, in denen sich kurze Phasen gebrochener Zuweisungen mit solchen Phasen abwechseln, in denen Privilegien und Benachteiligungen re-etabliert werden. Möglicherweise stehen aber auch Wandel, Beharrung und (Re-)Traditionalisierungsentwicklung in unterschiedlichen gesellschaftlichen Feldern oder gar in einem gesellschaftlichen Bereich einfach unverbunden nebeneinander und müssen von den einzelnen Gesellschaftsmitgliedern in ihren alltäglichen und biographischen Arrangements zunehmend individuell verknüpft werden. Es ist also noch keineswegs geklärt, wie nachhaltig, wie weitreichend und wie tiefgehend diese Prozesse sind, sie stellen sich zudem je nach Kontext auch anders dar. Der Hinweis auf Geschlecht als ‚Platzanweiser' würde dann brüchig, wenn eine bestimmte Gruppe von Frauen in unübersehbarer Anzahl langfristig in öffentliche Erwerbspositionen gelangt oder er gerät zumindest unter stärkeren Legitimationsdruck. Dies bedeutet nun keineswegs, dass Geschlecht als Strukturkategorie an Bedeutung verliert. Werden die partialisierten Ergebnisse wieder zusammengefügt, dann zeigt sich, dass sich eine für Frauen nachteilige Differenzierungslinie zum Teil erst im Zusammenwirken unterschiedlicher Einflussebenen herausbildet. Dies geschieht gerade in den Bereichen, die unverkennbar mit Machtvorteilen und gesellschaftlichem Ansehen verbunden sind, wie das Beispiel der Managerin zeigt, die zur Bewältigung ihrer beruflichen Anforderungen auf Unterstützung durch andere Frauen zurückgreifen muss und auf Kinder verzichtet.

Literatur

Aulenbacher, B., & Riegraf, B. (2009). Markteffizienz und Ungleichheit – Zwei Seiten einer Medaille? Klasse/Schicht, Geschlecht und Ethnie im Übergang zur postfordistischen Arbeitsgesellschaft. In B. Aulenbacher & A. Wetterer (Hrsg.), *Arbeit, Diagnosen und Perspektiven der Geschlechterforschung* (Bd. 25, S. 230–248). Forum Frauen- und Geschlechterforschung. Münster: Westfälisches Dampfboot.
Aulenbacher, B., Meuser, M., & Riegraf, B. (2013). Hegemonie und Subversion. Zur Pluralisierung hegemonialer Verhältnisse im Verhältnis von Öffentlichkeiten und Privatheit. In B. Riegraf, H. Hacker, H. Kahlert, B. Liebig, M. Peitz, & R. Reitsamer (Hrsg.), *Geschlechterverhältnisse und neue Öffentlichkeiten* (S. 18–36). Münster: Westfälisches Dampfboot.
Aulenbacher, B., Riegraf, B., & Theobald, H. (Hrsg.). (2014). *Sorge: Arbeit, Verhältnisse, Regime* (Sonderheft 20 der Sozialen Welt). Baden-Baden: Nomos.
Bach, S. (2014). Frauen erzielen im Durchschnitt nur halb so hohe Einkommen wie Männer. http://www.diw.de/documents/publikationen/73/diw_01.c.480434.de/14-35.pdf. Zugegriffen: 1. Sept. 2014.
Behnke, C., & Meuser, M. (2012). „Look here mate! I'm taking parental leave for a year" – Involved fatherhood and images of masculinity. In M. Oechsle, U. Müller, & S. Hess (Hrsg.), *Fatherhood in late modernity. Cultural images, social practices, structural frames* (S. 129–145). Opladen: Barbara Budrich.
Die Welt. (2012). NRW-Schulministerin fordert getrennten Unterricht. http://www.welt.de/regionales/duesseldorf/article106413713/NRW-Schulministerin-fordert-getrennten-Unterricht.html. Zugegriffen: 1. Sept. 2014.
Geissler, B., & Oechsle, M. (1996). *Lebensplanung junger Frauen. Zur widersprüchlichen Modernisierung weiblicher Lebensläufe.* Weinheim: Beltz Deutscher Studienverlag.
Gildemeister, R., & Wetterer, A. (Hrsg.). (2007). *Erosion oder Reproduktion geschlechtlicher Differenzierung?* Münster: Westfälisches Dampfboot.
Glöß, P., Honrath, R., Kruse, W., Kühne, J., Paul-Kohlhoff, A., Schardt, H., Strauß, J., & Vollmer, H. (1981). *Frauen in Männerberufen: gewerblich-technische Ausbildung – eine Chance für Frauen?* Frankfurt a. M.: Campus.
Gottschall, K. (1998). Doing gender while doing work?: Erkenntnispotentiale konstruktivistischer Perspektiven für eine Analyse des Zusammenhangs von Arbeitsmarkt, Beruf und Geschlecht. In B. Geissler, F. Maier, & B. Pfau-Effinger (Hrsg.), *FrauenArbeitsMarkt: der Beitrag der Frauenforschung zur sozio-ökonomischen Theorieentwicklung* (S. 63–94). Berlin: Edition Sigma.
Gruhlich, J. (2013). Weibliche Topführungskräfte in der Wirtschaft: Stellen diese Weiblichkeiten die hegemoniale Geschlechterordnung in Frage? Gender. *Zeitschrift für Geschlecht, Kultur, Gesellschaft, 5*(2), 63–77.
Hagemann-White, C. (1984). *Sozialisation: Weiblich – männlich?* Opladen: Leske und Budrich.

Heintz, B., & Nadai, E. (1998). Geschlecht und Kontext. De-Institutionalisierungsprozesse und geschlechtliche Differenzierung. *Zeitschrift für Soziologie, 27*(2), 75–93.
Heintz, B., Nadai, E., & Ummel, H. (1997). *Ungleich unter Gleichen. Studien zur geschlechtsspezifischen Segregation des Arbeitsmarktes*. Frankfurt a. M.: Campus.
Hess, S. (2008). *Globalisierte Hausarbeit. Au-pair als Migrationsstrategie von Frauen aus Osteuropa*. Wiesbaden: Springer VS.
Krüger, H. (2005). Dominanz im Geschlechterverhältnis: Zur Institutionalisierung von Lebensläufen. In R. Becker-Schmidt & G.-A. Knapp (Hrsg.), *Das Geschlechterverhältnis als Gegenstand der Sozialwissenschaften* (S. 195–219). Frankfurt a. M.: Campus.
Kuhlmann, E., Kutzner, E., Riegraf, B., & Wilz, S. (2002). Organisationen und Professionen als Produktionsstätten der Geschlechter(a)symmetrie. In E. Schäfer, B. Fritzsche, & C. Nagode (Hrsg.), *Geschlechterverhältnis und sozialer Wandel* (S. 221–249). Opladen: Leske und Budrich.
Kutzner, E. (1999). *Die Un-Ordnung der Geschlechter. Industrielle Produktion, Gruppenarbeit und Geschlechterpolitik in partizipativen Arbeitsformen*. München: Rainer Hampp Verlag.
Meuser, M. (2011). Die Entdeckung der „neuen Väter". Vaterschaftspraktiken, Geschlechtsnormen und Geschlechterkonflikte. In K. Hahn & C. Koppetsch (Hrsg.), *Soziologie des Privaten* (S. 71–82). Wiesbaden: Springer VS.
Meuser, M., & Scholz, S. (2011). Krise oder Strukturwandel hegemonialer Männlichkeit? In M. Bereswill & A. Neuber (Hrsg.), *In der Krise? Männlichkeiten im 21. Jahrhundert* (S. 56–79). Münster: Westfälisches Dampfboot.
Rerrich, M. S. (2006). *Die ganze Welt zu Hause. Cosmobile Putzfrauen in privaten Haushalten*. Hamburg: Hamburger Edition.
Rheinische Post. (2013). Immer weniger männliche Lehrer an Schulen. http://www.rp-online.de/panorama/deutschland/immer-weniger-maennliche-lehrer-an-schulen-aid-1.3785169. Zugegriffen: 9. Aug. 2014.
Riegraf, B. (2005). „Frauenbereiche" und „Männerbereiche": Die Konstruktion von Geschlechterdifferenz in der Berufs- und Arbeitswelt. In J.-R. Ahrens, M. Apelt, & C. Bender (Hrsg.), *Frauen im Militär. Empirische Befunde und Perspektiven zur Integration von Frauen in die Streitkräfte* (S. 134–155). Wiesbaden: Springer VS.
Riegraf, B. (2015). Neue Unübersichtlichkeiten in den Geschlechterarrangements: Über das Verhältnis von Wandel, Beharrung und (Re)Traditionalisierung. In C. Mahs, B. Rendtorff, & A.-D. Warmuth (Hrsg.), *Betonen – Ignorieren – Gegensteuern? Zum pädagogischen Umgang mit Geschlechtstypiken*. Weinheim: Beltz Juventa (in Druck).
Riegraf, B., & Theobald, H. (2010). Überkreuzungen sozialer Ungleichheiten in der Fürsorgearbeit: Wandel der Versorgung älterer Familienmitglieder im Ländervergleich. In R. M. Dackweiler & R. Schäfer (Hrsg.), *Wohlfahrtsstaatlichkeit und Geschlechterverhältnisse aus feministischer Perspektive* (S. 132–149). Münster: Westfälisches Dampfboot.
Roback, B. (1992). Schriftsetzerinnen und Maschineneinführungsstrategien im 19. Jahrhundert. In A. Wetterer (Hrsg.), *Profession und Geschlecht. Über die Marginalität von Frauen in hochqualifizierten Berufen* (S. 83–100). Frankfurt a. M.: Campus.
Wagels, K. (2013). *Geschlecht als Artefakt. Regulierungsweisen in Erwerbsarbeitskontexten*. Bielefeld: transcript.
Wetterer, A. (2002). *Arbeitsteilung und Geschlechterkonstruktion. „Gender at Work" in theoretischer und historischer Perspektive*. Konstanz: UVK-Verlag.

Wetterer, A. (2007). Erosion oder Reproduktion geschlechtlicher Differenzierungen? Zentrale Ergebnisse des Forschungsschwerpunkts „Professionalisierung, Organisation, Geschlecht" im Überblick. In R. Gildemeister & A. Wetterer (Hrsg.), *Erosion oder Reproduktion geschlechtlicher Differenzierungen. Widersprüchliche Entwicklungen in professionalisierten Berufsfeldern und Organisationen* (S. 189–214). Münster: Westfälisches Dampfboot.

Riskante Übergänge und Doing gender – Vermittlungsleistungen zwischen Lebenslauf und Biographie

Barbara Stauber

1 Einleitung: Biographische Bewältigung ent- und re-standardisierter Übergänge im Lebenslauf

Spätmoderne Lebensverhältnisse zeichnen sich unter anderem dadurch aus, dass sich die Lebensläufe, diese institutionalisierten Gebilde mit vielen Normalitätsannahmen darüber, was wann und wie im Leben zu passieren hätte (Lessenich 2013), zunehmend ausdifferenzieren und ihre Standardformate einbüßen. Das, was für junge Frauen und Männer in den 1950er Jahren, vielleicht auch noch in den 1970er Jahren, als erwartbarer Lebenslauf galt, mit seinen ganzen heteronormativen Aufladungen und seinen geschlechtshierarchischen Normalitätsmustern, ist heute keine verlässliche Größe mehr und vielleicht sogar für viele vom Horizont der individuellen Lebensplanung verschwunden. Das hat sein Gutes, denn dieser Lebenslauf war und ist – unter der Genderperspektive wie auch mit Blick auf schichtbezogene und ethnisierende Ausgrenzungsmechanismen – nicht nur mit Einschlüssen, sondern auch mit sozialen Ausschlüssen verbunden. Zudem bedeutet diese Relativierung des Normallebenslaufes, dass heutige Generationen junger Erwachsener wesentlich über die Formen der Lebensgestaltung entscheiden können. Zugleich aber ist dies auch eine große Zumutung an die Individuen, ihr Leben selbst in die Hand zu nehmen und des eigenen Glückes Schmied_in zu werden. Und diese Zumutung

---

B. Stauber (✉)
Wirtschafts- und Sozialwissenschaftliche Fakultät, Institut für Erziehungswissenschaft, Universität Tübingen, Münzgasse 22, 72070 Tübingen, Deutschland
E-Mail: barbara.stauber@uni-tuebingen.de

© Springer Fachmedien Wiesbaden 2015
C. Micus-Loos, M. Plößer (Hrsg.), *Des eigenen Glückes Schmied_in!?*,
DOI 10.1007/978-3-658-09133-0_3

geht wiederum Hand in Hand mit einem Aktivierungsdiskurs, der in spätmodernen und zunehmend neoliberalen Gesellschaften an Dominanz gewinnt (Lessenich 2013; Geissler 2014). Zu dieser Entstandardisierung des Lebenslaufs scheint es derzeit auch einige Gegentendenzen zu geben, gerade im Bereich der Bildungsverläufe, wo spätestens mit dem Bologna-Prozess auch Re-Standardisierungen zu verzeichnen sind: So gehen mit der Beschleunigung der gymnasialen Oberstufe und mit der Verkürzung des Studiums auf in der Regel 6 (Bachelor) bzw. 4 (Master) Semester auch Formalisierungen und Standardisierungen sowie ein Zurückschneiden selbstorganisierter und eigendynamischer Aspekte der Lebensgestaltung junger Erwachsener einher (vgl. Pohl und Walther 2013).

Diese Gleichzeitigkeit von Ent- und Re-Standardisierungen muss nun biographisch bewältigt werden, was bedeutet, dass all das, was gesellschaftliche Erwartbarkeiten darstellt, und zwar die klassisch lebenslaufbezogenen Erwartbarkeiten, die spätmodern entstandardisierten Erwartbarkeiten und die spätmodern re-standardisierten Erwartbarkeiten, mit der eigenen Biographie irgendwie in Einklang zu bringen sind.

Der Lebenslauf als institutionalisiertes Strukturmoment wird hier also zur Reibungsfläche für Biographie. Gleichzeitig ist die Biographie ein hochindividueller und gleichzeitig sozialer Prozess von Erfahrungsaufschichtungen, sie ist ein individuelles Konstrukt des erzählten Lebens, in dem sich jedoch, das hat Bettina Dausien anschaulich herausgearbeitet, die gesellschaftlichen Bedingungen der Lebensgestaltung spiegeln:

> Biographie ist ein Produkt sozialer Konstruktionsprozesse, ein ‚sozialer Tatbestand' in modernen Gesellschaften, der in unterschiedlichen kulturellen und sozialen Kontexten historisch differenziert ist. Genauso wenig, wie man ein Geschlecht einfach ‚hat', ‚hat' man eine Biographie. Eine Biographie wird vielmehr hergestellt, durch abstrakte und konkrete gesellschaftliche Vor-Bilder; durch Erwartungen aus dem sozialen Nahbereich und institutionalisierte Erwartungsfahrpläne, die sozial und kulturell erheblich variieren; durch strukturelle ‚Weichenstellungen', die sich als konkrete materielle, rechtliche und soziale Restriktionen des individuellen Handlungsspielraums rekonstruieren lassen; schließlich durch die reflexive Leistung der Subjekte selbst, ohne deren biographische Arbeit weder soziales Handeln denkbar wäre, noch soziale Strukturen reproduziert werden könnten. Auf allen diesen Ebenen spielt die Positionierung im Geschlechterverhältnis eine Rolle. (Dausien 1999, S. 238)

Der Lebenslauf mit seinen vergeschlechtlichten Aufladungen bildet damit die Folie für biographische Konstruktionen, die sich affirmativ oder kritisch auf diese Folie beziehen. Gerade die Übergänge liefern verstärkt Anlässe der biographischen Vergewisserung – die normativen Übergänge des Lebenslaufs ebenso wie die unerwarteten Brüche, die sich andauernd und unter Bedingungen der Prekarisierung der Erwerbsverhältnisse immer häufiger der Bearbeitung stellen. Die Kategorie der „Übergänge" lässt sich dabei als Vermittlung zwischen Lebenslauf und Biographie betrachten (Walther und Stauber 2013). Riskant sind diese Übergänge deshalb, weil in ihnen die ganze Dramatik oder – weniger dramatisch – die ganze Dynamik des Verhältnisses von Lebenslauf und Biographie steckt: Die Vermittlung zwischen dem Lebenslauf, der biographisch irgendwie angeeignet werden muss, und der Biographie, die sich permanent mit den wechselnden Vorgaben und Anforderungen des Lebenslaufs auseinandersetzen muss, wird deshalb zu einer immer komplexer werdenden Aufgabe. Dies hat den schon genannten Grund darin, dass es diesen Lebenslauf als Normalform so nicht mehr gibt – ein Phänomen, das durchaus positive Aspekte hat. Gleichzeitig jedoch behauptet dieser Lebenslauf durchaus noch seine Gültigkeit; dies gilt für viele der Bildungs- und Unterstützungsinstitutionen, die implizit auf diesen Normallebenslauf bezogen sind, manchmal sogar explizit auf diesen verweisen.

Aber was heißt das für junge Frauen und Männer? Es heißt, sich zunehmend in einer Situation wiederzufinden, die als „Planungsparadox" (Stauber und Walther 2013, S. 274) der Übergänge zum Erwachsenwerden beschrieben werden kann. Dieses „Planungsparadox" (ebd.) besteht darin, sich ohne jede Erfolgsgarantie immer besser vorbereiten zu müssen, sich pro-aktiv um die eigene berufliche Zukunft kümmern zu müssen, ohne sich wirklich handlungsfähig zu fühlen, planen zu müssen, aber dennoch permanent an die Grenzen von Planbarkeit zu stoßen (vgl. Leccardi 2005). Dies kann ganz schnell auch sehr riskant werden: In dieser Vermittlungsleistung liegen Sollbruchstellen, die Übergänge sind zunehmend gekennzeichnet von einer Verlängerung ökonomischer Abhängigkeiten, von Reversibilität, oft auch von Be- und Überlastungsphänomenen im Jugendalter. Sie vollziehen pendelförmige Bewegungen im Hin und Her zwischen Jugend und Erwachsensein und nehmen die Form von Yoyo-Übergängen an (EGRIS 2001). Was in diesen Übergängen riskant ist, ist dabei systematisch in den Strukturen, in denen Übergänge stattfinden, zu verorten.

Geschlecht offenbart sich in diesen strukturell veränderten Übergängen als soziales Konstrukt und als Anforderungsgefüge – hier, an diesen Übergängen, ist quasi der Ort, wo doing gender sehr genau analysiert werden kann (vgl. Gildemeister 2004). Das meint nun nicht nur die Seite der gesellschaftlichen Anforderungen, sondern auch die Seite der Bewältigung Jugendlicher und junger Erwachsener.

Deutlich wird dabei, wie gerade im Hinblick auf Bildungsübergänge Geschlecht nur im Zusammenspiel mit anderen sozialen Kategorien wie Ethnizität, Bildungsstatus, soziale Herkunft, Region und anderes mehr relevant wird: Geschlecht kommt nie in Reinform vor, sondern ist als interdependente Kategorie zu verstehen (vgl. Walgenbach 2007). Als solche ist sie intersektionell mit anderen Differenzkategorien verschränkt und auch nur so, in ihrer relativen und relationalen Bedeutung, aufzuschließen (vgl. Riegel 2012). Die Diskussion ist inzwischen bei der Intersektionalität angekommen, und ich möchte keinesfalls dahinter zurückfallen, auch wenn ich in diesem Beitrag auf Prozesse des doing gender fokussiere. Daher will ich zunächst erläutern, wie, den Vorschlägen von Christine Riegel (2012) wie auch Nina Degele und Gabriele Winker (2010) folgend, die soziale Herstellung von Geschlecht verstanden werden kann: In einem Mehrebenenmodell werden die Makro-Ebene gesellschaftlicher Strukturen, die Meso-Ebene der sozialen Institutionen und schließlich die Mikro-Ebene der kollektiven und individuellen Praktiken analytisch unterschieden, aber auch als aufeinander verweisende und miteinander in Beziehung stehende gedacht (vgl. auch Helsper et al. 2010). Alle drei Ebenen sind eingebettet in Diskursumgebungen, zu denen die gesellschaftlichen Repräsentationen, aber auch die Fachdiskurse unterschiedlicher Professionen beitragen. In diesen Diskursen kommen Geschlechterbezüge nie in Reinform vor, sondern sind fast immer gekoppelt mit herkunftsbezogenen Zuschreibungen. In Bezug auf dieses Mehrebenenmodell sollen im Folgenden die einzelnen Ebenen besprochen werden:

Was die erste Ebene anbelangt, so durchziehen *hierarchische geschlechterbezogene Makro-Strukturen* immer noch unsere Gesellschaft. Gerade vor dem Hintergrund rechtlicher Bedingungen wie dem Gleichbehandlungsgrundsatz, dem Allgemeinen Gleichstellungsgesetz, oder auch dem Gewaltschutzgesetz werden ungleiche Chancenstrukturen nach Geschlecht umso auffälliger. Dies gilt vor allem für karriereträchtige Positionen im Erwerbssystem (glass ceilings; leaky pipelines, vgl. IAB 2006), in gesellschaftlich einflussreichen Bereichen wie Politik, Gewerkschaften, Großverbänden, Universitäten, aber auch im vermeintlich privaten Raum der persönlichen Beziehungen. Bei genauerem Hinsehen gibt es zwischen und in nahezu allen gesellschaftlichen Bereichen immer noch geschlechtlich konnotierte Arbeitsteilungen, eine fortgesetzte Feminisierung der Vereinbarkeitsthematiken (vgl. Jurczyk und Oechsle 2006) und ungleichen Lohn für im Prinzip gleiche Arbeit. Der Gender Pay Gap innerhalb derselben Arbeitsbereiche klafft seit Jahren unverändert stark (vgl. Bispinck et al. 2008), noch eklatanter ist er *zwischen* den verschiedenen Arbeitsbereichen auf demselben (Ausbildungs-)Niveau und dies schon bei den Ausbildungsvergütungen: Je stärker feminisiert ein Berufsbereich, umso geringer die Vergütung. Die Einmündungschancen in Berufsausbildung sind für junge Frauen immer noch schlechter (Beicht und Granato 2010); die Erwerbslosenquote der 15- bis 30-jährigen Frauen liegt zwar inzwischen unter der der Männer, doch ab einem Alter von ca. 32 Jahren sind erstere bezeichnenderweise wieder stärker von Arbeitslosigkeit betroffen. Das Risiko der Verarmung ist nach den SILC-Daten von Eurostat entsprechend für junge Frauen deutlich höher als für junge Männer (vgl. auch DGB 2010).

Auf der *Meso-Ebene* der gesellschaftlichen Institutionen ist zu fragen, wie durch Bildungsinstitutionen, aber auch durch die Hilfesysteme und Institutionen Sozialer Arbeit Unterscheidungen gemacht werden, die Unterschiede – zum Beispiel nach Geschlecht, aber auch entlang anderer sozialer Differenzkategorien – erst hervorbringen (vgl. Gildemeister 2004; Brückner 2009). Hierzu gibt es inzwischen viele, überwiegend qualitative Studien, die recht genau aufzeigen können, wie feldspezifisch die jeweiligen Prozesse eines doing gender verlaufen (vgl. Sabla 2009; von Langsdorff 2012).

Auf der *Mikro-Ebene* der *Praktiken* von Frauen und Männern, mit denen sie die teils widersprüchlichen Anforderungen in vielen gleichzeitig ablaufenden Übergängen ins Erwachsensein und dem Hin- und Herpendeln zwischen erworbenen und wieder verloren gehenden bzw. aufgeschobenen Selbständigkeiten nicht nur bewältigen, sondern auch gestalten, kann die Orientierung an Weiblichkeiten und Männlichkeiten gleichermaßen zu einem Stressor wie zu einer Ressource werden. Wichtig ist zu sehen, dass viele Gender-Inszenierungen von den Machbarkeitsmythen der Individualisierung geprägt sind, dass dabei zugleich aber Geschlecht immer wieder neu bearbeitet wird. *Geschlechterbezogene Diskurse* bilden auf allen Ebenen einen widersprüchlichen Hintergrund, weil sich hier genauso Diskurse finden, die, wie manche medialen Diskurse, den Gleichberechtigungsmythos betonen und eine Erreichbarkeit aller gesellschaftlichen Positionen für alle Geschlechter behaupten, wie auch Diskurse, die latent restaurativ gelagert sind, indem sie bestehende soziale Differenzen naturalisieren oder besser essenzialisieren und bejahen (von den seriöseren Varianten der Beiträge der Hirnforschung bis zu den Populismen explizit antifeministischer oder neuerdings: ‚genderkritischer' Schriften) sowie Diskurse der post- und pop-feministischen Spielart, die auf eine neue selbstbewusste Weise durchaus (neue) Differenzmarkierungen vornehmen – zwischen den Geschlechtern, vor allem aber zwischen sich unterschiedlich im Genderdiskurs positionierenden Frauen, die sich nicht immer durch die Zugehörigkeit zu unterschiedlichen Frauengenerationen ausweisen. Diese Diskurse werden unterstützt durch mediale Repräsentationen von Weiblichkeiten und Männlichkeiten, wiederum in allen Spielarten: von Bildern, die den Machbarkeitsmythos betonen – junge Karriere und junge Elternschaft seien problemlos vereinbar –, über Weiblichkeits- und Männlichkeitsbilder, die – häufig einhergehend mit Sexualisierungen – für neue Freizügigkeiten stehen, bis hin zu Gegenentwürfen und Gegenmodellen.

Gendertheoretisch ist die Frage, wie im Zusammenwirken der genannten Ebenen und im Zusammenspiel von Gender mit historisch wie situativ relevanten Differenzkategorien Unterscheidungen gemacht werden, die Unterschiede hervorbringen (vgl. Gildemeister 2004), wie also „doing gender" (West und Zimmerman 1987) bzw. genereller „doing difference" (Fenstermaker und West 1995) passiert. Nach Stefan Hirschauer steht „das Präfix ‚doing' […] für eine Heuristik, mit der sich kompakte soziale Tatsachen temporalisieren und als praktische Vollzugswirklichkeiten dekomponieren lassen" (Hirschauer 2004, S. 73). Diese Heuristik macht bewusst, dass wir es auf allen analytisch zu unterscheidenden Ebenen mit individuellen und kollektiven Praktiken zu tun haben, auch wenn sich diese nie losgelöst von gesellschaftlichen Strukturen und Diskursen vollziehen. Die Unterschiede, um die es hierbei geht, sind immer gesellschaftlich relevante Unterschiede und Differenzen (vgl. hierzu Leiprecht 2008). Es geht um Unterschiede, die mit Hierarchisierungen einhergehen, mit Platzierungen auf unterschiedlichen Statuspositionen, mit gesellschaftlichen Ein- und Ausschlüssen sowie mit latenter oder offener Diskriminierung (vgl. Mecheril 2006). Diese Herstellung von Geschlecht wird anhand des Übergangs Schule – Beruf besonders deutlich.

2 Übergänge von der Schule in den Beruf als exemplarische Mechanismen für doing gender

Am Übergang von der Schule in den Beruf zeigt sich europaweit das Phänomen, dass sich junge Frauen auf allen Bildungsstufen bessergestellt haben als junge Männer, dass aber diese jungen Frauen ihren Bildungsvorsprung nicht in verbesserte berufliche Perspektiven umsetzen (können), sondern weit unter den Möglichkeiten bleiben, die ihnen qua ihrer formalen Zugangsvoraussetzungen offen stehen (vgl. Bispinck et al. 2008; DGB 2010). Für junge Frauen aus Einwandererfamilien spitzt sich dieses Amortisierungsdefizit der Bildungsinvestitionen zu (vgl. Granato 2006). Ganz offensichtlich sind im Übergang von der Schule in den Beruf soziale Mechanismen wirksam, die insofern als *doing difference* zu bezeichnen sind, als sie geschlechter- und herkunftsbezogene Unterscheidungen machen, die weder in den mitgebrachten schulischen Voraussetzungen der jungen Frauen und Männer begründet sind noch durch die in der empirischen Bildungsforschung untersuchten primären und sekundären Herkunftseffekte erklärt werden können (vgl. Beicht und Granato 2010).

Die Frage ist: Welche Mechanismen sind in diesem Gesamtkomplex ‚Übergang Schule – Beruf' wirksam, die Mädchen bei einer Umsetzung ihrer Schulleistungen im Wege stehen? Offenbar spielen hier vielfältige Dynamiken zusammen. Im Rahmen eines europäischen Forschungsprojektes wurden die komplexen Herstellungs- und Regulierungsprozesse von Bildungsverläufen genauer untersucht (www.goete.eu). Auch Aspekte wie der Blick auf und das Reden über Eltern vonseiten der

Vertreter_innen des Schulsystems spielen in diesen komplexen Formen institutioneller Diskriminierung eine Rolle (vgl. Stauber 2014). Deutlich wurde, dass diese Dynamiken nur im Zusammenhang miteinander zu sehen und zu begreifen sind. Dennoch können sie analytisch wie folgt differenziert werden:

Dem *Ausbildungssystem* hat Helga Krüger (1991) bereits in den 1990er Jahren das Etikett „doing gender" verpasst – aufgrund der Tatsache, dass es mit seinen beiden Hauptsäulen, dem System der Dualen Ausbildung und dem vollzeitschulischen System, eine Geschlechterstruktur der Berufe repräsentiert: Differenziert wird zwischen dem Dualen System mit überwiegend männlich dominierten Berufen und dem Vollzeitschulischen System, in dem jenseits des Geltungsbereichs von Berufsbildungsgesetz (BbiG) und Handwerksordnung (HwO) für Berufe im erzieherischen, pflegerischen sowie im Gesundheitsbereich ausgebildet wird, also ganz überwiegend weiblich dominierte Berufe. So liegt der Anteil der jungen Frauen im vollzeitschulischen Bereich bei immer noch knapp 70 % (BiBB 2014). Der Unterschied ist verknüpft mit unterschiedlichen Karrierepositionen und -optionen, einer wichtigen Komponente des besagten Amortisierungsdefizits der Bildungsinvestitionen junger Frauen: Diese Berufe zahlen sich bei weitem nicht so aus wie vergleichbare ‚männlich' dominierte, weder in den Arbeitsbedingungen noch in der Entlohnung noch in den Aufstiegsmöglichkeiten. Weiterhin ist der Unterschied verbunden mit unterschiedlichen Bildungsinvestitionen: Gerade diese überwiegend von jungen Frauen frequentierten Berufe im sozialen Bereich zeichnen sich dadurch aus, dass mindestens ein mittlerer Bildungsabschluss Voraussetzung ist, dass das Fachschul-Curriculum nahe an das Fachhochschulniveau reicht, und dass nach dem Ausbildungsabschluss Weiterbildungen und Spezialisierungen unabdingbar sind. Das heißt: Qua Ausbildungssystem werden für junge Männer und Frauen unterschiedliche Karrieremöglichkeiten organisiert. Diesem Problem versuchen viele junge Frauen über eine höhere Studienbeteiligung auszuweichen, aber auf der nächsthöheren Stufe holt sie diese geschlechterdifferenzierende Entwertung von Bildungsinvestitionen wieder ein (BiBB 2014).

Das Ausbildungssystem und vor allem der Ausbildungsstellenmarkt sind nun nicht nur in Strukturen geronnene Gebilde, sondern werden getragen von relevanten Institutionen, die wiederum gestaltet werden von realen Personen. Somit liegt der zweite Erklärungsansatz bei den *sozialen Akteur_innen*, den Subjekten, die als Institutionenvertreter_innen die Funktion von *gate-keepern* haben: Als Lehrer_innen, Berufsberater_innen und nicht zuletzt als Arbeitgeber_innen bzw. Personalleiter_innen treffen sie die Entscheidungen über die Vergabe einer Ausbildungsstelle oder eines Arbeitsplatzes. Die Erklärung für den erklecklichen ‚Rest' an nicht über primäre und sekundäre Herkunftsfaktoren erklärbaren Diskriminierungen nach Geschlecht und Ethnizität muss in den diskursiv gerahmten Interaktionsprozessen zwischen diesen Akteur_innen und den jungen Bewerber_innen sowie den Konsequenzen, die letztere aus diesen Interaktionserfahrungen ziehen, gesehen werden. Viel ist bereits über Prozesse des doing gender an Schulen (Faulstich-Wieland et al. 2004; ESGT 2012) und auch über Phänomene einer institutionellen Diskriminierung geforscht worden (Gomolla und Radtke 2009). Die Ergebnisse dieser Studien unterstützen die These, dass das deutsche Schulsystem weit weniger meritokratisch ist, als es vorgibt, und stattdessen mit seiner frühen Selektion eine ungleiche Chancenverteilung unterstützt. Es sind immer auch konkrete Lehrer_innen, die diese – zusammen mit sich mehr oder weniger für eine optimale Startposition von Sohn oder Tochter einsetzenden Eltern – mitbefördern.

Sodann sind die Berufsberater_innen wichtige alltagsnahe Akteur_innen, die in der Orientierungsphase bestimmte Botschaften vermitteln, zunächst mit ihren Schulbesuchen, vor allem aber dann, wenn es für die Einzelnen mit der Ausbildungsplatzsuche schwierig wird. In Interviews mit jungen Frauen und Männern wird häufig darüber geklagt, dass Berufsberater_innen zu individualisierenden Problemzuschreibungen neigen sowie zu einer geschlechterbezogenen Kanalisierung von Berufswünschen, vor allem im unteren Ausbildungssegment, und vor allem dann, wenn es sich um Migrant_innen handelt (vgl. Pohl und Stauber 2007). Das systematische Dilemma zwischen Berufsbildungsberatung und Marktorientierung, in dem Berufsberater_innen stecken, wird, wenn der Übergang nicht klappt, häufig zugunsten der Marktorientierung ‚gelöst', und dann wird meistens sehr direkt und unverblümt auf existierende Muster von doing gender (Ostendorf 2005) und doing ethnicity zurückgegriffen.

Die Betriebe – sprich: Personalleitungen – sind letztlich die entscheidenden Gate-Keeper an der ersten Schwelle: Gendernde Strukturen finden sich überdeutlich in Bewerbungsverfahren und wurden zum Beispiel für medientechnische Berufe genauer analysiert (Struwe 2007). Die hier aufgezeigten Diskrepanzen liegen zum einen darin, dass sich doppelt so viele junge Frauen auf die technisch fokussierten Berufe in diesem Bereich bewerben wie eingestellt werden, und zum anderen darin, dass das nur vermeintlich mangelnde Interesse der Mädchen öffentlich thematisiert und problematisiert wird, gleichzeitig aber gezeigt werden konnte, dass die von den Unternehmen angewandten Eignungstests und Auswahlverfahren junge Frauen systematisch demotivieren.

Aktuell wird die intersektionelle Verschränkung gendernder mit ethnisierenden Zuschreibungen im Rahmen eines Forschungsprojektes zur institutionellen Diskriminierung in der Ausbildung genauer untersucht (Scherr et al. 2013).

An der zweiten Schwelle zwischen Ausbildungsabschluss und ausbildungsadäquater Einmündung ins Erwerbssystem hat sich das Übergangsproblem in den letzten 10 Jahren zwar insofern zugunsten der Mädchen entwickelt, als dass sie inzwischen weniger stark von Arbeitslosigkeit betroffen sind, gleichzeitig nehmen bei ihnen prekäre Beschäftigungsverhältnisse überproportional zu (vgl. DGB 2010; BiBB 2011, S. 266).

Im Hinblick auf die *jugendlichen Akteur_innen* selbst und ihre Positionierungen thematisiert der öffentliche Diskurs vor allem das Festgelegt-Sein der jungen Frauen: „Die Mädchen wollen halt auch immer nur Verkäuferin oder Friseurin werden!" (hierzu BMBF 2014, S. 25 f., Schaubilder 4 und 5) – ein „Erklärungsansatz", der von Mona Granato und Karin Schittenhelm (2004) kritisch kommentiert wurde: Auch die Jungen favorisieren seit Jahrzehnten ganz bestimmte Berufe. Dies bestätigt auch Jürgen Budde (2008) in seinen Forschungen. Da es aber viel mehr männlich dominierte als weiblich dominierte Berufe gibt (in rund 65 % der Ausbildungsberufe liegt der Anteil junger Männer bei über 60 %, aber nur in 23 % der Ausbildungsberufe liegt der Frauenanteil über 60 %), fällt es nicht so sehr ins Gewicht, dass rund drei Viertel der jungen männlichen Auszubildenden ihre Ausbildung in einem männlich dominierten, aber nur knapp die Hälfte der jungen weiblichen Auszubildenden ihre Ausbildung in einem weiblich dominierten Beruf machen. Junge Männer gehen seit Jahren wesentlich seltener in weiblich dominierte Berufe als junge Frauen in männlich dominierte Berufe (vgl. Pimminger 2011; Granato und Schittenhelm 2004, S. 6).

Im Kontext dieser Geschlechterstruktur der Ausbildungsberufe muss der Tatbestand, dass sich die geschlechterbezogene Berufswahl so hartnäckig hält, also genauer betrachtet werden. Berufsfindung ist als langfristiger Prozess zu sehen, in dem sehr viel passiert und verarbeitet werden muss, auch Misserfolgs- und Demotivierungserfahrungen, die Mädchen und Jungen aufgrund der strukturellen Störanfälligkeit des Berufsfindungsprozesses machen (vgl. Walther et al. 2006). Jüngere Mädchen und Jungen haben in der Regel zunächst ein sehr viel breiteres Berufsspektrum vor Augen. Doch sie nehmen nach Beobachtung vieler Praktiker_innen im Feld der Berufsorientierung auf Erfahrungen Bezug – seien sie aus erster oder aus zweiter Hand –, die dieses Berufsspektrum immer noch einengen. Sie nehmen wahr, ob es – zum Beispiel in einem Ausbildungsbetrieb oder in einer Schule – ein Klima gibt, das für die Dauer einer Ausbildung trägt, das angenehm ist (und brechen dann auch schon innerhalb der ersten Wochen ab, wenn sich das Gegenteil herausstellt). „Jede junge Frau, die sich für einen technischen Beruf interessiert, weiß, dass sie innerhalb einer von männlichen Vorgesetzten und männlichen Kollegen besetzten Arbeitswelt wegen ihres Geschlechts eine Sonderrolle erhält. Nur wenige junge Menschen haben das Bedürfnis, tagtäglich eine exponierte Position einzunehmen, möglicherweise ständig unter Beweis- bzw. besonderem Leistungszwang zu stehen und von der altersspezifisch gewünschten Peergroup abgetrennt zu werden. Das gilt für Jungen und Mädchen gleichermaßen" (Foster 2001, S. 723, in Bredow 2004, S. 498). Außerdem sind Effekte des hiesigen Kinderbetreuungsregimes zu vermuten: So wird von vielen Mädchen und jungen Frauen zwar nicht mehr eine Allein-, aber doch die Hauptzuständigkeit für Fragen der Vereinbarkeit im Falle einer Familiengründung vorweggenommen, die Berufswünsche werden entsprechend angepasst.

Weder die Macht des Faktischen – in diesem Fall die bereits benannte Tatsache, dass das Duale Ausbildungssystem wesentlich mehr ‚männertypische' als ‚frauentypische' Ausbildungsoptionen vorhält – noch die Macht des Symbolischen sind hierbei zu vernachlässigen. Untersuchungen zum Image von Berufen und zur Bedeutung von Berufsbezeichnungen für die Ausbildungsentscheidung bestätigen deren starke Symbolkraft (vgl. Eberhard et al. 2009; Ulrich 2006). Aufgrund dieses komplexen Zusammenspiels von Realität(serfahrungen) und Symboliken im Kontext längerfristiger Orientierungs- und Auseinandersetzungsprozesse können die letztendlich gewählten Berufe nicht schlicht als Lieblingsberufe gelesen werden, sondern als (vorläufiger) Endpunkt von Auseinandersetzungsprozessen, deren Ergebnis allzu schlicht ‚vergeschlechtlicht' wird, indem es zum Wunsch von Mädchen (oder Jungen) erklärt wird.

Angesichts dieser kritischen Analyse dürfen die widerständigen Praktiken von jungen Frauen, zum Beispiel ihre Versuche einer non-konformen Berufswahl, nicht übersehen werden (vgl. Schittenhelm 2005), auch wenn sie sich später nicht unbedingt in den Resultaten von Berufsfindungsprozessen widerspiegeln.

Keine der genannten Erklärungsebenen darf hier verabsolutiert werden. Die Herstellungsprozesse von Geschlecht und anderen Differenzkategorien finden auf unterschiedlichen Ebenen von Interaktionen und Praktiken in ihrem Wechselbezug aufeinander statt und sind wiederum gerahmt von materialen Strukturen wie auch von Diskursen: In diesem Fall sind das soziale Settings, wie Schulen und Beratungseinrichtungen, einschließlich der Angebote von Jugendarbeit und Jugendsozialarbeit, das sind Peer-Kontexte, das sind Herkunfts-Familien, das ist aber auch der regionale Kontext mit seinen (Arbeitsmarkt-)Normalitäten und letztlich das gesamtgesellschaftliche Klima der jeweils aktivierten Diskurse, auf den sich Interaktionen, bewusste Positionierungen, aber auch die alltäglichen Praktiken beziehen. Dieses Klima hat sich in manchen Aspekten verändert, etwa auf der Ebene der Weiblichkeits- und Männlichkeitsbilder, oder auf der Ebene der formalen Gleichstellung. Gleichzeitig sind hiermit Ideologien der erreichten Gleichstellung verbunden, die immer dann, wenn bestimmte Maßnahmen und Programme nicht greifen, die verschiedenen Akteur_innen dazu veranlassen, doch wieder auf die oben genannten gender-beliefs zurückzugreifen.

Zusammenfassend kann also nicht mehr von *geschlechtsspezifischer* Berufswahl gesprochen werden (mit der Konnotation eines qua Geschlecht feststehenden

Orientierungsmusters), sondern vielmehr von einem geschlechterdifferenzierenden Übergang von der Schule in den Beruf, in dem – im Kontext von vergeschlechtlichenden Strukturen, Kontextbedingungen, Diskursen und Bewertungen – die geschlechterbezogenen Unterschiede in Interaktionen immer wieder hervorgebracht, aber auch modifiziert werden. Zentral geht es also um den Prozess, in dem sich berufliche Entscheidungen formieren und um die genaue Analyse der Erfahrungen, die junge Frauen in der Interaktion mit den verschiedenen Institutionen und ihren Vertreter_innen machen. Es geht darum, diesen Prozess *als Prozess* des Herstellens von Geschlecht(erdifferenzen) zu analysieren und dessen Ergebnis nicht mit dem Berufswunsch zu verwechseln. Eine Forschung, die diesen Prozess nicht sieht, hält sich zu sehr an den Ergebnissen dieser Prozesse auf und reifiziert somit Geschlecht.

Entscheidend ist stattdessen die Frage, welche Bedingungen eine Gesellschaft jungen Erwachsenen für ein Gestalten ihrer Übergänge jenseits von geschlechtertypisierenden Zuweisungen bietet.

3 Junges Erwachsenenalter und Geschlecht: die übergangspädagogische Perspektive

Der Raum für die Bewältigung und Gestaltung biographischer Übergänge ist zum einen – was die Risikoabsicherung angeht – systematisch ungeschützt, zum anderen ist er kein unbegrenzter Raum der Selbstgestaltung, ganz im Gegenteil: Er ist machtdurchdrungen und schränkt sehr oft und in unterschiedlichen Lebensbereichen die Handlungsspielräume junger Frauen und Männer ein. Stillschweigende implizite und explizite Anforderungen bilden die Koordinaten, innerhalb (und jenseits) derer sich Jugendliche und junge Erwachsene bewegen. Geschlechterbezogene Zuweisungen und Zumutungen können dabei durch pädagogische Programme und Maßnahmen sowohl verstärkt werden als auch in Fluss kommen, wie die Weiterentwicklung genderpädagogischer Angebote im Kontext der Mädchen- und Jungenarbeit in Richtung einer diversity-orientierten Perspektive zeigt. Der Hinweis auf Diversität ist jedoch im Hinblick auf eine geschlechter- und differenzierungssensible Sozialpädagogik des Übergangs anspruchsvoll (Leiprecht 2008): Er meint in analytischer Hinsicht eine intersektionelle Inblicknahme unterschiedlicher, letztlich nur situativ und kontextbezogen zu benennender sozialer Differenzlinien in ihrer Wechselwirkung. Er meint in machttheoretischer und diskriminierungskritischer Perspektive die Reflexion auf nicht-triviale Unterscheidungen, über die soziale Unterschiede als Hierarchien hergestellt werden, und er meint in subjekt- und handlungstheoretischer Hinsicht die konsequente Orientierung an den Adressat_innen Sozialer Arbeit (vgl. Bitzan et al. 2006). Mit dieser dreifachen Aufmerksamkeit sind mindestens drei Ebenen sozialpädagogischer Praxis verbunden: Die Ebene der geschlechter- und diversitätsbezogenen Reflexivität in der Forschung und ihrer Vermittlung in pädagogische Praxiskontexte, die Frage der Übersetzung dieser Einsichten in regionale Unterstützungs- und Vernetzungszusammenhänge und die Frage, wie junge Frauen und Männer selbst stärker ihre beruflichen Übergangsprojekte gestalten können.

Wichtig ist hier festzuhalten, dass die ganzen Prozesse, Suchbewegungen, Anpassungs- und Bewältigungsleistungen, die in die Reduktion von Ansprüchen münden aber auch widerständig gemeint sein können, durch Statistiken nicht erfasst werden können. Statistiken können lediglich die *Ergebnisse* dieser Suchbewegungen wiedergeben, nicht aber die viel wichtigeren *Prozesse*, wie es zu diesen Ergebnissen gekommen ist. Zwar sind z. B. auf der Basis der Übergangsstudie des BiBB die hauptsächlichen Such-Strategien von Jugendlichen beschreibbar (vgl. Beicht und Granato 2010, S. 9), um aber Einsichten in die tatsächlich oft längerfristigen, vielfachen Brüche und Übergänge implizierenden Verläufe und in biographisch entscheidende Auslöser, Erfahrungen, Begegnungen, Beziehungen, Bildungs- und Entwicklungsschritte zu bekommen, braucht es andere, qualitative Untersuchungsmethoden, die aus der Subjektperspektive beleuchten können, wie Entscheidungsprozesse verlaufen, welche Faktoren ausschlaggebend für diese oder jene Entscheidung waren, und wie es letztlich zu bestimmten Favorisierungen gekommen ist (vgl. Schittenhelm 2012). Hierbei ist eine intersektionelle Analyseeinstellung wichtig, die nicht einseitig auf Gender fokussiert, sondern Geschlecht als vielfältig verwoben mit anderen sozialen Differenzierungslinien (Ethnizität, sexuelle Orientierung, Körper/Gesundheit, regionale Herkunft etc.) in den Blick nimmt.

Auch auf der Ebene der Vermittlung von solcherart erweitertem Gender-Wissen ist der Ansatz der Intersektionalität als mehrperspektivische Methodologie relevant. Einhergehend mit einer diskriminierungskritischen Grundhaltung und einer konsequenten Subjektorientierung (Leiprecht 2008) lässt sich als zentrale Herausforderung an die Soziale Arbeit der Balanceakt von Dramatisierung und gleichzeitiger Entdramatisierung von Geschlecht bestimmen – oder ein gleichzeitiges De- und Re-Gendering (vgl. Brückner 2009): De-Gendering in dem Sinne, dass Geschlecht nicht zum alleinigen Bezugspunkt für Diskriminierungen und Positionierungen der Adressat_innen und der Institutionen gemacht werden kann, und Re-Gendering in dem Sinne, dass überall dort, wo nach wie vor Geschlecht als sozialer Platzanweiser fungiert, dies in diskriminierungskritischer Absicht auch deutlich gemacht werden muss.

Dazu braucht es auf Seiten von Pädagog_innen Reflexivität im Hinblick darauf, wie Differenzen hergestellt werden, einschließlich einer Selbst-Reflexion auf die eigenen Bilder von Mädchen und Jungen unterschiedlicher Herkunft. Diversitybezogene Curricula in Aus- und Fortbildungen von Lehrer_innen und Sozialpädagog_innen müssen einen zentralen Stellenwert bekommen (vgl. stellvertretend Busche et al. 2010).

Auf der strukturellen Ebene geht es um den Aufbau einer sozialen Infrastruktur von Unterstützungsmaßnahmen, die nicht stigmatisierend wirken und ein größtmögliches Maß an Partizipations-Offenheit besitzen. Wie in manchen Regionen deutlich wurde, konnten die Finanzierungen eines regionalen Übergangsmanagements und ähnliche Vernetzungen und Verbundstrategien dazu genutzt werden, jenseits der Dominanz des Aktivierungsdiskurses Räume für eine fachliche Verständigung zu schaffen, wie Übergangsprozesse gut begleitet werden können. Idealiter wären diese Bestandteil eines umfassenden Konzepts einer integrierten Übergangspolitik, auf das hier nur verwiesen werden kann (vgl. Pohl und Walther 2013).

Im Hinblick auf die jugendlichen Akteur_innen selbst wäre die konkrete Aufgabe aller Unterstützungsangebote, systematisch De-Motivierungserfahrungen zu verhindern, weil diese dazu führen, dass junge Frauen und Männer sich innerlich zurückziehen. Dies ist am ehesten durch den Einbezug partizipativer Grundstrukturen in das gesamte Übergangssystem zu vermeiden (vgl. Walther et al. 2006). Partizipation verweist auf erweiterte Handlungs- und Erfahrungsspielräume, die jungen Frauen und Männern gegeben werden müssen, auf Möglichkeiten des Explorierens und Erkundens – ohne Verweis auf Gendertypisches oder Atypisches – sowie auf die Anerkennung informellen Lernens und non-formaler Lernorte: Von besonderer gender- und diversitybezogener Relevanz sind hierbei Bildungserfahrungen in Räumen, die von Diskriminierungserfahrungen entlasteter sind, wie sie Jugendliche häufig in der Jugendarbeit finden – oder auch in ihren oft selbstgestalteten jugendkulturellen Räumen. Diese müssten anerkannt und die hier gewonnenen Kompetenzen in die Berufsfindung integriert werden können.

Es muss für junge Frauen und Männer konkret erfahrbar werden, dass sie ihr ureigenes Projekt, ihren beruflichen Übergang, gestalten können, dass sie dafür Raum, Anregungsmilieus, die nötige Unterstützung, aber eben auch Ausbildungsmöglichkeiten und reale Anerkennung bekommen. Nach den Ergebnissen des YOYO-Projektes (Walther et al. 2006) sind diejenigen Praxisansätze am erfolgreichsten, die sowohl informelle Lernerfahrungen und Schlüsselkompetenzen vermitteln, als auch Zugänge zu anerkannter Ausbildung und Arbeit öffnen können – und dies ohne geschlechterbezogene Anpassungszwänge.

Literatur

Beicht, U., & Granato, M. (2010). Ausbildungsplatzsuche: Geringere Chancen für junge Frauen und Männer mit Migrationshintergrund. Report des BiBB. H. 15. http://www.bibb.de/dokumente/pdf/a12_bibbreport_2010_15.pdf. Zugegriffen: 20. Feb. 2014.

BiBB – Bundesinstitut für berufliche Bildung. (2011). Datenreport zum Berufsbildungsbericht 2011. http://datenreport.bibb.de. Zugegriffen: 10. Sept. 2014.

BiBB – Bundesinstitut für berufliche Bildung. (2014). Datenreport zum Berufsbildungsbericht 2014. http://datenreport.bibb.de. Zugegriffen: 10. Sept. 2014.

Bispinck, R., Drippusch, H., & Öz, F. (2008). Geschlechtsspezifische Lohndifferenzen nach dem Berufsstart und in der ersten Berufsphase. Eine Analyse von Einkommensdaten auf der Basis der WSI-Lohnspiegel Datenbank in Deutschland und im europäischen Vergleich. http://www.boeckler.de/pdf/p_ta_lohnspiegel_berufsanfaengerinnen.pdf. Zugegriffen: 20. Feb. 2014.

Bitzan, M., Bolay, E., & Thiersch, H. (Hrsg.). (2006). *Die Stimme der Adressatinnen und Adressaten – Empirische Forschung in der Jugendhilfe*. Weinheim: Juventa.

BMBF – Bundesministerium für Bildung und Forschung. (2014). Berufsbildungsbericht 2014. http://www.bmbf.de/pub/bbb_2014.pdf. Zugegriffen: 10. Sept. 2014.

Bredow, A. (2004). Gender in der Berufsbildung. In E. Glaser, D. Klika, & A. Prengel (Hrsg.), *Handbuch Gender und Erziehungswissenschaft* (S. 491–501). Bad Heilbrunn: Klinkhardt.

Brückner, M. (2009). Geschlechterverhältnisse und Soziale Arbeit: „De"- und „Re"-Gendering als theoretische und praktische Aufgabe. http://www.hawk-hhg.de/hochschule/media/satz_brueckner.pdf. Zugegriffen: 20. Feb. 2014.

Budde, J. (2008). Bildungs(miss)erfolge von Jungen und Berufswahlverhalten bei Jungen/männlichen Jugendlichen, Expertise im Auftrag des BMBF. http://www.bmbf.de/pubRD/Bildungsmisserfolg.pdf. Zugegriffen: 20. Feb. 2014.

Busche, M., Maikowski, L., Pohlkamp, I., & Wesemüller, E. (Hrsg.). (2010). *Feministische Mädchenarbeit weiterdenken. Zur Aktualität einer bildungspolitischen Praxis*. Bielefeld: transcript.

Dausien, B. (1999). Geschlechtsspezifische Sozialisation – Konstruktiv(istisch)e Gedanken zu Karriere und Kritik eines Konzepts. In B. Dausien, M. Herrmann, M. Oechsle, C. Schmerl, & M. Stein-Hilbers (Hrsg.), *Erkenntnisprojekt Geschlecht. Feministische Perspektiven verwandeln Wissenschaft* (S. 216–249). Opladen: Leske und Budrich.

Degele, N., & Winker, G. (2010). *Intersektionalität: Zur Analyse sozialer Ungleichheiten*. Bielefeld: transcript.

DGB. (2010). Junge Frauen am Arbeitsmarkt – Gut qualifiziert, oft aber schlecht bezahlt. Arbeitsmarkt Aktuell, Nr. 10, November 2010, Berlin. http://www.dgb.de/themen/++co++8df4e6fe-dc4d-11df-4847-00188b4dc422. Zugegriffen: 20. Feb. 2014.

Eberhard, V., Scholz, S., & Ulrich, J.-G. (2009). Image als Berufswahlkriterium Bedeutung für Berufe mit Nachwuchsmangel, BWP 3/2009. http://www.bibb.de/bwp/image. Zugegriffen: 20. Feb. 2014.

EGRIS. (2001). Misleading trajectories: Transition dilemmas of young adults in Europe. *Journal of Youth Studies, 4*(1), 101–118.

ESGT. (2012). Educational systems and gendered transitions from school into vocational training and work. http://soziologie.unibas.ch/forschung/projekte/projektdetails/person/imdorf/?tx_x4euniprojectsgeneral_pi1[showUid]=6443&cHash=a0a7b90cf89e1641e59eec9a19484dad. Zugegriffen: 20. Feb. 2014.

Faulstich-Wieland, M., Weber, M., & Willems, K. (2004). *Doing gender im heutigen Schulalltag*. Weinheim: Juventa.
Fenstermaker, S., & West, C. (1995). Doing difference. *Gender & Society, 9*(1), 8–37.
Foster, H. (2001). Frauen in Männerberufen. In W. Gieseke (Hrsg.), *Handbuch zur Frauenbildung* (S. 717–724). Opladen: Leske und Budrich.
Geissler, B. (2014). Lebenslaufpolitik. Übergänge im Lebenslauf und biographisches Handeln. Die sozialwissenschaftliche Sicht auf den Lebenslauf in der post-industriellen Gesellschaft. In J.-M. Lorenzen, L.-M. Schmidt, & D. Zifonun (Hrsg.), *Grenzen und Lebenslauf. Beratung als Form des Managements biografischer Übergänge* (S. 51–76). Weinheim: Juventa.
Gildemeister, R. (2004). Doing Gender – Soziale Praktiken der Geschlechterunterscheidung. In R. Becker & B. Kortendiek (Hrsg.), *Handbuch Frauen- und Geschlechterforschung* (S. 132–140). Opladen: VS Verlag für Sozialwissenschaften.
Gomolla, M., & Radtke, F.-O. (2009). *Institutionelle Diskriminierung. Die Herstellung ethnischer Differenz in der Schule*. Wiesbaden: VS Verlag für Sozialwissenschaften.
Granato, M. (2006). Ungleichheiten beim Zugang zu einer beruflichen Ausbildung: Entwicklungen und mangelnde Perspektiven für junge Menschen mit Migrationshintergrund. http://www.dji.de/dasdji/thema/0607/bva1_0706_granato.pdf. Zugegriffen: 20. Feb. 2014.
Granato, M., & Schittenhelm, K. (2004). Junge Frauen: Bessere Schulabschlüsse – aber weniger Chancen beim Übergang in die Berufsausbildung. Aus Politik und Zeitgeschichte (B 28/2004). http://www.bpb.de/apuz/28222/junge-frauen-bessere-schulabschluesse-aber-weniger-chancen-beim-uebergang-in-die-berufsausbildung?p=all. Zugegriffen: 20. Feb. 2014.
Helsper, W., Hummrich, M., & Kramer, R.-T. (2010). Qualitative Mehrebenenanalyse. In B. Friebertshäuser & A. Prengel (Hrsg.), *Handbuch Qualitative Forschungsmethoden in der Erziehungswissenschaft* (S. 119–135). Weinheim: Juventa.
Hirschauer, S. (2004). Praktiken und ihre Körper: Über materielle Partizipanden des Tuns. In K. H. Hörning & J. Reuter (Hrsg.), *Doing Culture. Neue Positionen zum Verhältnis von Kultur und sozialer Praxis* (S. 73–91). Bielefeld: transcript.
IAB. (2006). Frauen in Führungspositionen. Karriere mit Hindernissen. IAB-Kurzbericht Nr. 9/6.6.2006 www.iab.de. Zugegriffen: 20. Feb. 2014
Jurczyk, K., & Oechsle, M. (2006). Rethinking Privacy. Erosions, Discourses, Open Questions. http://www.uni-bielefeld.de/ZIF/Publikationen/06-4-Jurczyk_Oechsle.pdf. Zugegriffen: 20. Feb. 2014.
Krüger, H. (1991). Doing gender – Geschlecht als Statuszuweisung im Berufsbildungssystem. In D. Brock (Hrsg.), *Übergänge in den Beruf – Zwischenbilanz zum Forschungsstand* (S. 139–169). Weinheim: Juventa.
von Langsdorff, N. (2012). *Mädchen auf ihrem Weg in die Jugendhilfe*. Farmington Hills: Barbara Budrich.
Leccardi, C. (2005). Facing uncertainty. Temporality and biographies in the new century. *Young, 2*, 123–146.
Leiprecht, R. (2008). Eine diversitätsbewusste und subjektorientierte Sozialpädagogik. Begriffe und Konzepte einer sich wandelnden Disziplin. *Neue Praxis, 4*, 427–439.
Lessenich, S. (2013). Übergänge im Wohlfahrtsstaat. In W. Schröer, B. Stauber, A. Walther, L. Böhnisch, & K. Lenz (Hrsg.), *Handbuch Übergänge* (S. 895–911). Weinheim: Juventa.
Mecheril, P. (2006). Diversity. Die Macht des Einbezugs. http://www.google.de/#q=mecheril+diversity+die+macht+des+einbezugs. Zugegriffen: 31. Jan. 2014.

Ostendorf, H. (2005). *Steuerung des Geschlechterverhältnisses durch eine politische Institution. Die Mädchenpolitik der Berufsberatung.* Opladen: Barbara Budrich.
Pimminger, I. (2011). Junge Frauen und Männer im Übergang von der Schule in den Beruf, Agentur für Gleichstellung im ESF. http://www.esf-gleichstellung.de/fileadmin/data/Downloads/Aktuelles/expertise_uebergang_schule_beruf_aktualisiert2011.pdf. Zugegriffen: 31. Jan. 2014.
Pohl, A., & Stauber, B. (2007). „Auf einmal ist Dir das nicht mehr egal..." Motivation und Partizipation in zwei Projekten der Jugendsozialarbeit. In B. Stauber, A. Pohl, & A. Walther (Hrsg.), *Subjektorientierte Übergangsforschung. Rekonstruktion und Unterstützung biographischer Übergänge junger Erwachsener* (S. 201–225). Weinheim: Juventa.
Pohl, A., & Walther, A. (2013). Perspektiven einer integrierten Übergangspolitik. In W. Schröer, B. Stauber, A. Walther, L. Böhnisch, & K. Lenz (Hrsg.), *Handbuch Übergänge* (S. 929–946). Weinheim: Juventa.
Riegel, C. (2012). Intersektionalität und Jugendforschung. URL: www.portal-intersektionalität.de. Zugegriffen: 20. Feb. 2014.
Sabla, K.-P. (2009). *Vaterschaft und Erziehungshilfen. Lebensweltliche Perspektiven und Aspekte einer gelingenden Kooperation.* Weinheim: Juventa.
Scherr, A., Janz, C., & Müller, S. (2013). Diskriminierungsbereitschaft in der beruflichen Bildung. Ergebnisse und Folgerungen aus einer Betriebsbefragung. *Soziale Probleme, 24*, 245–269.
Schittenhelm, K. (2005). *Soziale Lagen im Übergang: Junge Migrantinnen und Einheimische zwischen Schule und Berufsausbildung.* Wiesbaden: VS Verlag für Sozialwissenschaften.
Schittenhelm, K. (2012). *Qualitative Bildungs- und Arbeitsmarktforschung.* Wiesbaden: Springer VS.
Stauber, B. (2014). Herkunftsbezogene Zuschreibungsprozesse in der professionellen Begleitung von Bildungsverläufen und Berufsorientierungsprozessen. *Sozialer Fortschritt, 63*, 102–107.
Stauber, B., & Walther, A. (2013). Junge Erwachsene – eine Lebenslage des Übergangs? In W. Schröer, B. Stauber, A. Walther, L. Böhnisch, & K. Lenz (Hrsg.), *Handbuch Übergänge* (S. 270–290). Weinheim: Juventa.
Struwe, U. (2007). Einige Aspekte zur Berufsorientierung von technisch interessierten Jugendlichen. Ein qualitativer Zugang. http://www.kompetenzz.de/vk06/produkte/schriftenreihe#aheft_4_einstieg_in_it_berufe. Zugegriffen: 20. Feb. 2014.
Ulrich, J.-G. (2006). Berufskonzepte von Mädchen und Jungen. In M. Granato & U. Degen (Hrsg.), *Berufliche Bildung von Frauen* (S. 37–60). Bielefeld: Bertelsmann.
Walgenbach, K. (2007). *Gender als interdependente Kategorie: neue Perspektiven auf Intersektionalität, Diversität und Heterogenität.* Opladen: Barbara Budrich.
Walther, A., du Bois-Reymond, M., & Biggart, A. (Hrsg.). (2006). *Participation in transition: Motivation of young adults in Europe for learning and working.* Frankfurt a. M.: Peter Lang.
Walther, A., & Stauber, B. (2013). Übergänge im Lebenslauf. In W. Schröer, B. Stauber, A. Walther, L. Böhnisch, & K. Lenz (Hrsg.), *Handbuch Übergänge* (S. 23–43). Weinheim: Juventa.
West, C., & Zimmermann, D. (1987). Doing gender. *Gender & Society, 1*(2), 125–151.

Normalitätsregime von Geschlecht und Sexualität im Kontext von Arbeit

Volker Woltersdorff

„Auch heute noch gelten viele Berufe als typische Frauen- oder Männerberufe. Zwar können Tätigkeiten ihre geschlechtliche Zuweisung über die Zeit hinweg verändern, wie dies beispielsweise bei Primarlehrpersonen geschehen ist. Außerdem sind die Zuweisungsmuster je nach Land sehr verschieden und auch nicht überall gleich stark ausgeprägt. So gelten beispielsweise technische Berufe in Teilen Asiens nicht als typische Männerberufe, und körperlich anstrengende Feldarbeit wird in zahlreichen Ländern des Südens als typische Frauenarbeit verstanden. Bei der Geschlechtertypisierung von Berufen handelt es sich folglich um kulturell geprägte und damit auch veränderbare Vorstellungen davon, welche Tätigkeiten eher Männern entsprechen und welche eher Frauen." So äußern sich Andrea Maihofer, Karin Schwiter und Nina Wehner (2012, S. 22) anlässlich ihrer Untersuchung zur beruflichen Geschlechtertrennung in männliche und weibliche Tätigkeiten in der Schweiz.

In meinen folgenden Überlegungen möchte ich Anregungen geben, wie sich diese Vergeschlechtlichung unterschiedlicher Arbeiten historisch erklären lässt und wie sich Veränderungen innerhalb der geschlechtsspezifischen Arbeitswelten beschreiben lassen. Dabei möchte ich kritisch unter die Lupe nehmen, welche Probleme aus den mit der Vergeschlechtlichung von Arbeitsfeldern einhergehenden normativen Anforderungen entstehen. Schließlich möchte ich auch darüber nach-

---

V. Woltersdorff (✉)
ICI Berlin, Christinenstr. 18-19, Haus 8, 10119 Berlin, Deutschland
E-Mail: volker.woltersdorff@ici-berlin.org

© Springer Fachmedien Wiesbaden 2015
C. Micus-Loos, M. Plößer (Hrsg.), *Des eigenen Glückes Schmied_in!?*,
DOI 10.1007/978-3-658-09133-0_4

denken, welche neuen Möglichkeiten und Zwänge sich daraus ergeben, eigene Individualität und Diversität in die Arbeits- und Lebenswelt zu integrieren.

1 Arbeit, Geschlecht und Sexualität im Kapitalismus

Karin Hausen (1976) hat schon in den 1970er Jahren in ihrer Studie zur „Polarisierung der Geschlechtercharaktere" gezeigt, wie sich seit dem Ende des 18. Jahrhunderts mit der Herausbildung der bürgerlichen Gesellschaft und ihrer Wirtschaftsform das Erwerbsleben vom Familienleben abtrennte, während es vorher meistens zusammen stattgefunden hatte. Als ein Ergebnis entstand die Trennung in Privatsphäre und Öffentlichkeit sowie die bürgerliche Kleinfamilie mit der ihr charakteristischen patriarchalen und heteronormativen Geschlechterordnung. Die Arbeitskompetenzen von Männern und Frauen wurden demzufolge als von ihrer Natur her grundsätzlich verschieden, aber komplementär aufgefasst, sodass sie sich am besten und ihrer Natur gemäß entweder in der Erwerbsarbeit oder in der Hausarbeit entfalteten. In diesem Zusammenhang bildete sich ebenfalls die Vorstellung von ‚romantischer Liebe' heraus, die unter anderem davon ausgeht, dass sexuelle Verhältnisse nur dann echt und gut sind, wenn sie von sämtlichen ökonomischen Funktionen entschlackt sind. Sexualität scheint demgemäß nur in der Prostitution (die das glatte Gegenteil zur romantischen Liebe darstellt) etwas mit Gelderwerb zu tun haben zu können.

Die kapitalistische Wirtschaft wird vor diesem Hintergrund nun in die drei Sphären der Produktion, Zirkulation und Reproduktion unterschieden. Innerhalb dieser drei Sphären wird die Bedeutung von Geschlecht und Sexualität klassischerweise vor allem in der Reproduktionssphäre angesiedelt, also dem Bereich von Ernährung und Körperpflege, Konsum, von Hausarbeit, von emotionaler und erotischer Beziehungsarbeit sowie von Fürsorge und Pflege. Traditionell ist die Produktionssphäre eine Männerdomäne und die Reproduktionssphäre der Familie vorbehalten, wo die anfallende Arbeit von Frauen geleistet wird. In der einen gibt es Gewinn und Lohn, in der anderen bestenfalls nur Liebe und Dankbarkeit.

Im Zentrum der wirtschaftswissenschaftlichen Analysen stand jedoch meistens die Produktionssphäre mit dem Fokus auf den männlichen Industriearbeiter, obwohl auch Frauen und Kinder seit jeher in der Industrie arbeiteten (vgl. Federici 2012). Feministinnen haben diese Verengung der Perspektive auf Lohnarbeit kritisiert und angemahnt, die unentlohnte und vorwiegend von Frauen geleistete Reproduktionsarbeit nicht aus den Augen zu verlieren. Um den Wert und die gesellschaftliche Bedeutung dieser Arbeit deutlich zu machen, forderten politische Kampagnen in den 1970er Jahren zum Beispiel „Lohn für Hausarbeit" (vgl. Federici und Cox 2012). Dass außer der Hausarbeit auch eine erfüllte Sexualität für die Reproduktion der

Arbeitskraft, aber auch des sozialen Umfeldes wichtig ist, haben Feministinnen ebenfalls herausgestellt. Heterosexualität charakterisierten sie daher nicht als natürliche Empfindung, sondern als eine gesellschaftliche Zwangsinstitution, die kapitalistische und patriarchale Herrschaftsinteressen sichert (vgl. Millett 1971; Rich 1989). Darüber hinaus haben Feministinnen aber auch die analytische Trennung zwischen Produktions- und Reproduktionssphäre als eine heteronormative Anordnung grundsätzlich kritisiert. Sie lässt sich eigentlich nicht aufrechterhalten, weil auch in der sogenannten Produktionssphäre immer Reproduktionsarbeit notwendig ist und umgekehrt auch Reproduktion immer produktive Aspekte hat, nicht zuletzt als Reproduktion der Gattung. Außerdem ist diese Unterscheidung historisch an eine Gesellschaftsideologie gebunden, die Arbeitsteilung geschlechtsspezifisch organisiert und eine Hierarchie zwischen den beiden verschiedenen Arbeitstypen hergestellt hat. Postkoloniale Theoretiker_innen wie Roderick Ferguson (2004) haben außerdem darauf verwiesen, dass die heteronormative kapitalistische Sphärentrennung zunächst nur die weiße Bevölkerung der Industrieländer betraf und nur im Zusammenhang mit der gleichzeitigen Ausbeutung der Bevölkerung in den Kolonien gedacht werden kann. Je nachdem, ob es sich um bürgerliche weiße Frauen oder Sklavinnen handelte, wurden demnach auch ganz andere Arbeitskompetenzen als natürlich angesehen.

Die heteronormative Geschlechterordnung befindet sich allerdings durch die neoliberale Transformation des Kapitalismus seit den 1970er Jahren in einem grundlegenden Wandel. In der ersten Hälfte des 20. Jahrhunderts herrschte in den Industrieländern noch das sogenannte fordistische Familienernährermodell vor. Es sah für Ehemänner ein unbefristetes und sozialversicherungspflichtiges Lohnarbeitsverhältnis im Vollerwerb vor. Es war auf Dauer angelegt, und Wohnen und Arbeiten waren dabei räumlich getrennt. Ein Ausbruch aus dem heterosexuellen patriarchalen Ehemodell war nur schwer möglich, und wenn, dann nur um den Preis existenzieller Bedrohung.

Dieses Modell wird seit den späten 1970er Jahren im Neoliberalismus aufgebrochen. Neoliberale Doktrinen befürworten die Deregulierung von Arbeitnehmerrechten und den Rückzug des Staates aus der Verantwortung für die soziale Sicherung. Um das durchzusetzen, versprechen sie die Befreiung von der Normierung durch einen paternalistischen Staatsapparat – und reagieren damit auch auf den Druck neuer sozialer Bewegungen, wie der Frauen- und Homosexuellenbewegung. Diese und andere emanzipatorische Bewegungen haben neue Lebensweisen durchgesetzt, die von neoliberalen Herrschaftsinteressen wiederum eingehegt werden. Die vormals starren Strukturen geschlechtshierarchischer Arbeitsteilung werden im neoliberalen Kapitalismus deshalb flexibilisiert und prekarisiert. Das heißt, sie werden nicht völlig außer Kraft gesetzt, aber Ausnahmen sind möglich. Frauen können sich mittlerweile nicht nur in einer Zuverdienerinnenrolle als heterosexuelle Ehefrau am Erwerbsleben beteiligen, auch wenn sie dabei mehrheitlich noch benachteiligt sind. Männer können sich dagegen nicht mehr sicher sein, mit ihrem Arbeitslohn den Familienunterhalt bestreiten zu können. Geschlechterarrangements, wie sie noch im fordistischen Sozialstaat galten, werden staatlicherseits nicht mehr garantiert. Die ‚Hartz-Kommission' hat erstmalig für die Bundesrepublik ein Ideal allgemeiner Erwerbstätigkeit formuliert, welches die Freisetzung weiblicher Arbeitskraft auf dem Arbeitsmarkt fordert (vgl. Pühl 2003). Sie setzte damit den EU-weit angestrebten Wandel vom *male breadwinner model* zum *individual adult worker model* um (vgl. Weinbach 2010). Das konservative Ideal der Hausfrauenehe, bei dem die Gattin keiner Erwerbstätigkeit nachgeht, kann nur noch für jene gelten, die es sich leisten können (vgl. Böhnisch 1999).

Mit der zunehmenden Bedeutung des Konsums im späten Kapitalismus verändert sich außerdem das Verhältnis von Sexualität und Ökonomie. Dieses zeichnet sich nun dadurch aus, dass Sexualität nicht mehr nur diszipliniert werden muss, sondern als ökonomische Ressource ausgebeutet und angeheizt wird, um Konsumwünsche zu wecken und Käufer_innenschichten zu erschließen. Besonders augenscheinlich wird das in der Werbung, die sexuelles, meistens heterosexuelles männliches Begehren adressiert und familiäres Glück verspricht. Die Soziologin Eva Illouz (2003) hat herausgearbeitet, wie sehr inzwischen bei heterosexuellen Paaren Romantik, Partnerschaft und Liebe unter einem ökonomischen Imperativ stehen. Romantik ist zu einer stilsicheren Konsumentscheidung für diejenigen geworden, die sie sich leisten können, zum Beispiel wenn es darum geht, das passende Restaurant zu finden, um einen Heiratsantrag zu stellen. Die Partnerfindung auf dem bezeichnenderweise sogenannten Heiratsmarkt funktioniert nach Meinung von Eva Illouz ebenfalls nicht anders als die Börse. Bini Adamczak (2006) erkennt daher gerade ein subversives Moment, wenn die Tauschregeln dieses Marktes zeitweise außer Kraft gesetzt oder destabilisiert werden.

2 Ökonomisierung des Selbst

Der Politiker und Theoretiker Antonio Gramsci (1991–2002, H 22, § 11, S. 2086) behauptete, dass zur Aufrechterhaltung der Re-Produktionsverhältnisse ein jeweiliger „Menschentypus" geschaffen werden muss. Dies geschieht nicht nur am Arbeitsplatz, sondern an allen Orten der Gesellschaft, auch an jenen, die damit scheinbar nichts zu tun haben, wie der Kirche, der Schule und den Freizeitvergnügungen. Im fordistischen Kapitalismus war dieser Menschentypus durch Rigidität und Uniformität gekennzeichnet.[1] Mit der neoliberalen Transformation des Staates werden dagegen Deregulierung, Flexibilisierung und Mobilisierungen zu Regierungsforderungen, die einen völlig anderen „Menschentypus" benötigen. Die Individuen werden darin zu „Selbstunternehmer_innen", die die neoliberale Regierungslogik an sich selbst exekutieren. Diese – in den Worten von Ulrich Bröckling (2000, S. 131) – „totale Mobilmachung" steht im Dienste der kapitalistischen Ökonomie, mit deren Logik nun auch Bereiche kolonisiert werden, die zuvor dieser Logik entzogen waren. Wegen seines Wachstumszwangs ist der Kapitalismus nämlich darauf angewiesen, ständig neue, ihm vormals entzogene Bereiche zu erschließen und nach seinen Gesetzen umzugestalten. Wenn dieser Expansionsdrang in Zeiten globaler Kapitalherrschaft an keine äußere Grenze mehr stößt, sondern sich nach innen wendet, um die Körper, die Subjektivität und die Verhältnisse der Individuen kolonisiert, spricht man von einer „inneren Landnahme" (Dörre 2009, S. 37). Im Zuge dieser inneren Landnahme wird die ökonomische Logik auf das Soziale und Intime ausgeweitet und dringt damit auch in Bereiche ein, die zuvor nicht unter ökonomischen Gesichtspunkten betrachtet wurden, so auch das Selbst. Die Verinnerlichung der ökonomischen Logik und ihre Übertragung auf sämtliche Aspekte persönlicher Lebensplanung werden in den Gouvernementalitätsstudien als „Selbstunternehmertum" bezeichnet (Bröckling 2007). In der Formel von der Ich-AG ist dieses „unternehmerische Selbst" in der Bundesrepublik allgegenwärtig geworden.[2]

Bezogen auf den Arbeitsmarkt heißt dieses Ideal eines stetig auf qualitatives Selbstmanagement bedachten Arbeitssubjektes *employability* (‚Beschäftigungsfähigkeit'). *Employability* setzt die Identifikation mit der eigenen Ware Arbeitskraft und deren ständige Anpassung an das aus der Sicht des Arbeitsmarktes Gebotene voraus. Die neuen „Arbeitskraftunternehmer_innen" sorgen sich um sich selbst als einen Teil ihrer Ware Arbeitskraft (Pongratz und Voß 2003). Sie betreiben qualitatives Selbstmanagement und sind offen für Innovationen, mit denen sie sich ständig neu erfinden. So formulieren z. B. die ‚Hartz-IV'-Maßnahmen zur Förderung der Wiedereingliederung ins Erwerbsleben das ‚Employability-Ideal' der Flexibilität und Mobilität sowie des lebenslangen Lernens. Damit brechen sie mit dem früheren Ideal der lebenslangen Festanstellung und Unternehmensbindung. Mit der Deregulation des Arbeitsmarktes ist das Verlassen der traditionellen Normalbiografie jetzt zum Normalfall geworden. Die dauerhafte Verankerung des Ausbildungs-

---

[1] Der neue Industrialismus will die Monogamie, will, daß der arbeitende Mensch seine Nervenkräfte nicht bei der krampfhaften und ungeordneten Suche nach sexueller Befriedigung verschwendet [...]. (Gramsci 1991–2002, H 4, § 52, S. 531)

[2] 2002 zum ‚Unwort des Jahres' gekürt, trat das unter dieser Bezeichnung eingeführte sozialpolitische Instrument mit dem sogenannten ‚Hartz-II'-Gesetz am 1.1.2003 in Kraft.

berufes in der Identität der Person verschwindet. Aus Ausbildung wird ständige Weiterbildung und Umschulung. Diese Prekarisierung vormals stabiler Identitäten betrifft auch Geschlecht und Sexualität und stellt, obwohl sie ihre Gültigkeit nach wie vor noch nicht verloren haben, traditionelle Männlichkeits- und Weiblichkeitsbilder infrage, zum Beispiel wenn Frauen zu Familienernährerinnen werden oder wenn Ehemänner nicht mehr alleine den Unterhalt ihrer Familie bestreiten können (Manske und Pühl 2010; Völker 2011; Winker 2007).

Die fordistische Trennung von Arbeit und Leben, wie sie für tariflich beschäftigte, vorwiegend männliche Arbeitnehmer galt, wird damit zunehmend prekär. Flexible Arbeitszeiten und -orte, ständige Erreichbarkeit im Homeoffice und die berufliche Bedeutung sozialer Netzwerke sowie die zunehmende Privatisierung und Familialisierung von Beistandspflichten verwischen die klare Grenze zwischen Erwerbs- und Privatleben. Auf diese Weise stößt auch Erwerbsarbeit zunehmend in private und intime Bereiche vor. Diese Entgrenzung der Produktions- und Reproduktionssphäre bleibt nicht ohne Auswirkungen auf geschlechtliche und sexuelle Herrschaftsverhältnisse, da mit der Verwischung der Grenze zwischen Leben und Arbeit traditionelle heteronormative Geschlechterarrangements in Unordnung geraten. Ebenso wie die Arbeitsverhältnisse werden auch heteronormative Verhältnisse gleichsam ‚dereguliert'. Und ebenso wie in den Arbeitsverhältnissen wird diese Deregulierung von einem Freiheits- und Selbstverwirklichungsversprechen begleitet, das die freiwillige Teilnahme am Herrschaftskonsens erwirken soll. Dieses Versprechen geht so: Wem es gelingt, sich gut zu verkaufen, kann die Chancen der Flexibilisierung des Arbeitsmarktes und, damit verbunden, der Geschlechterarrangements nutzen und auch eigensinnige Selbstentwürfe durchsetzen, die früher durch das Raster des paternalistischen Wohlfahrtsstaates im Fordismus herausgefiltert worden wären (vgl. Aulenbacher 2007). Das erfordert hohe Kompetenzen der kontextsensiblen Neuerfindung. Gefragt, sind „prekäre Superhelden" (Hamm und Adolphs 2009, S. 318), wie sie von der prekarisierungskritischen EuroMayDay-Bewegung zum Thema gemacht und aufs Korn genommen werden (vgl. auch Mattoni und Doerr 2007).

3 Subjektivierung der Arbeit Arbeit der Subjektivierung

Auf diese Weise wird Arbeit zunehmend subjektiv aufgeladen und libidinös und narzisstisch besetzt. Der Bedeutungszuwachs affektiver und reflexiver Dimensionen wird in der Arbeitssoziologie häufig als „Subjektivierung von Arbeit" bezeichnet (Lohr und Nickel 2005). Dieser Begriff blendet zwar aus, dass Arbeit immer eine subjektive Dimension hat, beschreibt aber gut, dass beispielsweise im Bereich der Kreativwirtschaft eine affektive und narzisstische Besetzung von

Erwerbsarbeit als Selbstverwertungsressource nötig ist, die sich in ihrer Art von der affektiven Involvierung in der fordistischen industriellen Erwerbsarbeit unterscheidet (vgl. Manske und Schnell 2010). Unerwähnt bleibt in industriesoziologischen Analysen jedoch, dass diese affektive und narzisstische Besetzung auch eine geschlechtliche und sexuelle Dimension aufweist.

Die Tatsache, dass Arbeit damit auch eine sexuelle Subjektivierungsform darstellt, wird in diesem neuen Arbeitsregime gerade nicht mehr als Störung betrachtet, sondern im Gegenteil zur Optimierung von *employability* eingesetzt. Vielmehr wird nun die Identifikation mit der Arbeit ‚mit der ganzen Person' erwartet und dies schließt sexuelle Diversität mit ein. Persönlichkeit ist gefragt. Die vorherrschenden Diskurse der Unternehmensführung fördern ebenfalls die Wertschätzung von identitären Differenzen in der Belegschaft und implementieren sie im Konzept des ‚Diversity Management' als neuen Standard. Soziale, geschlechtsspezifische, sexuelle, ethnisierte und kulturelle Unterschiede werden nicht mehr als Störfaktor verstanden, der die normierte Einheit der Belegschaft bedroht. Vielmehr werden sie nun anerkannt bzw. strategisch herausgelockt, weil sie ökonomisch nutzbar gemacht werden, indem sie die Arbeitskraft maximieren und optimieren helfen. Managing Diversity ‚erlaubt' Anderssein (und hierin wirkt es für viele sicherlich befreiend), ohne allerdings die machtpolitischen Implikationen von sozialen Unterschieden zu berücksichtigen. Differenz wird einerseits gefeiert und andererseits entpolitisiert. Diese Kultur verspricht Anerkennung, neutralisiert aber soziale und ökonomische Ungleichheit als eine natürliche Form individueller Vielfalt.

Das Arbeitsengagement mit der ganzen Person wird allerdings vor allem in den hochqualifizierten Arbeitsprofilen der Kreativwirtschaft angemessen wahrgenommen und wertgeschätzt, obwohl es auch für andere Beschäftigte eine Rolle spielt. Während die Subjektivierung der Arbeit und das virtuose Selbstmanagement bei Ersteren als Teil der Arbeit anerkannt wird, müssen etwa Leiharbeiter_innen oder Care-Arbeiter_innen diese Arbeit ebenso erbringen, allerdings ohne dass sie ihnen ausdrücklich abverlangt und entsprechend honoriert wird. Im Gegenteil kann ein Sichtbarmachen als eigensinnig oder störend von den Arbeitgeber_innen wahrgenommen werden. Die Freundlichkeit der Kassierer_in, die Duldsamkeit und private Flexibilität der Leiharbeiter_in oder die Einfühlsamkeit und das Taktgefühl der Care-Arbeiter_in müssen zwar erarbeitet werden, der Aufwand, der dazu notwendig ist, wird aber selten gesehen (z. B. im sogenannten Burnout).

4 Reproduktion in der Krise

Es ist also ein ständig wachsender Aufwand notwendig, um die Arbeitskraft unter solchen Bedingungen zu reproduzieren. Zusammen mit vielen anderen politischen Denker_innen plädiert Gabriele Winker (2007, 2011) im Anschluss an die sogenannte Bielefelder Schule feministischer Ökonomiekritik deshalb dafür, sich wieder verstärkt der Reproduktionssphäre zuzuwenden. Denn Reproduktionsarbeit wird nach wie vor meistens von Frauen für geringen, unsicheren oder gar keinen Lohn geleistet. Deshalb erkennen solche Analyseansätze in der aktuellen Krise des Neoliberalismus auch eine Reproduktionskrise. Die steigende Erwerbstätigkeit von Frauen habe zusammen mit den steigenden Reproduktionsanforderungen, wie etwa dem Selbstmanagement, insgesamt zu einer gefährlichen Reproduktionslücke geführt. Das heißt, es bleibt immer weniger verfügbare Zeit für immer mehr Reproduktionsarbeit. Tomke König (2012) hat in den Doppelverdienerfamilien mit Kindern deshalb zunehmend „erschöpfte Paare" gefunden. Nun können diejenigen, die es sich leisten können, ihr Reproduktionsarbeitspensum zwar an andere delegieren, allerdings fehlt die nötige Zeit für Reproduktion dann wieder an anderen Stellen. Migrantische Haushaltshilfen hinterlassen in ihren Herkunftsländern zum Beispiel oft Kinder, um die sie sich selbst nicht mehr kümmern können. Man spricht deshalb von einer „Global Care Chain" (Hochschild 2000, S. 131). Global gesehen lässt sich die Reproduktionslücke also nicht schließen, weil sich der Aufwand von Fürsorge und Pflegearbeit nicht wie bei der Industriearbeit mit dem Einsatz von Maschinen immer mehr verringern lässt. Diese Reproduktionskrise hat nach Ansicht von Gabriele Winker (2011) ein solches Sprengpotenzial, dass eine regelrechte „Care-Revolution" (ebd., S. 341) nötig sei, um sie zu entschärfen. Eine Care-Revolution würde bedeuten, Reproduktionsarbeit angemessen gesellschaftlich und finanziell anzuerkennen und zugleich die Erwerbsarbeitszeit radikal zu verkürzen. Unbezahlte Reproduktionsarbeit soll über die Einführung eines bedingungslosen Grundeinkommens finanziell abgesichert werden. Diese Lösung setzt auf einen starken Staat. Ihm wird zur Aufgabe gemacht, Care-Arbeiter_innen finanziell zu unterstützen und eine Infrastruktur bereitzustellen, die die Reproduktionslast für alle mindert, indem ein staatlich bezahlter Sektor von Reproduktionsarbeiter_innen, wie er im Gesundheits-, Bildungs- und Sozialwesen bereits existiert, massiv ausgebaut wird.

Aus queerpolitischer Perspektive ließe sich zu diesen Lösungsansätzen allerdings einwenden, dass sie innerhalb eines heteronormativ organisierten Familienmodells argumentieren und nicht die Frage stellen, wie es dazu kommt, dass bestimmte Menschen unter bestimmten Bedingungen Fürsorgeverantwortung erhalten (vgl. Laufenberg 2012). Die Verantwortung bleibt nämlich meistens an Müttern, Großmüttern, Töchtern und Enkelinnen hängen und entspringt damit auch einer heteronormativen und patriarchalen Familienordnung. Alternative Fürsorgenetze, wie sie zum Beispiel im Aids-Aktivismus praktiziert wurden oder in Trans*-Selbsthilfegruppen praktiziert werden, geraten dabei nicht in den Blick. Während in der aktuellen Care-Work-Debatte das Problem der Haus- und Fürsorgearbeit wieder politisiert wird, gilt dagegen sexuelle Erfüllung oder sexuelle Frustration heute eher selten als politisches Problem, sondern als Privatangelegenheit, die nicht an die große Glocke gehängt werden sollte, weil sie am individuellen Glück oder Pech bei der Partner_innenfindung oder mangelnder Virtuosität beim Gebrauch der Lüste festgemacht wird. Als problematisch könnte sich in diesem Zusammenhang auch das große Vertrauen herausstellen, das der Care-Revolution-Ansatz in den Staat setzt. Die Geschichte des fordistischen Wohlfahrtsstaates zeigte ja gerade, dass staatliche Strukturen tendenziell patriarchal und heteronormativ verfasst sind. Das wird dann problematisch, wenn der Staat bestimmen kann, welche sexuellen Reproduktionsbedürfnisse als legitim gelten und welche nicht. Gehört dazu die staatliche Kostenübernahme von Viagra-Rezepten, Fetischkleidung, künstlicher Befruchtung, Veränderungen am Geschlechtskörper oder nicht?

5 Nicht-Heterosexualität und Kapitalismus

Die neoliberalen Veränderungen der Arbeitswelt haben selbstverständlich auch auf alle sexuellen und geschlechtlichen Lebensweisen Auswirkungen, die nicht den heteronormativen Rollenvorstellungen entsprechen. Ebenso wie die Vorstellung der romantischen Liebe sind auch homosexuelle Identitäten und Lebensweisen erst durch die Veränderungen der Produktionsverhältnisse und der Kultur im Kapitalismus ermöglicht worden. Der Historiker John D'Emilio (1983) schreibt dazu: „Erst als die Einzelnen damit begannen, ihren Lebensunterhalt mit eigener Lohnarbeit und nicht mehr als Teil unabhängiger Familieneinheiten zu verdienen, war es möglich, homosexuelles Begehren zu einer persönlichen Identität zu verdichten – eine Identität, die auf der Befähigung basierte, außerhalb der heterosexuellen Familie zu bleiben und das eigene Leben auf der Grundlage der Anziehung durch das eigene Geschlecht zu führen" (deutsch zit. nach Jagose 2001, S. 26). Verkehrs- und Handelsmetropolen wie Amsterdam, Paris, London oder New York hatten dabei nicht nur eine Vorreiterrolle in der Durchsetzung und Fortentwicklung kapitalistischer Produktionsverhältnisse, sondern auch in der Herausbildung homosexueller Identitätsformen und Subkulturen. Ann Pellegrini (2002) meint deshalb, dass es eine Erzählung gibt, die Kapitalismus und homosexuelle Emanzipation eng miteinander verschweißt. Schon Marx und Engels hatten betont, dass sich der Kapitalismus über Tradition und Moral hinwegsetzt, um sich entfalten zu können. Im Windschatten der Kapitalakkumulation können dann auch nicht-traditionelle Lebensweisen gedeihen, die nicht unter die herrschenden Moralvorstellungen fallen.

Dennoch besteht Uneinigkeit darüber, ob das politische Ziel homosexueller Emanzipation eine erfolgreiche Integration in den Kapitalismus oder dessen Bekämpfung sein sollte. Noch in den Siebzigern hatte zum Beispiel der Schwulenaktivist und Sexualwissenschaftler Martin Dannecker auf Demos gefordert: „Brüder und Schwestern, ob warm oder nicht, Kapitalismus bekämpfen ist unsere Pflicht!" Heute betreiben die meisten homosexuellen Lobby-Organisationen eher das Gegenteil, nämlich die Integration in den Kapitalismus. In diesem Zusammenhang spricht man von Kooptierung, um zu bezeichnen, dass die Möglichkeit sexueller und geschlechtlicher Gleichberechtigung an die Integration in kapitalistische Lebens- und Arbeitsbedingungen geknüpft wird.

Die postfordistische Dienstleistungsgesellschaft erfordert individualisierte Arbeitsprofile, die familienungebundene Flexibilität und Mobilität sowie kundenbezogenes Selbstmanagement benötigen. Sie hat in diesem Zusammenhang ermöglicht, dass homosexuelle Lebensstile einen Statuszuwachs erfahren. Denn Homosexuelle, besonders homosexuelle Männer, gelten als familienungebundene Arbeits- und Konsumsubjekte. Hegemoniale Darstellungen von Homosexuellen und ihrem Lebensstil bieten sich deshalb als Modell neoliberaler Sieger an (vgl. Woltersdorff 2012). Diesem Klischee entsprechend gelten besonders Schwule als beruflich erfolgreiche Besserverdiener und modebewusste Trendsetter. Sie seien mobil und flexibel, hedonistisch und konsumbetont, individualistisch und stilsicher und damit die idealen Subjekte einer Konsum- und Dienstleistungsgesellschaft. Als Beispiele für diese Vorstellung kann man Fernsehsendungen anführen, die schwule Stilberatung für heterosexuelles Konsumverhalten betreiben, wie „Schwul macht cool" auf RTL oder das Medienphänomen der ‚Metrosexualität'. Dass es auch Lesben zunehmend gelingt, den neoliberalen Konsumkapitalismus zu kooptieren, suggeriert zum Beispiel die auch in Deutschland sehr populäre Fernsehserie „The L Word", in der die Lesben ausnahmslos schicke Karrierefrauen sind. Zugleich werden besonders Lesben zunehmend als verantwortungsvolle Fürsorgespenderinnen in sogenannten Regenbogenfamilien adressiert. Auf diese Weise können sie ebenfalls für eine Neofamiliarisierung von Fürsorge-Ökonomien in den Dienst genommen werden. Beide Ikonen reproduzieren einerseits heteronormative Annahmen von weiblicher und männlicher Arbeitsteilung, während sie andererseits ebenso mit heteronormativen Erwartungen brechen.

Vor diesem Hintergrund vertritt Rosemary Hennessy (2000) die Ansicht, dass Kapitalismus Heteronormativität und Zweigeschlechtlichkeit nicht notwendig voraussetzt, sondern dass er sich ihnen gegenüber gleichgültig verhält. Ihrer Meinung nach benötigt Kapitalismus zwar Ungleichheit, und es ist hilfreich wenn diese Ungleichheit als Identität verdinglicht ist, aber es ist egal, um welche Ungleichheit es sich hier handelt. Aus diesem Grunde sei Kapitalismus ohne Heteronormativität ihrer Meinung nach denkbar, wenn auch nicht gewünscht. Andere politische Denker_innen, wie z. B. Janet Jakobsen (2012), wenden dagegen ein, dass Kapitalismus und Heteronormativität eng und untrennbar miteinander verwoben sind.[3] Salomonisch ließe sich vielleicht anführen, dass es sich zum gegenwärtigen Zeitpunkt dabei wohl eher um ein Gedankenexperiment handelt und bislang noch keine kapitalistische Gesellschaftsformation zu beobachten war, die ganz ohne Heteronormativität ausgekommen wäre, zumal angesichts von Krisensituationen auch homophobe, sexistische und traditionalistische Tendenzen in einigen neoliberal regierten Staaten wieder stärker werden. Auch der zeitgenössische flexibilisierte neoliberale Kapitalismus scheint also nicht ohne feste Identitäten auszukommen, und sei es, dass diese seinen Gegner_innen zugeschrieben werden. Sexuelle und geschlechtliche Menschenrechte können auf diese Weise sogar als Anlass für Kriege dienen.

6 Sexuelle Arbeit

Ich habe bisher vor allem auf einer Makroebene gesprochen, um die Bedingungen, die das Verhältnis von Sexualität, Geschlecht und Arbeit regulieren, und ihre Veränderungen zu beschreiben. Im folgenden letzten Teil möchte ich mich nun mit Analyseansätzen beschäftigen, die sich bemühen, die Mikroebene in den Blick zu bekommen und individuelle Handlungsspielräume auszuloten.

In ihrem Buch *sexuell arbeiten. eine queere perspektive auf arbeit und prekäres leben* betrachten Brigitta Kuster und Renate Lorenz (2007), wie Arbeit, Geschlecht und Sexualität ineinandergreifen. Lorenz und Kuster schlagen vor, eine neue Perspektive auf die sexuelle Dimension von Arbeit zu werfen und verwenden dafür den Begriff der „sexuelle[n] Arbeit" (ebd., S. 14). Inzwischen arbeiten auch zahlreiche andere Wissenschaftler_innen mit diesem Begriff. Um den Begriff der Sexualität nicht zu überdehnen und je spezifische Herrschaftsverhältnisse zu fokussieren, die durch Arbeitsteilung entstehen, haben einige Wissenschaftler_innen außerdem den Begriff der „geschlechtlichen Arbeit" (Schirmer und Weckwert 2006, S. 259–262) vorgeschlagen.

Demzufolge sind wir in unsere Arbeit mit unserer geschlechtlichen und sexuellen Identität, mit unseren Gefühlen und Selbstbildern involviert. Auch als arbeitende Menschen sind wir geschlechtliche und sexuelle Wesen mit Wünschen und Gefühlen, die auf ebensolche treffen und sich im Arbeitsprozess koordinieren müssen. Wir müssen dabei für unser Gegenüber verständlich und kalkulierbar sein, uns ihren Wünschen und Fantasien aussetzen und zugleich Modelle kultureller Ver-

---

[3] Diese Auseinandersetzung prägte schon den sogenannten „Tuntenstreit" innerhalb der bundesdeutschen Schwulenbewegung (Tuntenstreit 1975).

stehbarkeit bedienen. Wir sind dadurch durch die anderen verletzbar, können aber die anderen auch beschämen und in ihrer Intimität empfindlich treffen.

Eine solche Perspektive auf Arbeit, Geschlecht und Sexualität hat den Vorteil, dass sie die problematische Gegenüberstellung von Produktions- und Reproduktionssphäre umgeht. Sexuelle Arbeit lässt sich eben nicht einer der beiden Sphären zurechnen. Sie wird nicht nur im Rahmen von Erwerbsarbeit geleistet, sondern ebenso als (unbezahlte) Beziehungsarbeit, Hausarbeit oder Fürsorgearbeit.

Der Begriff der sexuellen Arbeit knüpft an Analysen der subjektiven und affektiven Aufladung von Arbeit und an feministische Analysen emotionaler Arbeit an. Der Begriff der emotionalen Arbeit stammt von Arlie Hochschild (1983), mit dem sie auf den Gefühlsaspekt in der Beziehungs- und Fürsorgearbeit aufmerksam macht. In Erwerbskontexten erkennt Hochschild emotionale Arbeit vor allem im Dienstleistungssektor, wo sie emotionale Arbeit am Beispiel von Flugbegleiterinnen untersucht hat. Die Flugbegleiterinnen investieren viel Zeit und Gefühl, um stets freundlich und entspannt zu wirken und bei den Reisenden gute Laune zu erzeugen. Rosemary Pringle (1989) wiederum hat die Vergeschlechtlichung und (Hetero-)Sexualisierung von hierarchischen Dienstleistungsverhältnissen im Alltag von Sekretärinnen und ihren Chefs untersucht. Beide Forscherinnen sehen ein Problem darin, dass es sich bei diesem Aspekt der Arbeit um einen Mehraufwand handelt, der aber nicht besonders entlohnt und anerkannt wird, weil er in Arbeitsverträgen nicht vorkommt. Inzwischen werden diese Kompetenzen allmählich als sogenannte ‚soft skills' auch im Management wahrgenommen und vor allem Frauen zugeschrieben. Spätestens seit dem Börsencrash ist zum Beispiel sogar Aufsichtsräten aufgefallen, dass die Unterschiede zwischen männlichem und weiblichem Geschlechterhabitus Einfluss auf das Risikoverhalten bei Geldgeschäften nehmen können.

Der Begriff der sexuellen Arbeit ermöglicht darüber hinaus die Analyse von Normalisierungsregimen im Feld der Arbeit. Kuster und Lorenz (2007, S. 173) sprechen von der „Normalisierungsarbeit", die zum einen darin besteht, Normalität herzustellen, und zum anderen darin, ebendiese Arbeit unsichtbar zu machen, so als sei Normalität einfach da. Normalität bedeutet dann, sich an vielfältigen und einander überlagernden und widersprechenden Normen auszurichten und sich korrigierend ins Verhältnis zu ihnen zu setzen. Diese Normen definieren nicht nur, was wünschenswert ist, sondern auch, was als selbstverständlich und natürlich gilt. Lorenz und Kuster führen dazu das Beispiel aus ihren Gesprächen mit ‚Zimmermädchen' an, denen zusätzlich zu ihrer Reinigungsarbeit nicht nur eine spezifische Weiblichkeitsperformance auferlegt wird, sondern außerdem ein Unsichtbarmachen der Spuren der eigenen Arbeit, indem sie zu stets sauberer Kleidung verpflichtet werden: „Auch ein kleiner Fleck auf dem Kittel, das darf natürlich nicht sein. Wir müssen dann runter in die Umziehkabine fahren und uns was Neues anziehen" (Kuster und Lorenz 2007, S. 178), berichtete eine Reinigungskraft den beiden Feldforscherinnen.

Zur sexuellen Arbeit gehört außerdem das sich Abarbeiten an den herrschenden Fantasien von Geschlecht und Sexualität. So zeigen die beiden Autorinnen, dass sich migrantische Facharbeiterinnen in der IT-Branche paradoxerweise abwechselnd als „dufter Kumpel", „gute Seele" und „exotische Bereicherung" beweisen müssen (Kuster und Lorenz 2007). Um damit umgehen zu können, aber auch um die sich dadurch ergebenden Handlungspotenziale zu nutzen, müssen sich die so Angerufenen ein elastisches Selbstmanagement zulegen, das kontextabhängig je unterschiedliche Rollenmuster zitiert. Uta Schirmer (2010, S. 366–373) unterscheidet vor diesem Hintergrund fünf verschiedene Ebenen sexueller Arbeit: die Inszenierungsarbeit, die Beziehungsarbeit, die psychische Arbeit, das berufliche Engagement und Überengagement und schließlich die Fähigkeit zur Durchquerung unterschiedlicher und teils widersprüchlicher Positionen.

7 Sexuelle Arbeitsteilung

Es werden jedoch nicht alle Menschen im gleichen Maße widersprüchlich angerufen, und es können sich auch nicht alle diesen Anrufungen im gleichen Maße entziehen. Einerseits müssen zwar alle sexuell arbeiten, andererseits ist der Aufwand, der dabei investiert werden muss, unterschiedlich verteilt, da sexuelle Arbeit immer auch Normalisierungsarbeit ist. Obwohl niemand den Vorstellungen von Normalität vollends entspricht, gelingt es einigen doch leichter als anderen, diesen Anschein zu erwecken. Je stärker der Bruch zur Normalität ausfällt, desto intensivere Identitätsarbeit müssen sie erbringen, um sich wieder als konsistentes Selbst zu erfahren und nach außen darzustellen. Der dafür aufgebrachte Aufwand soll aber zugleich unsichtbar gemacht werden, indem er normalisiert und naturalisiert wird. Jemand ‚ist' dann eben einfach ‚überzeugend' oder ‚sieht gut aus'. Sexuelle Arbeit wird also besonders jenen abverlangt, die als Abweichung oder Variante der Norm markiert sind, also nicht weiß, männlich, heterosexuell, bürgerlich etc. sind.

Während die einen beim Vorstellungsgespräch oder am Arbeitsplatz einfach sagen können, dass sie verheiratet sind und zwei Kinder haben, müssen die anderen entweder aufwändig ihre Selbst- und Lebensentwürfe erklären und dabei geschickt einschätzen, was sie ihrer Arbeitgeberin oder ihren Kollegen zumuten können, oder sie entschließen sich, wenn dies überhaupt gelingt, eine neutrale Fassade aufzubauen, die sie einerseits belastet und die andererseits Distanz erzeugt. So haben Uta Schirmer (2010) und Karen Wagels (2013) untersucht, welcher Aufwand geschlechtlich weniger eindeutigen Menschen, wie zum Beispiel Transsexuellen und Transgenders, abverlangt wird, um im Arbeitsalltag funktionieren zu können und wie groß der Druck ist, sich gemäß stereotyper Geschlechterbilder zu verhalten.

Nicht-heteronormativitätskonforme Selbstentwürfe müssen also auf gesellschaftliche Vereindeutigungszumutungen reagieren und die Widersprüche, die Geschlecht und Sexualität umgeben, in eine subjektive Konsistenz pressen, die objektiv falsch ist. So müssen Frauen beweisen, dass sie auch in technischen Berufen oder im höheren Management so leistungsstark und durchsetzungsfähig wie ihre männlichen Kollegen sein können. Schwule und transsexuelle Männer müssen wiederum beweisen, dass es möglich ist, schwul und/oder trans* und ein ‚ganzer Kerl' zu sein.

8 Fazit

Betrachtet man die gegenwärtigen Veränderungen in der Arbeitswelt und den Verhältnissen von Geschlecht und Sexualität, so lässt sich zusammenfassend feststellen, dass traditionelle Geschlechterarrangements staatlicherseits und gesellschaftlich nicht mehr garantiert werden, allerdings ohne dass sie ihre normative Wirkmächtigkeit bereits ganz verloren hätten. Diversifizierte geschlechtliche und sexuelle Selbstentwürfe haben, je nachdem, wie stark sie von der Norm abweichen, eine Chance auf Integration, allerdings unter Vorbehalt als eine „*Normalität auf Bewährung*", wie dies Andreas Heilmann (2011, S. 316, Herv. i. O.) in Bezug auf die prekäre Normalität von schwulen Berufspolitikern ausgedrückt hat. Durch die ‚innere Landnahme' des neoliberalen Kapitalismus sind wir mit unserem Fühlen, Lieben und Begehren neu und anders in kapitalistische Ökonomien verwickelt. Einerseits werden wir gewollt oder ungewollt zu Akteur_innen unserer Kooptierung. Andererseits eröffnet das neoliberale Modell auch gerade deshalb ein Potenzial zur Widerständigkeit. Zahlreiche Wissenschaftler_innen, wie zum Beispiel Andrea Maihofer (2014), beobachten deshalb eine „paradoxe [...] Gleichzeitigkeit von Wandel und Persistenz" (ebd., S. 314) heteronormativer Strukturen.

Wenn ich behauptet habe, dass die heteronormative Struktur von Arbeit prekär wird, dann meint dies also ebenso wenig, dass Heteronormativität verschwindet, wie umgekehrt die Prekarisierung von Arbeit nicht heißt, dass Arbeit verschwindet. Vielmehr bedeutet die Prekarisierung von Heteronormativität einen obsessiven und leidenschaftlich betriebenen Zwang, sich mit geschlechtlichen und sexuellen Normen auseinanderzusetzen, sich an ihnen abzuarbeiten, ihnen Zugeständnisse abzutrotzen und sich damit abzufinden, dass es angeblich ‚an uns selbst liegt', wenn wir dabei unterschiedlich erfolgreich sind. Solange aber die politische Ökonomie von Arbeit, Geschlecht und Sexualität der Verwirklichung unserer Möglichkeiten im Wege steht, sind wir nicht Schmied_innen unseres eigenen Glücks.

Literatur

Adamczak, B. (2006). Theorie der polysexuellen Ökonomie (Grundrisse). http://copyriot.com/diskus/06-1/theorie_der_polysexuellen_oekonomie.htm. Zugegriffen: 9. Juli 2014.

Aulenbacher, B. (2007). Vom fordistischen Wohlfahrts- zum neoliberalen Wettbewerbsstaat. Bewegungen im gesellschaftlichen Gefüge und in den Verhältnissen von Klasse, Geschlecht und Ethnie. In C. Klinger, G.-A. Knapp, & B. Sauer (Hrsg.), *Achsen der Ungleichheit. Verhältnisbestimmungen von Klasse, Geschlecht, Rasse/Ethnizität* (S. 46–56). Frankfurt a. M.: Campus.

Böhnisch, T. (1999). *Gattinnen – die Frauen der Elite*. Münster: Westfälisches Dampfboot.

Bröckling, U. (2000). Totale Mobilmachung. Menschenführung im Qualitäts- und Selbstmanagement. In U. Bröckling, S. Krasmann, & T. Lemke (Hrsg.), *Gouvernementalität der Gegenwart. Studien zur Ökonomisierung des Sozialen* (S. 131–167). Frankfurt a. M: Suhrkamp.

Bröckling, U. (2007). *Das unternehmerische Selbst: Soziologie einer Subjektivierungsform.* Frankfurt a. M.: Suhrkamp.

D'Emilio, J. (1983). Capitalism and gay identity. In A. Snitow, C. Stansell, & S. Thompson (Hrsg.), *Desire: The politics of sexuality* (S. 10–113). New York: Virago.

Dörre, K. (2009). Die neue Landnahme. Dynamiken und Grenzen des Finanzmarktkapitalismus. In K. Dörre, S. Lessenich, & H. Rosa (Hrsg.), *Soziologie, Kapitalismus, Kritik: eine Debatte* (S. 21–86). Frankfurt a. M.: Suhrkamp.

Federici, S. (2012). Die Reproduktion der Arbeitskraft im globalen Kapitalismus und die unvollendete feministische Revolution. In S. Federici & N. Cox (Hrsg.), *Aufstand aus der Küche: Reproduktionsarbeit im globalen Kapitalismus und die unvollendete feministische Revolution* (S. 21–86). Münster: Ed. Assemblage.

Federici, S., & Cox N. (2012). Counter-planning from the kitchen. In S. Federici & N. Cox (Hrsg.), *Aufstand aus der Küche: Reproduktionsarbeit im globalen Kapitalismus und die unvollendete feministische Revolution* (S. 106–127). Münster: Ed. Assemblage.

Ferguson, R. A. (2004). *Aberrations in black: Toward a queer of color critique*. Minneapolis: University of Minnesota Press.

Gramsci, A. (1991–2002). *Gefängnishefte. Kritische Gesamtausgabe*. Hamburg: Argument.

Hamm, M., & Adolphs, S. (2009). Performative Repräsentationen prekärer Arbeit: Mediatisierte Bilderproduktion in der EuroMayDay-Bewegung. In G. Herlyn, J. Müske, K. Schönberge, & O. Sutter (Hrsg.), *Arbeit und Nicht-Arbeit: Entgrenzungen und Begrenzungen von Lebensbereichen und Praxen* (S. 315–340). München: Mering.

Hausen, K. (1976). Die Polarisierung der „Geschlechtscharaktere" – Eine Spiegelung der Dissoziation von Erwerbs- und Familienleben. In W. Conze (Hrsg.), *Sozialgeschichte der Familie in der Neuzeit Europas: neue Forschungen* (S. 363–393). Stuttgart: Klett.

Heilmann, A. (2011). *Normalität auf Bewährung: Outings in der Politik und die Konstruktion homosexueller Männlichkeit*. Bielefeld: transcript.

Hennessy, R. (2000). *Profit and pleasure. Sexual identities in late capitalism*. New York: Routledge.

Hochschild, A. R. (1983). *The managed heart: Commercialization of human feeling*. Berkeley: University of California Press.
Hochschild, A. R. (2000). Global care chains and emotional surplus value. In A. Giddens & W. Hutton (Hrsg.), *On the edge: Globalization and the new millennium* (S. 130–146). London: Sage.
Illouz, E. (2003). *Der Konsum der Romantik. Liebe und die kulturellen Widersprüche des Kapitalismus*. Frankfurt a. M.: Campus.
Jagose, A. (2001). *Queer Theory – Eine Einführung*. Berlin: Querverlag.
Jakobsen, J. R. (2012). Perverse Justice. *GLQ: A Journal of Lesbian and Gay Studies, 18*, 19–45.
König, T. (2012). *Familie heißt Arbeit teilen: Transformationen der symbolischen Geschlechterordnung*. Konstanz: UVK.
Kuster, B., & Lorenz R. (2007). *sexuell arbeiten. eine queere perspektive auf arbeit und prekäres leben*. Berlin: b_books.
Laufenberg, M. (2012). Communities of Care. Queere Politiken der Reproduktion. *Luxemburg, 4*, 96–101.
Lohr, K., & Nickel, H. (Hrsg.). (2005). *Subjektivierung von Arbeit – Riskante Chancen*. Münster: Westfälisches Dampfboot.
Maihofer, A. (2014). Familiale Lebensformen zwischen Wandel und Persistenz. Eine zeitdiagnostische Zwischenbetrachtung. In C. Behnke, D. Lengersdorf, & S. Scholz (Hrsg.), *Wissen – Methode – Geschlecht: Erfassen des fraglos Gegebenen* (S. 313–334). Wiesbaden: Springer VS.
Maihofer, A., Schwiter, K., & Wehner, N. (2012). Geschlechtersegregation. Subtile Mechanismen beeinflussen die Berufswahl. *Panorama Bildung, Beratung, Arbeitsmarkt, 5*, 22–23.
Manske, A., & Pühl, K. (Hrsg.). (2010). *Prekarisierung zwischen Anomie und Normalisierung. Geschlechtertheoretische Bestimmungen*. Münster: Westfälisches Dampfboot.
Manske, A., & Schnell, C. (2010). Arbeit und Beschäftigung in der Kultur- und Kreativwirtschaft. In F. Böhle, G. G. Voß, & G. Wachtler (Hrsg.), *Handbuch Arbeitssoziologie* (S. 699–728). Wiesbaden: VS Verlag für Sozialwissenschaften.
Mattoni, A., & Doerr, N. (2007). Images within the precarity movement in Italy. *Feminist Review, 87*, 130–135.
Millett, K. (1971). *Sexus und Herrschaft: die Tyrannei des Mannes in unserer Gesellschaft*. München: Desch.
Pellegrini, A. (2002). Consuming lifestyle: Commodity capitalism and transformations in gay identity. In A. Cruze-Malavé & M. F. Manalansan (Hrsg.), *Queer globalizations: Citizenship and the afterlife of colonialism* (S. 134–145). New York: New York UP.
Pongratz, H. J., & Voß, G. G. (2003). *Arbeitskraftunternehmer. Erwerbsorientierungen in entgrenzten Arbeitsformen*. Berlin: Ed. Sigma.
Pringle, R. (1989). *Secretaries talk – Sexuality, power, and work*. New York: Verso.
Pühl, K. (2003). Der Bericht der Hartz-Kommission und die „Unternehmerin ihrer selbst": Geschlechterverhältnisse, Gouvernementalität und Neoliberalismus. In M. Pieper & E. G. Rodríguez (Hrsg.), *Gouvernementalität. Eine sozialwissenschaftliche Debatte im Anschluss an Foucault* (S. 111–135). Opladen: Leske und Budrich.
Rich, A. (1989). Zwangsheterosexualität und lesbische Existenz. In E. List & H. Studer (Hrsg.), *Denkverhältnisse. Feminismus und Kritik* (S. 224–278). Frankfurt a. M.: Suhrkamp.

Schirmer, U. (2010). *Geschlecht anders gestalten. Drag Kinging, geschlechtliche Selbstverhältnisse und Wirklichkeiten*. Bielefeld: transcript.
Schirmer, U., & Weckwert, A. (2006). Re-Coding – Re-Mixing? Geschlechtliche Verortungen und geschlechterpolitische Strategien junger Frauen in DJ- und Hacker-Kultur. In A. Weckwert & U. Wischermann (Hrsg.), *Das Jahrhundert des Feminismus. Streifzüge durch nationale und internationale Bewegungen und Theorien* (S. 257–277). Königstein: Ulrike Helmer Verlag.
Tuntenstreit. (1975). *Theoriediskussion der Homosexuellen Aktion Westberlin*. Westberlin: rosa Winkel.
Völker, S. (2011). Praktiken sozialer Reproduktion von prekär beschäftigten Männern. *WSI-Mitteilungen, 8*, 423–429.
Wagels, K. (2013). *Geschlecht als Artefakt: Regulierungsweisen in Erwerbsarbeitskontexten*. Bielefeld: transcript.
Weinbach, C. (2010). Hyperinklusion durch Hartz IV. Differenzierungstheoretische Überlegungen zur „Modernisierung" der Geschlechterrollen im SGB II. In A. Manske & K. Pühl (Hrsg.), *Prekarisierung zwischen Anomie und Normalisierung. Geschlechtertheoretische Bestimmungen* (S. 133–164). Münster: Westfälisches Dampfboot.
Winker, G. (2007). Traditionelle Geschlechterordnung unter neoliberalem Druck. Veränderte Verwertungs- und Reproduktionsbedingungen der Arbeitskraft. In M. Groß & G. Winker (Hrsg.), *Queer-|Feministische Kritiken neoliberaler Verhältnisse* (S. 15–49). Münster: Unrast.
Winker, G. (2011). Soziale Reproduktion in der Krise – Care Revolution als Perspektive. *Das Argument, 292*, 333–344.
Woltersdorff, V. (2012). *Coming-out: Strategien schwuler Selbstbehauptung seit Stonewall*. Hamburg: Männerschwarm Verlag.

Auf dem Weg in den Arbeitsmarkt. Junge Erwachsene im Spannungsfeld zwischen Individualität und Geschlechternormen

Karin Schwiter

1 Bestehende Forschung zur Geschlechtersegregation der Arbeitswelt[1]

Berufe haben nicht ‚von Natur aus' ein Geschlecht. So zeigt die Konnotation von Tätigkeiten als frauen- oder männertypisch je nach geographischem Kontext unterschiedliche Muster und ist auch ungleich stark ausgeprägt. Charles und Bradley (2009, S. 941 f.) verglichen 44 Länder und errechneten auf Basis der Frauen- und Männeranteile in verschiedenen Studienfächern einen Segregationsindex. Wie dieser zeigt, weisen Deutschland und die Schweiz im internationalen Vergleich eine besonders starke berufliche Segregation auf. In der Schweiz finden Charles und Bradley die viert-, in Deutschland die siebthöchste Ausprägung aller verglichenen Länder. Betrachtet man lediglich die am stärksten segregierten Ingenieurwissenschaften, liegen die Schweiz und Deutschland gar auf Platz zwei und fünf von 44

---

[1] Ich bedanke mich bei meinen Forschungspartner_innen im NFP60, Andrea Maihofer, Nina Wehner, Sandra Hupka, Max Bergman, Shireen Kanji und Evéline Huber, sowie bei meinen Kolleg_innen am Zentrum Gender Studies der Universität Basel und am Geographischen Institut der Universität Zürich, die in verschiedenster Art und Weise zu meinen Forschungsarbeiten beigetragen haben und in all der Zeit nie müde wurden, mit mir über Lebensentwürfe zu diskutieren. Ein ganz besonderes Dankeschön gebührt den jungen Erwachsenen, die uns ihr Vertrauen und ihre Zeit schenkten und uns Einblick in ihre Zukunftspläne gewährten.

K. Schwiter (✉)
Department of Geography, University of Zurich, Winterthurerstrasse 190, 8057 Zürich, Schweiz
E-Mail: karin.schwiter@geo.uzh.ch

© Springer Fachmedien Wiesbaden 2015
C. Micus-Loos, M. Plößer (Hrsg.), *Des eigenen Glückes Schmied_in!?*,
DOI 10.1007/978-3-658-09133-0_5

verglichenen Ländern. Anhand einer Analyse der Schweizer Volkszählungsdaten von 1970 bis 2000 dokumentieren Leemann und Keck (2005, S. 144 f.) zudem ein ausgeprägtes historisches Beharrungsvermögen der beruflichen Geschlechtersegregation. Zwar wächst durch die Tertiarisierung des Arbeitsmarktes die Bedeutung der Büro- und Verkaufsberufe, welche sowohl bei den Frauen als auch bei den Männern zu den am häufigsten ausgeübten Berufen zählen. Zudem lassen sich in einzelnen Berufsfeldern Öffnungs- und auch Schließungsprozesse nachzeichnen. Parallel dazu existieren jedoch bis heute einige Berufsgruppen, die entweder hauptsächlich von Frauen oder hauptsächlich von Männern gelernt werden und in der gesellschaftlichen Wahrnehmung entsprechend als frauen- oder männertypisch konnotiert sind.

Angesichts dieser Resultate stellt sich die Frage, *wie sich die stark ausgeprägte Geschlechtertrennung in der Berufswelt und ihre Persistenz erklären lassen und welche Konsequenzen sie haben.* Aus den Gender Studies ging bereits eine große Breite an Forschungsarbeiten hervor, die sich aus unterschiedlichen Perspektiven mit dem Phänomen auseinandersetzen (für einen jüngeren Überblick siehe beispielsweise Teubner 2010). Dabei besteht inzwischen weitgehende Einigkeit, dass nicht ein einzelner Faktor oder eine einzelne Lebenslaufinstanz, sondern gerade das Ineinandergreifen verschiedenster Mechanismen über die gesamte Biographie hinweg für die Einmündung in geschlechterdifferente Ausbildungswege und Berufe verantwortlich ist (vgl. Maihofer et al. 2013).

Studien mit Fokus auf *gesellschaftskulturelle Normierungen und Stereotypisierungsprozesse* können aufzeigen, wie Eigenschaften, Begabungen und Tätigkeiten als frauen- oder männertypisch verstanden und entsprechend zugewiesen werden (vgl. z. B. Cornelißen 2009). So lässt sich beispielsweise nachweisen, dass geschlechterstereotype Fähigkeitszuschreibungen von Eltern ihre Kinder eher in geschlechtstypische Ausbildungswege führen (Buchmann und Kriesi 2012). Arbeiten mit Fokus auf *institutionelle Ursachen* machen sichtbar, wie Institutionen systematisch dazu beitragen vergeschlechtlichte Lebenslaufmuster zu produzieren (vgl. Krüger 2001). Sie analysieren unter anderem, inwiefern Berufsbildungssysteme selbst geschlechtsspezifisch strukturiert sind und jungen Frauen und Männern unterschiedliche Wege in den Arbeitsmarkt nahelegen (z. B. Estévez-Abe 2011; und für die Schweiz: Imdorf 2004). Auf der *Ebene der Individuen* können Forschungsarbeiten wiederum aufzeigen, wie vergeschlechtlichte Selbstzuschreibungen bezüglich eigener Kompetenzen, Talente und Interessen sowie Zukunftsvorstellungen von jungen Erwachsenen, ihre Einmündung in geschlechterdifferente Berufsfelder begünstigen (vgl. Oechsle et al. 2009; und für die Schweiz: Hupka 2003).

Genau auf diese individuelle Ebene der Zukunftsvorstellungen junger Erwachsener fokussiert dieser Beitrag: *Wie sprechen junge Frauen und Männer über ihre Lebensentwürfe? Nach welchen Logiken schmieden junge Erwachsene ihre beruflichen Zukunftspläne? Und welche Konzeptualisierungen von Geschlecht zeigen sich in ihren Erzählungen?*

2 Die befragten jungen Erwachsenen

Die hier dargelegten Ergebnisse basieren auf zwei Forschungsprojekten. Für meine Dissertation „Lebensentwürfe" (Schwiter 2011) führte ich 24 qualitative Interviews mit jungen Erwachsenen. Die Interviewpartner_innen waren zum Zeitpunkt der Interviews alle Mitte zwanzig, (noch) kinderlos und aus der deutschsprachigen Schweiz. Abgesehen von diesen Vorgaben strebte ich eine möglichst große Diversität an. Die Befragten – zu gleichen Teilen Frauen und Männer – stammten aus ganz unterschiedlichen Berufsfeldern, aus ländlicheren und städtischeren Gebieten, aus Ein- und Zweielternfamilien, hatten kürzere oder längere Bildungswege, homo- und heterosexuelle Präferenzen, waren Singles oder in einer Beziehung, mit oder ohne Migrationshintergrund etc. Ziel dieses so genannten theoretischen Samplings (vgl. Glaser und Strauss 1967, S. 45 ff.) war es, eine möglichst große Breite an unterschiedlichen Lebensgeschichten einzufangen. In den biographisch orientierten Interviews standen neben den bisherigen Lebenswegen insbesondere die Zukunftsvorstellungen der jungen Erwachsenen im Zentrum.

Im Rahmen des Nationalen Forschungsprogramms 60 hatte ich zusammen mit einem größeren Forschungsteam im Projekt „Geschlechterungleichheiten in Ausbildungs- und Berufsverläufen" (Maihofer et al. 2013) Gelegenheit, 32 weitere qualitative Interviews mit jungen Erwachsenen zu führen. Die Befragten waren Teilnehmende der sogenannten TREE-Studie (TREE 2010). Sie alle hatten im Jahr 2000 in der neunten Klasse am PISA-Test teilgenommen und waren seither in rund jährlichen Abständen zu ihrer Ausbildungsbiographie befragt worden. Zum Zeitpunkt der Interviews standen sie 10 Jahre nach Abschluss der obligatorischen Schule und waren rund 26 Jahre alt. Die Befragten stammten aus der gesamten deutsch- und französischsprachigen Schweiz. Sie wurden aus den rund 6000 Teilnehmenden der TREE-Studie so ausgewählt, dass die Stichprobe zu gleichen Teilen Männer und Frauen mit geschlechtstypischen und geschlechtsuntypischen Ausbildungsverläufen enthielt. Als männertypisch definierten wir Berufe, welche gemäß der jüngsten Schweizer Volkszählung einen Männeranteil von mindestens 70 % aller Beschäftigten aufweisen, als frauentypisch solche mit mindestens 70 % Frauenanteil. Die qualitativen Interviews fokussierten auf ihre Ausbildungsbiographien und schlossen auch berufliche und familiale Zukunftspläne mit ein (vgl. Schwiter et al. 2014).

Sämtliche Interviews aus den beiden Studien wurden aufgezeichnet, transkribiert und mit einem diskursanalytischen Verfahren in Anlehnung an Foucaults (1981) „Archäologie des Wissens" ausgewertet. Die Diskursanalyse basiert auf einer poststrukturalistischen Forschungsperspektive. Sie fokussiert auf die Sprache als machtvolles Instrument, welches gesellschaftliche Wirklichkeiten nicht nur beschreibt, sondern mitproduziert. Ziel einer Diskursanalyse ist es, sichtbar zu machen, wie über bestimmte Sachverhalte gesprochen wird und welche Wahrheiten dadurch hervorgebracht werden. Indem sie sprachliche Muster und Denklogiken identifiziert, zeigt die Diskursanalyse auf, was in einem bestimmten Kontext überhaupt sagbar ist, was als selbstverständlich erachtet wird und was als normal oder abweichend gilt (vgl. Waitt 2010).

3 Individualität als Logik der Lebensplanung

Wenn junge Erwachsene über ihr Leben und ihre Zukunftsvorstellungen erzählen, so basieren ihre Schilderungen auf einer dominanten Vorstellung von Individualität. Das heißt, sie gehen ganz grundsätzlich davon aus, dass Menschen verschieden sind. Sie argumentieren zum Beispiel: *„Jede Person ist anders. Da kannst du nie von dir auf andere schließen."* *„Es muss jeder selber wissen, was aus seiner Situation das Richtige ist."*[2] Als Folge dieses Menschenbildes haben Traditionen und vorgegebene Lebenswege für sie ihre Gültigkeit als Leitbilder weitgehend verloren. An ihre Stelle tritt das Ideal der Wahlfreiheit: Da Menschen verschieden seien und unterschiedliche Fähigkeiten, Talente und Eigenschaften hätten, solle auch jede Person selber bestimmen dürfen, was für sie das Richtige sei und wie sie leben möchte.

Diese Zurückweisung von vorgegebenen Mustern geht mit der Anforderung einher, für das eigene Leben die Verantwortung zu übernehmen und den eigenen Lebensweg zu planen (vgl. hierzu auch: Keddi 2003). So sehen es die jungen Erwachsenen als ihre Aufgabe an, herauszufinden, welches ihre besonderen Fähigkeiten und Eigenschaften sind und sich entsprechend ihren eigenen Lebensweg zu suchen: *„Jeder Mensch hat ein Talent, sage ich mir, ein Talent und kann mit etwas besser umgehen als ein anderer Mensch."* Und eine andere Person formuliert ihren Selbstfindungsprozess zum Beispiel: *„Ich spüre auch immer mehr, was für mich stimmt."* In diesem Sinne wird das Leben in den Augen der jungen Erwachsenen zu

---

[2] Die im Folgenden verwendeten Zitate wurden aus dem Schweizerdeutschen oder Französischen ins Schriftdeutsche übertragen.

einem individuell gestaltbaren Projekt, welches Frauen ebenso wie Männer selbstverantwortlich planen dürfen und auch müssen.

In der Berufsfindung kommen diese Vorstellungen von Verschiedenheit, Wahlfreiheit und die damit verbundene Planungsanforderung besonders prominent zum Ausdruck. Die jungen Erwachsenen sehen es mit großer Selbstverständlichkeit als ihre eigene Aufgabe an, aus der ganzen Palette verschiedener Berufe jenen zu finden, der zu ihrer eigenen Persönlichkeit passt. Jede Einmischung in diese Suche weisen sie dezidiert zurück. So ärgert sich ein Interviewpartner über den Patenonkel, der ihn unbedingt von einer Kochlehre überzeugen wollte. Und einige andere erwähnen positiv, dass sich ihre Eltern nie ungebührlich eingemischt hätten: *„Von daheim zum Beispiel ist mir nie aufgetragen worden, mach das oder mach das. Da war bei meinem Bruder und bei mir immer völlig freie Wahl. Das war gut."*

Die einzelnen Berufsfindungsgeschichten sind dabei sehr vielfältig. Während einzelne seit Kindheit denselben Wunschberuf verfolgten, waren andere lange Zeit unentschlossen. Einige erinnern sich an ein spezifisches Erlebnis und andere an eine bekannte Person, die sie auf die Idee gebracht habe, einen bestimmten Berufsweg einzuschlagen. So erzählt eine Elektrikerin, wie ihr Vater sie stets auf die Baustellen mitnahm und sie sich dort in ihrem Element fühlte. Ein Krankenpfleger nennt seine Mutter, die als Nachtwache in der Pflege arbeitete und ihn darin bestärkt habe, einen Pflegeberuf zu ergreifen. Neben den Eltern werden auch andere Bezugspersonen und Bekannte genannt. Eine Ökonomin beschreibt den Moment, als ihr Mathematiklehrer im Gymnasium sie ermuntert habe, etwas aus ihrem Talent im Umgang mit Zahlen zu machen.

So unterschiedlich die Berufsfindungserzählungen sind, gemeinsam ist ihnen allen, dass sie in einem Entscheidungsmoment kulminieren, in dem die Person „wusste", was für sie „das Richtige" ist: *„In diesem Moment wusste ich, ich werde Uhrmacher." „Ich wusste eigentlich immer schon, dass ich Kindergärtnerin werden wollte." „Ich habe [...] gesagt, diesen Beruf will ich. Unbedingt."* Ausnahmslos verstehen die Befragten ihre Einmündung in einen bestimmten beruflichen Pfad als eigene Entscheidung – als eine frei getroffene Wahl. Dabei gehen die Befragten davon aus, dass ihnen für diese Wahl des Berufs unabhängig von sozialer Schicht, Geschlecht und anderen Merkmalen grundsätzlich alle Berufe offen gestanden wären.

4 Spannungsfeld Planungsanspruch versus Unplanbarkeit

Auch bezüglich der weiteren beruflichen Entwicklung findet sich in den Interviews eine Planungsanforderung. Die jungen Erwachsenen gehen davon aus, dass es ihnen obliegt weitere berufliche Schritte ins Auge zu fassen. Die Erzählungen der jungen Erwachsenen dokumentieren eine als selbstverständlich empfundene Norm, sich beständig weiterzubilden und damit die eigenen Chancen auf dem Arbeitsmarkt zu erhalten: *„Es [ist] nie abgeschlossen, die Ausbildung – die Entwicklung. Und immer je weniger." „Ich möchte ausbildungsmäßig nicht stehen bleiben, weil ich habe das Gefühl, dann bleibe ich persönlich stehen."*

Diese Weiterbildungsnorm findet sich gleichermaßen bei jungen Erwachsenen mit mehr oder weniger schulischer Bildung. Was für die eine Person beispielsweise ein mehrjähriges Nachdiplomstudium bedeutet, mag im anderen Fall ein Sprachkurs an der Volkshochschule sein. Gemeinsam ist ihnen beiden die Überlegung, dass das berufliche Fortkommen in der eigenen Verantwortung liegt und geplant werden muss.

Dabei beziehen sich die beruflichen Zukunftsvisionen typischerweise auf den konkreten nächsten Ausbildungsschritt und beinhalten nur selten längerfristige Karrierepläne. Zum Beispiel formulieren die Befragten: *„Also ich mache jetzt sicher das Anwaltspatent. Das ist jetzt das nächste. [...] Und was nachher kommt, das weiß ich nicht." „In zwei Jahren bin ich fertig. Und dann, mal schauen, wie's weiter geht." „Diese Schule möchte ich unbedingt noch machen. Und was nachher kommt, ich denke, ich werde nicht immer da bleiben."* Wie diese drei beispielhaften Zitate deutlich machen, umfassen die beruflichen Pläne den unmittelbar folgenden Lebensabschnitt in der Größenordnung von ein bis zwei Jahren. Ist dieses Nahziel erreicht, gilt es sich neu zu orientieren. Gemeinsam ist diesen und ähnlichen Formulierungen, dass die weitere Berufslaufbahn nach dem unmittelbar folgenden Schritt den jungen Erwachsenen nicht planbar erscheint.

Mit ein Grund für die Unplanbarkeit ist die Erwartung der Befragten, dass sich Arbeitsmärkte sehr schnell verändern und Arbeitsstellen keine langfristige Sicherheit bieten: *„Ich habe das Gefühl gekriegt und ein bisschen so Sachen gehört, wie gesagt, dass du einfach wirklich sehr ersetzbar bist. Also der Anspruch an deine Ausbildung steigt, du hast nicht mehr diese Sicherheit am Arbeitsplatz, wie du sie früher mal hattest. Deshalb musst du auch flexibel bleiben."* Die jungen Erwachsenen gehen mit großer Selbstverständlichkeit davon aus, dass sie sich in ihrem Berufsleben immer wieder neu orientieren werden. Niemand rechnet damit, über die gesamte Berufslaufbahn hinweg dieselbe Tätigkeit auszuüben oder für dieselbe Firma oder Organisation zu arbeiten: *„In vier, fünf, sechs Jahren bin ich hier weg. Je nach dem. Aber du kannst ja sowieso nie sagen, was die Zukunft bringt."* Und sogar eine Selbständige, die bereits ihr eigenes Friseurgeschäft führt, argumentiert: *„Es gibt einem niemand eine Garantie, dass es in zwei Jahren so ist. Es gibt mir niemand eine Garantie, dass ich in zwei Jahren das Geschäft noch habe."*

Einerseits haben die Befragten also den Anspruch an sich selbst, das eigene Leben zu planen und auch die Verantwortung für ihre lebensplanerischen Entscheidungen zu übernehmen. Andererseits erachten die jungen Erwachsenen die Berufswelt als so schnell wandelbar, dass zum gegenwärtigen Zeitpunkt noch gar nicht absehbar ist, welche Konsequenzen heutige Aus- und Weiterbildungsentscheidungen in Zukunft haben werden. Die Erzählungen der Befragten sind geprägt durch dieses Spannungsfeld zwischen Anspruch und Grenzen der Planbarkeit.

In der Literatur wird dieses Spannungsfeld vielfach als Überforderung für die Individuen diskutiert. So illustrieren beispielsweise Giddens (1991), Beck (1986), Beck und Beck-Gernsheim (2001) in ihren Individualisierungstheorien, wie Individuen als Konsequenz von Enttraditionalisierungsprozessen zu Beginn des 21. Jahrhunderts mit einer komplexen Vielfalt an Wahlmöglichkeiten konfrontiert sind. Einerseits eröffnet dies neue Freiheiten. Andererseits werden die Individuen dadurch permanent aufgefordert, sich zwischen den sich bietenden Optionen zu entscheiden. Mit jeder Entscheidung geht das Risiko einher, eine Wahl getroffen zu haben, die sich später als ungünstig herausstellt. Dies rufe, argumentieren sie, bei den Menschen ein Gefühl des selbstverschuldeten Unvermögens und der Überforderung hervor.

In den Erzählungen der jungen Erwachsenen finden sich demgegenüber kaum Aussagen, die auf solche Gefühle der Überforderung oder Orientierungslosigkeit hinwiesen. Im Gegenteil, in den Interviews tauchen die schnelle Veränderung der Berufswelt und die Unabsehbarkeit der beruflichen Zukunft nicht als Bedrohung auf, sondern werden praktisch unisono als unhinterfragte Normalität verstanden. Sie werden als vielversprechender Möglichkeitsraum wahrgenommen, in welchem sich beständig neue Türen öffnen können: *„Ich weiß, ich mache das jetzt ein Jahr [...] und dann kann ich dann wirklich frei entscheiden, was nachher kommt."* Dies gilt nicht nur für jene Befragten, die sich im Arbeitsmarkt sehr erfolgreich etabliert haben, sondern auch für jene, die sich in prekären Erwerbssituationen wiederfinden.

Auffällig häufig heben die jungen Erwachsenen in diesem Zusammenhang ihre eigene Flexibilität und Offenheit hervor. Angesichts der Unabsehbarkeit der Zukunft gilt es, sich nicht zu stark auf einen ganz bestimmten Zukunftsplan festzulegen, sondern sich verschiedene Entwicklungsmöglichkeiten offen zu halten: *„Ich bin froh, dass ich etwas gemacht habe, mit dem ich jetzt noch entscheiden kann, was es dann konkret wird." „Ein bisschen schauen – ein bisschen die Augen offen haben, um einfach auch noch zu sehen, was es gibt."* Wie diese Zitate beispielhaft illustrieren, beinhaltet berufliche Zukunftsplanung aus der Perspektive der jungen Erwachsenen folglich, beständig den sich verändernden Möglichkeitsraum zu evaluieren und sich für die bestmögliche Option zu entscheiden.

Veränderungen der beruflichen Situation werden dabei als willkommene Abwechslung gesehen. Ohne berufliche Wechsel fürchten die Befragten, würden sie

„*zu fest in einem Trott drin*" sein, „*einen Tunnelblick*" kriegen, und das dringende Bedürfnis entwickeln, „*etwas Anderes sehen*" und „*einen Richtungswechsel einschlagen*" zu wollen. Sie argumentieren zum Beispiel: „*das Leben wird so schnell zum Standard, habe ich inzwischen das Gefühl, man muss immer etwas Neues machen, dass auch alles interessant bleibt für einen selber*" und: „*irgendwann brauchst du mal einen neuen Erfahrungsbereich, einen neuen – neue Leute um dich rum und so.*" Berufliche Veränderungen werden folglich nicht primär mit Verlustangst assoziiert, sondern sind praktisch unisono positiv belegt.

In diesem Aspekt entsprechen die Befragten tatsächlich dem Menschenbild des „Homo Optionis", den Beck und Beck-Gernsheim (2001, S. 5) als Produkt der Individualisierung beschreiben: Es gehört für sie selbstverständlich dazu, beständig nach sich bietenden beruflichen Entwicklungsmöglichkeiten Ausschau zu halten. Analog bezeichnet die deutsche Shell Jugendstudie (2006, S. 1) die Jugendlichen als eine „pragmatische Generation" und auch Herzog et al. (2006, S. 196) charakterisieren die jungen Erwachsenen in der Schweiz als „erstaunlich gelassen". Sie nehmen die Planungsanforderung nicht als Überforderung, sondern als Herausforderung wahr, in jeder Situation die für sich die ideale Option zu wählen. Flexibel zu bleiben und offen für Neues zu sein, gilt dabei als Königsweg einer erfolgreichen Lebensplanung.

5 Spannungsfeld Individualität versus Geschlechternormen

Gemäß der Individualitätslogik haben Berufswege aus Sicht der jungen Erwachsenen erst einmal nichts mit Geschlecht zu tun. Die Befragten verstehen sich nicht als Teil einer Gruppe, die sich durch Gemeinsamkeiten auszeichnet – wie beispielsweise eines Geschlechts oder auch eines Bildungsmilieus, einer Generation oder einer Kultur –, sondern als grundsätzlich einzigartige Individuen mit ihren ganz eigenen Interessen und Fähigkeiten. Wenn eine Befragte im Interview also beispielsweise erzählt, Karriere sei für sie nicht wichtig, so verbindet sie dies nicht mit ihrem Geschlecht, sondern begründet, sie sei „*einfach nicht der Typ*" für eine Karriere. Genauso assoziiert ein Befragter seine ausgeprägte Karriereorientierung nicht mit Männlichkeitsnormen, sondern argumentiert, ihm persönlich sei beruflicher Erfolg eben wichtig.

Dieselbe Logik der Individualität findet sich auch in Bezug auf die Berufsfelder: Während eine Befragte ihren frauentypischen Beruf damit begründet, sie sei eine Person, die gerne anderen Menschen helfe, begründet ein anderer Befragter seinen männertypischen Ausbildungsweg mit der persönlichen Befriedigung, die er aus handwerklicher Arbeit ziehe. So charakterisieren sich die Befragten beispielsweise als technikaffine und ambitionierte Führungskräfte oder teamorientierte und kommunikative Multitasking-Talente. Sie verstehen diese Selbstbeschreibungen jedoch nicht als Eigenschaften, die Männer oder Frauen aufgrund ihres Geschlechts entwickelt haben, sondern ausschließlich als individuelle Persönlichkeitsmerkmale.

Solange Geschlechternormen eingehalten werden, bleiben sie in der Logik der Individualität folglich unerwähnt. Sie werden in den Interviews jedoch dort zum Thema, wo sie überschritten werden. So beschreibt eine Elektrikerin, wie sie ihre Fähigkeiten auf jeder Baustelle von neuem unter Beweis stellen muss: *"Das ist ein bisschen ein Kampf als Frau. Also weil, eben gerade in der Zeit wo ich angefangen habe, man kannte es noch nicht. Eine Frau als Elektriker (sic!) kannte man nicht und deshalb ist man immer wieder angeeckt. Dann musste man dann halt einfach hin stehen und sagen ich kann das auch."* Und ein Pfleger erzählt, seine Brüder hätten seine untypische Ausbildung jeweils mit der Bemerkung kommentiert, *"sie hätten sich schon immer eine Schwester gewünscht."*

Die beiden Fälle sind typisch für den geschlechtsspezifisch unterschiedlichen Legitimationsbedarf. Wie die Interviews mit den Frauen in geschlechtsuntypischen Berufen zeigen, sehen sie sich in der Arbeit mit der Notwendigkeit konfrontiert zu beweisen, dass sie die erforderlichen Fertigkeiten genauso gut beherrschen wie ihre männlichen Kollegen. Aus ihrem außerberuflichen Umfeld erhalten sie für ihre Tätigkeit jedoch oft positive Rückmeldungen und erfahren großen Respekt für ihren geschlechtsuntypischen Weg.

Bei den Männern mit geschlechtsuntypischen Ausbildungswegen zeigt sich der Legitimationsbedarf typischerweise umgekehrt. In ihren Interviews finden sich vielfältige Erzählungen, wie sie am Arbeitsplatz mit offenen Armen empfangen wurden. Ob sie eine Tätigkeit ebenso gut ausführen können wie ihre Kolleginnen, steht kaum je zur Diskussion. Im Gegenteil, aufgrund ihres Geschlechts werden ihnen tendenziell eher zusätzliche Fähigkeiten zugeschrieben. So berichten beispielsweise Männer im Pflegeberuf, wie sich das ganze Team gefreut habe, einen männlichen Krankenpfleger ausbilden zu dürfen. Und sie erzählen, wie sie jeweils speziell für die Bedienung technischer Geräte oder für das Heben schwerer Personen in Anspruch genommen würden. Bei ihnen ergibt sich jedoch ein Rechtfertigungsbedarf im außerberuflichen Umfeld – so beispielsweise gegenüber Eltern, Gleichaltrigen und Bekannten. Ein Pfleger resümiert: *"Im Beruf selber ist das Verständnis natürlich groß. Das ist klar. Das ist gegeben. Wo man es merkt ist, ich sag jetzt mal so in einer Männerrunde. Dann hast du vielleicht einen Informatiker, hast einen Banker am Tisch, so klassisch hierarchisch gestufte Männerdinger und dann kommst du und sagst: Ich arbeite in der Pflege. Dann kommt von Männerseite*

schon nicht: Oh cool, wirklich? Erzähl doch mal. Das gibt es einfach nicht und dort merkst du schon, dort gehst du vielleicht eher etwas unten durch."
Auf diese Geschlechtsspezifik im Legitimationsbedarf und die darin sichtbar werdende Hierarchisierung der Berufswelt wurde bereits in einer Reihe von Forschungsarbeiten hingewiesen. Wetterer (2002) beispielsweise dokumentiert, wie Frauen weiblich konnotierte Eigenschaften negieren, um in männertypischen Berufen als gleichwertig zu gelten. In frauentypischen Berufsfeldern hingegen grenzen sich Männer eher von weiblich konnotierten Eigenschaften ab und heben männlich konnotierte Fähigkeiten besonders hervor (vgl. hierzu auch Heintz et al. 1997).

Unabhängig davon, in welchem Kontext der Rechtfertigungsbedarf besteht und ob das untypisch Sein eine Auf- oder Abwertung der Person impliziert, zeigen die Interviews, wie Geschlecht stets erst dort thematisiert wird, wo eine Abweichung von bestehenden Normen auftritt. Besonders augenscheinlich zeigt sich dies in der Erzählung eines Krankenpflegers, der als Erstausbildung einen handwerklichen Beruf erlernt hatte: *„Dazumal in der Sekundarschule, war das einfach irgendwie so ein Credo, Männer machen irgendetwas Technisches und die Frauen einfach irgendetwas, eben in die soziale Richtung [...] dass ich gar nicht den Zugang hatte oder das gar nicht gesehen habe, dass es noch andere Sachen gibt."* Solange der Befragte den eigenen Ausbildungsweg normkonform wählte, blieb sein Geschlecht unthematisiert, und er sah sich gar nie genötigt, sich mit Geschlechternormen auseinanderzusetzen. Erst der Bruch mit den impliziten geschlechternormativen Erwartungen durch die Zweitausbildung zum Pfleger, markiert ihn im Sinne eines ‚Otherings' als abweichend und zwingt ihn, die Normabweichung zu reflektieren und zu rechtfertigen.

Die Individualitätslogik hat Geschlechternormen folglich nicht einfach zum Verschwinden gebracht, sondern Individualisierung und Geschlechternormierung bilden zusammen ein Spannungsfeld, welches in den Interviews mit jungen Erwachsenen in geschlechtsuntypischen Berufen sichtbar wird. Der Anforderung, individuell zu sein und jenen Lebensweg zu verfolgen, der zu einem persönlich passt, stehen fortbestehende implizite Annahmen gegenüber, welche Berufsfelder für Frauen und welche für Männern ‚passen'.

Aufgefordert, ihren untypischen Ausbildungsweg zu legitimieren, rekurrieren die jungen Erwachsenen wiederum auf das Individualitätspostulat als Rechtfertigungshilfe. Sie verweisen auf ihre individuellen Eigenschaften, um ihren untypischen Beruf als für sie passend zu definieren. Eine Abweichung von impliziten Geschlechternormen ist folglich nach wie vor erklärungsbedürftig. Sie lässt sich jedoch mit Verweis auf die eigenen Interessen, Talente und Fähigkeiten legitimieren.

6 Individualisierte Verantwortung

Trotz der beschriebenen Unplanbarkeit der Zukunft und dem Fortbestehen vergeschlechtlichter Normen übernehmen junge Erwachsene die volle Verantwortung für sämtliche Folgen, die ihr Ausbildungsweg nach sich zieht. Schwierigkeiten, die sich aus ihren Entscheidungen ergeben, schreiben sie stets sich selbst zu. So erzählt beispielsweise eine Interviewpartnerin, wie sie ihre Lehrstelle verlor als ihr Lehrbetrieb wegen finanziellen Problemen überraschend schließen musste. Trotz intensiver Suche gelang es ihr nicht, einen Ersatzlehrbetrieb zu finden, in welchem sie ihre Ausbildung hätte beenden können. Schließlich nahm sie eine temporäre Stelle an, um Geld zu verdienen. Nach mehreren Jahren temporärer Erwerbstätigkeit bekundet sie zunehmend Mühe, eine längerfristig tragfähige Stelle zu finden. Sie arbeitet auf Abruf, übernimmt informelle Tätigkeiten und kombiniert mehrere Teilzeiterwerbe mit informeller Kleinselbstständigkeit, um ein ausreichendes Einkommen zu erwirtschaften. In ihrer Erzählung führt sie ihre abgebrochene Ausbildung und ihre heutigen Schwierigkeiten auf dem Arbeitsmarkt weder auf die fehlende Unterstützung durch ihre Familie, ihre Lehrpersonen oder andere Auffangnetze noch auf ihr Geschlecht, ihren ausländisch klingenden Namen und damit zusammenhängende Diskriminierungen zurück. Sie sieht die Ursachen auch nicht in Unternehmen, die zunehmend Arbeit auf Abruf verlangen, oder im Staat oder der Politik, welche die Entstehung prekärer Arbeitsstellen zulassen. Sie lokalisiert die Ursache ihrer heutigen Schwierigkeiten allein in ihrer eigenen damaligen „Fehlentscheidung", nicht intensiver nach einem neuen Lehrbetrieb gesucht, sondern ohne formellen Berufsabschluss eine Erwerbsarbeit angenommen zu haben.

Analog argumentieren Befragte, die in ihren geschlechtsuntypischen Berufen auf Hindernisse stoßen. So setzen sich beispielsweise einige der befragten Männer in frauentypischen Berufsfeldern in den Interviews wiederholt mit der Frage auseinander, wie sie in ihrem Beruf ausreichend verdienen können, um eine Familie ernähren zu können: *„Wenn man eine Familie gründen möchte, ist man beinahe verpflichtet als Krankenpfleger eine Weiterbildung zu machen und zu schauen, dass man zu ein wenig mehr Geld kommt."* Sie argumentieren dabei nicht, Krankenpflege sei ein unterbezahlter Beruf, der einer finanziellen Aufwertung bedürfe, sondern nehmen das Lohnniveau ihres Berufs als gegeben hin und sehen die Verantwortung bei sich selbst, eine Tätigkeit mit besseren Verdienstmöglichkeiten zu suchen. Bereits kurz nach Ausbildungsabschluss entwickeln sie individuelle Strategien, wie sie ihre Einkommenssituation verbessern können, beispielsweise durch Weiterbildungen zum Anästhesiespezialisten, zum Rettungssanitäter oder zum Berufsschullehrer (zum so genannten Drehtüreffekt, welcher Arbeitnehmende in untypischen Tätigkeiten wieder auf geschlechtstypische Berufsfelder verweist, siehe Jacobs 1989; und für die Schweiz: Leemann und Keck 2005).

Die befragten Frauen in männertypischen Berufsfeldern antizipieren berufliche Schwierigkeiten ebenfalls häufig im Zusammenhang mit der Familiengründung. Einige von ihnen gehen davon aus, dass sie ihre gelernten Berufe als Mütter nicht mehr werden ausüben können: *„Wenn man weiß man erwartet ein Kind, also muss man dann irgendwie, kann man nicht mehr auf dem Bau arbeiten. Also ist das sicher dann, steht man vor einer großen Entscheidung. Und dann muss man dann entscheiden, wie weiter, also genau so weiter gehen, wenn Kinder da sind, kann es nicht. Weil ist nicht möglich. [...] eben vielleicht dann irgendwie noch Teilzeit was machen, vielleicht im Lager oder irgendwie im Büro oder irgendwas."* Wie dieses Zitat beispielhaft illustriert, geht die hier zitierte Elektrikerin davon aus, als Mutter auf eine andere Tätigkeit ausweichen zu müssen, in welcher Teilzeitstellen angeboten werden. Ähnlich antizipieren eine Gärtnerin ihre zukünftige Stelle an der Kasse im Gartencenter und eine Ökonomin eine teilzeitliche Beschäftigung als Finanzmanagerin für kleinere Vereine und Organisationen. Auch sie kritisieren in ihren Erzählungen nicht die Vollzeitarbeitsnorm in ihren Berufen, sondern sehen die Verantwortung bei sich selbst, eine alternative Tätigkeit zu finden, die sich mit ihren Familienplänen vereinbaren lässt.

7 Konsequenzen der Wahlfreiheitsideologie

Die Idee von individueller Verschiedenheit und Wahlfreiheit bildet in den Erzählungen der jungen Erwachsenen folglich einen machtvollen Diskurs, der ihr Selbstverständnis und die Logik ihrer Lebensplanung bestimmt. Die in Anlehnung an Foucault (1991) entwickelte Gouvernementalitätsforschung diskutiert den Individualisierungsdiskurs als Teil einer neoliberalen Regierungsweise (Lemke 2000, S. 10). Diese überträgt die Verantwortung für gesellschaftliche Probleme auf das Individuum und definiert sie zu Problemen der Selbstsorge um. In diesem Sinne impliziert Individualisierung nicht die Freisetzung von Individuen aus gesellschaftlichen Zwängen, sondern eine Verschiebung der Lenkungs- und Kontrollmechanismen von einer Fremd- zur Selbststeuerung. Der Individualisierungsdiskurs ruft die Individuen als freie Subjekte an und fordert sie auf, ihr Leben selbstverantwortlich zu gestalten. Als Konsequenz dieses Selbstverständnisses werden fortbestehende Abhängigkeiten, Zwänge und gesellschaftliche Normen ausgeblendet und in individuelle Entscheidungsprobleme umdefiniert. Wo kein Zwang besteht, eine bestimmte Wahl zu treffen, kann später auch niemand anders als man selbst dafür verantwortlich gemacht werden. Jede Kritik fällt stets auf die eigene Person zurück: Man hätte eine andere Entscheidung treffen können. Diese Logik kommt in den Interviews sehr deutlich zum Vorschein. Die jungen Erwachsenen verstehen sich als autonome Individuen, die ihre Lebenswege frei wählen können und als Folge davon auch die Verantwortung für die Folgen ihrer biographischen Entscheidungen tragen. So sehen es die Interviewpartnerinnen in männertypischen Berufsfeldern als ihr persönliches Problem, wenn ihre beruflichen Kompetenzen in Frage gestellt werden. Und Interviewpartner in frauentypischen Berufsfeldern nehmen es als gegeben hin, dass sie in ihrem Umfeld für ihre Berufswahl oft belächelt werden. Schließlich hätten sie sich aus freiem Willen für einen untypischen Beruf entschieden und damit auch gewusst, worauf sie sich einließen. Nun müssten sie sich mit den dort vorherrschenden Bedingungen eben arrangieren.

Auch strukturelle Ungleichheiten, wie beispielsweise tiefe Löhne in frauentypischen Berufsfeldern und fehlende Teilzeitstellen in männertypischen Berufsfeldern werden in dieser Logik als Konsequenzen einer freien Berufswahl individualisiert. So argumentiert beispielsweise eine Befragte auf die Frage nach Schwierigkeiten bei der Vereinbarkeit von Familie und Beruf: *„Konflikte zwischen den verschiedenen Bereichen sehe ich keine, weil ich mir sage, man macht sich das Leben immer so, wie man sich selbst bettet. Wenn man mal einen Konflikt hat [...] dann muss man ihn auch selber wieder ausbaden."* Und eine zweite konstatiert: *„Dann hast du aber mehr den Konflikt mit dir selber. [...] Ich denke, dann liegt das Problem in erster Linie bei dir."*

Aus geschlechtertheoretischer Sicht erweist sich das Selbstverständnis der jungen Erwachsenen folglich als janusköpfig. Einerseits individualisiert der Wahlfreiheitsdiskurs strukturell verankerte Ungleichheiten und fortbestehende vergeschlechtlichte Normen. So sind die Möglichkeiten, den eigenen Ausbildungsweg zu gestalten, oft sehr ungleich verteilt. Ebenso bestehen Erwartungen fort, was für Frauen und Männer passende Berufe sind. Frauen- und männertypische Berufe werden wiederum ungleich entlohnt und bieten sehr unterschiedliche Karriereperspektiven und Vereinbarkeitsmöglichkeiten. Die gesellschaftliche Verankerung dieser Ungleichheiten bleibt in der Logik der individualisierten Lebensplanung ausgeblendet. So können Individuen zwar ‚frei' aus verschiedenen lebensplanerischen Optionen auswählen, die daraus folgenden Konsequenzen gilt es jedoch zu akzeptieren. Sie werden nicht als gesellschaftliche Probleme wahrgenommen, sondern als unveränderliche Tatsachen und Sachzwänge, mit denen sich jede Person, die den entsprechenden Lebensweg wählt, individuell zu arrangieren hat. Insofern verhindert der Individualitätsdiskurs, dass fortbestehende Ungleichheiten auf gesellschaftlicher Ebene angeprangert und überwunden werden können. Er immunisiert Geschlechterungleichheiten gegen Kritik.

Andererseits erleichtert der Diskurs der individuellen Verschiedenheit und der Wahlfreiheit in der Lebensplanung es tatsächlich, Geschlechternormen zu überschreiten. Gelten Interessen und Talente nicht länger als geschlechtsgebunden, sondern prinzipiell als individuell, verliert Geschlecht seine Legitimation als soziales Ordnungsprinzip. Gemäß dem Individualitätspostulat kann niemandem qua Geschlecht eine Fähigkeit zu- oder abgesprochen werden. Zwar sind Abweichungen von fortbestehenden Geschlechternormen nach wie vor begründungsbedürftig, sie können jedoch mit Verweis auf individuelle Eigenschaften und Bedürfnisse vergleichsweise einfach legitimiert werden. Das daraus resultierende Veränderungspotenzial für die berufliche Geschlechtersegregation ist nicht zu unterschätzen.

Literatur

Beck, U. (1986). *Risikogesellschaft. Auf dem Weg in eine andere Moderne*. Frankfurt a. M.: Suhrkamp.
Beck, U., & Beck-Gernsheim, E. (2001). *Individualization: Institutionalized individualism and its social and political consequences*. London: Sage.
Buchmann, M., & Kriesi, I. (2012). Geschlechtstypische Berufswahl: Begabungszuschreibungen, Aspirationen und Institutionen. In R. Becker & H. Solga (Hrsg.), *Soziologische Bildungsforschung* (S. 256–280). Wiesbaden: Springer.
Charles, M., & Bradley, K. (2009). Indulging our gendered selves? Sex segregation by field of study in 44 countries. *American Journal of Sociology, 114*(4), 924–976.
Cornelißen, W. (2009). Die Relevanz von Geschlechterstereotypen für Berufswahlentscheidungen – eine Herausforderung für die Gleichstellungspolitik. In S. Baer, S. Smykalla, & K. Hildebrandt (Hrsg.), *Schubladen, Schablonen, Schema F – Stereotype als Herausforderung für Gleichstellungspolitik* (S. 67–88). Bielefeld: Kleine.
Estévez-Abe, M. (2011). Gender bias of education systems. *femina politica, 14*(2), 33–45.
Foucault, M. (1981). *Archäologie des Wissens*. Frankfurt a. M.: Suhrkamp.
Foucault, M. (1991). Governmentality. In G. Burchell, C. Gordon, & P. Miller (Hrsg.), *The Foucault effect. Studies in governmentality* (S. 87–104). Chicago: Chicago University Press.
Giddens, A. (1991). *Modernity and self-identity. Self and society in the late modern age*. Cambridge: Polity.
Glaser, B., & Strauss, A. (1967). *The discovery of grounded theory: Strategies for qualitative research*. Chicago: Aldine.
Heintz, B., Nadai, E., Fischer, R., & Ummel, H. (1997). *Ungleich unter Gleichen. Studien zur geschlechtsspezifischen Segregation des Arbeitsmarktes*. Frankfurt a. M.: Campus.
Herzog, W., Neuenschwander, M., & Wannack, E. (2006). *Berufswahlprozess: Wie sich Jugendliche auf ihren Beruf vorbereiten*. Bern: Haupt.
Hupka, S. (2003). Ausbildungssituation und Verläufe: Übersicht. In BFS/TREE (Hrsg.), *Wege in die nachobligatorische Ausbildung. Die ersten zwei Jahre nach Austritt aus der*

obligatorischen Schule. Zwischenergebnisse des Jugendlängsschnitts TREE (S. 33–58). Neuchâtel: Bundesamt für Statistik.

Imdorf, C. (2004). Geschlechtsspezifische Selektion bei der Ausbildungsplatzvergabe. In Schweizerische Konferenz der Gleichstellungsbeauftragten (Hrsg.), *Achtung Gender: Ausbildungsverhalten von Mädchen und Jungen Frauen. Trends und Tipps* (S. 99–112). Zürich: Verband für Berufsberatung.

Jacobs, J. A. (1989). *Revolving doors. Sex segregation and women's careers.* Stanford: Standford University Press.

Keddi, B. (2003). *Projekt Liebe: Lebensthemen und biografisches Handeln junger Frauen in Paarbeziehungen.* Opladen: Leske und Budrich.

Krüger, H. (2001). Geschlecht, Territorien, Institutionen. Beitrag zu einer Soziologie der Lebenslauf-Relationalität. In C. Born & H. Krüger (Hrsg.), *Individualisierung und Verflechtung. Geschlecht und Generation im deutschen Lebenslaufregime* (S. 257–299). Weinheim: Juventa.

Leemann, R. J., & Keck, A. (2005). *Der Übergang von der Ausbildung in den Beruf. Bedeutung von Qualifikation, Generation und Geschlecht.* Neuchâtel: BfS.

Lemke, T. (2000). Gouvernementalität, Neoliberalismus und Selbsttechnologien. Eine Einleitung. In U. Bröckling, K. Susanne, & T. Lemke (Hrsg.), *Gouvernementalität der Gegenwart. Studien zur Ökonomisierung des Sozialen* (S. 7–40). Frankfurt a. M.: Suhrkamp.

Maihofer, A., Bergman, M. M., Hupka-Brunner, S., Huber, E., Kanji, S., Schwiter, K., & Wehner, N. (2013). *Persistenz und Wandel von Geschlechterungleichheiten in Ausbildungs- und Berufsverläufen. Eine Mixed-Methods-Studie.* Basel: Schlussbericht zu Handen des Schweizerischen Nationalfonds.

Oechsle, M., Knauf, H., Maschetzke, C., & Rosowski, E. (2009). *Abitur und was dann? Berufliche Orientierungsprozesse und biographische Verläufe im Geschlechtervergleich.* Wiesbaden: VS Verlag für Sozialwissenschaften.

Schwiter, K. (2011). *Lebensentwürfe. Junge Erwachsene im Spannungsfeld zwischen Individualisierung und Geschlechternormen.* Frankfurt a. M.: Campus.

Schwiter, K., Hupka-Brunner, S., Wehner, N., Huber, E., Kanji, S., Maihofer, A., & Bergman, M. M. (2014). Warum sind Pflegefachmänner und Elektrikerinnen nach wie vor selten? Geschlechtersegregation in Ausbildungs- und Berufsverläufen junger Erwachsener in der Schweiz. *Schweizerische Zeitschrift für Soziologie, 30*(4). (in Druck).

Shell Deutschland. (2006). *Jugend 2006. Eine pragmatische Generation unter Druck.* Frankfurt a. M.: Fischer.

Teubner, U. (2010). Beruf. Vom Frauenberuf zur Geschlechterkonstruktion im Berufssystem. In R. Becker & B. Kortendiek (Hrsg.), *Handbuch Frauen und Geschlechterforschung. Theorie, Methoden, Empirie* (S. 499–506). Wiesbaden: VS Verlag für Sozialwissenschaften.

TREE Transitionen von der Erstausbildung ins Erwerbsleben. (2010). *Projekt-Dokumentation 2000–2010.* Basel: TREE.

Waitt, G. (2010). Doing foucauldian discourse analysis: Revealing social realities. In I. Hay (Hrsg.), *Qualitative research methods in human geography* (S. 217–240). Oxford: Oxford University Press.

Wetterer, A. (2002). *Arbeitsteilung und Geschlechterkonstruktion. „Gender at Work" in theoretischer und historischer Perspektive.* Konstanz: Universitätsverlag Konstanz.

„Das Richtige für einen selbst rauszufinden, ist ziemlich schwer". Normative Anforderungen in den Berufswahlprozessen und Lebensplanungen junger Frauen

Karen Geipel, Christiane Micus-Loos, Melanie Plößer und Marike Schmeck

1 Einleitung

Die Menschen werden, so Ulrich Beck, seit Ende der 1960er Jahre von einem „historisch spezifischen Individualisierungsschub" von „bislang unerkannter Reichweite und Dynamik" (1983, S. 41) ergriffen[1]. Unter Individualisierung versteht er die „Freisetzung des Individuums aus sozialen Klassenbindungen und aus Ge-

---

[1] Diese Feststellung bezog sich in den 1980er Jahren auf den Kontext der BRD. Wie es sich in der Zeit für in Ostdeutschland sozialisierte Menschen verhält, war damals kein Thema (vgl. Schütze 2000). Es zeigt sich, dass mit zeitlicher Verzögerung das Phänomen der In-

---

K. Geipel (✉)
Institut für Erziehungswissenschaft, Technische Universität Berlin, Marchstraße 23, 10587 Berlin, Deutschland
E-Mail: karen.geipel@tu-berlin.de

C. Micus-Loos · M. Schmeck
Fachbereich Soziale Arbeit und Gesundheit, Fachhochschule Kiel, Sokratesplatz 2, 24149 Kiel, Deutschland
E-Mail: christiane.micus-loos@fh-kiel.de

M. Schmeck
E-Mail: marike.schmeck@fh-kiel.de

M. Plößer
Fachbereich Sozialwesen, Fachhochschule Bielefeld, Kurt-Schumacher-Straße 6, 33615 Bielefeld, Deutschland
E-Mail: melanie.ploesser@fh-bielefeld.de

© Springer Fachmedien Wiesbaden 2015
C. Micus-Loos, M. Plößer (Hrsg.), *Des eigenen Glückes Schmied_in!?*,
DOI 10.1007/978-3-658-09133-0_6

schlechtslagen von Männern und Frauen" (Beck 1986, S. 116) und somit die Auflösung vorgegebener sozialer Lebensformen bei gleichzeitiger Institutionalisierung und Standardisierung neuer Lebenslagen. Die Menschen verlassen die vorgegebenen Bahnen der „Normalbiographie" (Beck und Beck-Gernsheim 1994, S. 11) und lösen sich bei ihren Entscheidungen, wann, wie lange und unter welchen Umständen sie mit anderen Menschen zusammenleben wollen, wann und ob sie überhaupt Kinder bekommen oder auch welche Ausbildung, welchen Beruf und Arbeitsplatz sie ergreifen wollen, von gesellschaftlichen Konventionen. Die „Normalbiographie" wird zur „Wahlbiographie" (ebd., S. 13) und damit werden, so Beck (1986), „Biographien [...] ‚selbstreflexiv'" (S. 216). Aber die verschiedenen Wahlmöglichkeiten und Entscheidungen über Ausbildung, Beruf, Wohnort, Kinder, Familie etc. *müssen* vom Individuum getroffen werden. „Die Möglichkeit der Nichtentscheidung wird der Tendenz nach unmöglich. Die Entscheidungsmöglichkeit entfaltet ein Muß, hinter das nicht ohne weiteres zurückgegangen werden kann" (ebd., S. 290 f.). Subjekte sehen sich den Anforderungen gegenüber, das eigene Leben zu planen, aus der Vielfalt von Angeboten auszuwählen und Entscheidungen zu fällen: „[D]er einzelne [wird zum] Handlungszentrum [...] in bezug auf seinen eigenen Lebenslauf, seine Fähigkeiten, Orientierungen, Partnerschaften usw." (ebd., S. 217), Selbstverwirklichung wird zum „kulturell vorgegebene[n] Zwang" (Beck und Beck-Gernsheim 1990, S. 75).

Die Wahl als ein ‚Muss' kann mit der Soziologin Eva Illouz (2011) auch als „entscheidende[s] kulturelle[s] Kennzeichen der Moderne" (S. 40) beschrieben werden. So lässt sich die Idee der Wahl als ein Ergebnis der Aufklärungsbestrebungen seit Ende des 17. Jahrhunderts verstehen, im Zuge derer das Subjekt zunehmend mit der Möglichkeit und der Anforderung konfrontiert wird, die richtigen Entscheidungen und Wahlen für sich treffen zu können und zu sollen (vgl. Salecl 2014). Die Wahl markiert damit – wie Illouz (2011) deutlich macht – die Freiheit und Individualität des Subjekts, und sie gilt deshalb als „einer der mächtigsten kulturellen und institutionellen Vektoren für die Prägung des modernen Selbst" (ebd., S. 40).

Allerdings war die Wahl zum einen zunächst nur den oberen und mittleren Klassen und zum anderen nur männlichen Subjekten vorbehalten (vgl. Salecl 2014). Die Chancen und Möglichkeiten von Mädchen und Frauen hingegen waren bis in die 1980er Jahre im Rahmen der schulischen und universitären Bildung, wie auch im Beruf, weiterhin stark eingeschränkt und begrenzt. Diese Begrenzungen der Wahl ändern sich erst in Folge der Kritik der zweiten Frauenbewegung und der

---

dividualisierung auch die Beziehungen in Ostdeutschland erfasst (vgl. Bock 2000; Szydlik 2000).

einsetzenden Bildungsreformen mit der Konsequenz, dass sich für junge Frauen das „Dasein für andere zum Anspruch auf ein Stück eigenes Leben" (Beck-Gernsheim 1983) verschiebt. Als eine wesentliche Aufgabe der Adoleszenz gilt es nun, eine Wahl hinsichtlich des Berufs zu treffen (vgl. Havighurst 1953; Fend 2001). Die Wahl des ‚richtigen' Berufes, so die Annahme des Forschungsprojektes AN(N)O 2015 „Aktuelle Normative Orientierungen, Geschlechteridentitäten und Berufswahlentscheidungen junger Frauen"[2], erfolgt dabei nicht frei, sondern unter Bezugnahme auf vorgängige Normen und innerhalb eines normativ vorstrukturierten Orientierungsrahmens. Mit Judith Butler (1991, 2001) wird davon ausgegangen, dass die Konstituierung von Subjekten und Identitäten nicht unabhängig von der Relevanz gesellschaftlicher Normen zu denken ist. Normen ermöglichen einerseits erst das Dasein von Subjekten. So stellen sie nach Butler die Bedingungen dar, unter denen sich Anerkennung vollziehen kann. Andererseits sind Normen aber zugleich regulierende Momente, die menschliches Dasein rahmen, reglementieren und beschränken. Wenn zuvor betont wurde, dass Berufswahlorientierungen junger Menschen nicht frei erfolgen, sondern innerhalb eines normativ vorstrukturierten Rahmens, so definiert sich dieser durch gesellschaftliche Normalitätsvorstellungen über mit Anerkennung verbundene Lebensentwürfe von Frauen und Männern. An diesem Punkt setzt das Projekt AN(N)O 2015 an und zielt auf die Erforschung aktueller normativer Orientierungen, die in den Berufs- und Studienwahlen von jungen Menschen, insbesondere von jungen Frauen, relevant werden. Im Rahmen der qualitativ angelegten Studie sind in den Bundesländern Hamburg, Nordrhein-Westfalen, Schleswig-Holstein und Thüringen Gruppendiskussionen zu Zukunftsentwürfen und Berufsvorstellungen mit Schüler_innen im Alter von 14 bis 19 Jahren in geschlechtshomogenen sowie -heterogenen Gruppen an Schulen mit gymnasialer Oberstufe durchgeführt worden. Im Projekt AN(N)O 2015 geht es um die Analyse „kollektiver Orientierungsmuster" (Bohnsack 2000, S. 376), die von den Schüler_innen in Bezug auf ihre Berufsplanung miteinander diskutiert und ausgehandelt werden. Mit der dokumentarischen Methode, die in der Tradition der Wissenssoziologie nach Karl Mannheim steht, interessieren Konstruktionen von Alltagspraxen, die sich vor allem in „Beschreibungen und Erzählungen, also *metaphorisch* entfalte[n]" (ebd., S. 375). In Rückgriff auf Mannheim werden schulische Sozialisationsprozesse als „konjunktive[r] Erfahrungsraum" (ebd., S. 377) angesehen: Die Schüler_innen der Gruppendiskussionen besuchen nicht nur

---

[2] Das Forschungsprojekt „AN(N)O 2015" wurde vom Bundesministerium für Bildung und Forschung und mit Mitteln des Europäischem Sozialfonds der Europäischen Union von 2011–2014 gefördert (Förderkennzeichen 01FP1187 und 01FP1118).

dieselbe Schule, sondern teilen ihren Schulalltag sowie vielfältige alltägliche Erfahrungen miteinander und wissen um gemeinsame milieu-, generations- und geschlechtsspezifische Erwartungen und Anforderungen (vgl. ebd.).

Dieser Beitrag fokussiert die Dimension ‚Wahl' im Zuge der Berufs- und Lebensplanungen junger Frauen. Anhand exemplarischer Auszüge aus den im Forschungsprojekt AN(N)O 2015 durchgeführten Gruppendiskussionen zeigt er zunächst auf, dass ‚eine Wahl (richtig) zu treffen' als Vermögen des modernen Menschen verstanden werden kann. Diese Anforderung, die richtige Wahl zu treffen, führt zu bestimmten Argumentationsfiguren, entlang derer Gründe für die Wahl herangezogen, abgewogen und ausbalanciert werden müssen. Insofern hier mit Illouz die ‚Wahl zu haben' als zentrales Kennzeichen des modernen Subjekts verstanden wird, stellt sich die Frage, *wie* sich Menschen entscheiden, mithin wie sie ihre Kompetenz unter Beweis stellen und entlang *welcher* Argumentationen und Denkfiguren sie zu einer Entscheidung zu gelangen suchen. Zur Bestimmung der Faktoren, die die Wahl beeinflussen, unterscheidet Illouz (2011) zwischen der „Ökologie der Wahl" (S. 41), die auf die gesellschaftlichen und strukturellen Begebenheiten verweist, und der „Architektur der Wahl" (S. 42). Letztere ist als kognitiver und emotionaler Entscheidungsprozess des Subjekts zu verstehen, der durch bestimmte kulturelle und normative Denkfiguren geleitet und geformt wird. Erscheint die Situation der befragten Gymnasiast_innen vor dem Hintergrund des hohen Bildungsabschlusses Abitur strukturell privilegiert, stellt sich in Anbetracht des sich bietenden Berufswahlspektrums die Frage nach den Kriterien, die eine gelungene Berufswahl versprechen, umso stärker. Denn ohne formale Zugangsbeschränkungen erhöht sich die Eigenverantwortlichkeit der Subjekte, die individuell ‚richtige' Wahl zu treffen oder aber daran zu scheitern, sollte die Wahl misslingen. Somit interessiert in diesem Beitrag vor allem, welche normativen und kulturell geprägten Denkfiguren im Rahmen der Berufswahlprozesse der jungen Frauen relevant werden: Was sind Bestandteile der Architektur der Berufswahl der jungen Frauen? Welche normativen Anforderungen spielen bei der Wahl des ‚richtigen Berufs' eine Rolle?

2 Zur Architektur von Berufswahlprozessen junger Frauen

Eine zentrale Anforderung, die sich den jungen Frauen zum Ende der Schulzeit stellt, ist die Aufgabe, den ‚richtigen' Beruf für sich zu finden und den dafür passenden ersten Schritt zu machen. Die Bewältigung dieser Anforderung wird dabei als das Treffen einer Entscheidung angesichts einer Vielzahl von Wahlmöglichkeiten verstanden. So wird auf die in den Diskussionsrunden gestellte Frage, was die Teilnehmerinnen in Bezug auf ihre Lebens- und Berufsplanungen beschäftigt, von jungen Frauen im Alter von 17 bis 19 Jahren auf diese Vielzahl beruflicher Möglichkeiten verwiesen.

Glen: Also was ich wirklich schwierig finde, bei der, also bei dem Gedanken, was in fünf Jahren sein wird, ist, dass es so eine große Auswahl gibt. Es gibt eine riesengroße Auswahl an Studiengängen, es gibt eine riesengroße Auswahl an Ausbildung, es gibt einfach an alles eine riesengroße Auswahl. Und da das Richtige für einen selbst rauszufinden, ist ziemlich schwer.
Hilal: Ja, ja
(...)
Celia: Also ich finde es ist nicht so riesengroß.
Glen: Ich find's riesig.
Mehrere: Ja, ich auch.
Celia: Also vielleicht so insgesamt, vielleicht allgemein so riesengroß. Aber ich habe mich jetzt so spezialisiert auf ein Gebiet, und da ist nicht so viel. Ich hab gerade mal wahrscheinlich höchstens vier Plätze, wo ich mich bewerben kann. Und das ist echt wenig.
Hilal: Aber wenn man noch gar nicht so weiß, oder so viele Interessen.
Mehrere: Ja, DAS könnte ich machen, das ist dann so, und DAS, und da gäbe es auch noch was.
Glen: Es gibt tausend Interessenfelder. Irgendwie, irgendwas Ästhetisches, so mit Kunst oder Schauspielerei halt. Aber doch vielleicht lieber irgendwie so was wie Kriminologie, oder dann doch lieber Management. Oder doch lieber eine Ausbildung?
Hilal: Oder doch was ganz anderes
Mehrere lachen
Hilal: Ich meine, es gibt ja so viele Sachen.
Glen: Oder vielleicht DOCH Tierpflegerin.

Im Rahmen der Diskussion bringt Glen eine Proposition ein, die ihre Schwierigkeit beschreibt, angesichts „eine[r] riesengroße[n] Auswahl" an Studiengängen oder Ausbildungen, die richtige Wahl zu treffen. Dieser Aussage wird von Hilal zugestimmt, während Celia der Aussage zunächst antithetisch mit den Worten „Also ich finde es ist nicht so riesengroß" begegnet. Glen widerspricht („Ich find's riesig") und ihre Aussage wird von den anderen Diskussionsteilnehmerinnen bestätigt. Als Reaktion gibt auch Celia im weiteren Diskussionsverlauf zu, dass die Auswahl „vielleicht so insgesamt, vielleicht allgemein so riesengroß" sei, sie selbst sich aber spezialisiert und damit die Auswahl verkleinert habe. Dass sie selbst sich aber nur auf vier Plätze bewerben könne, wird von ihr als „wenig" verstanden, so dass die Vorstellung, eine größere Auswahl sei normal, letztendlich weiter gestützt wird. Der erneute Hinweis von Glen, dass sie selber so viele Interessen habe, wird von den anderen Diskussionsteilnehmerinnen im weiteren Gesprächsverlauf, der sich durch eine hohe interaktive Dichte auszeichnet, elaboriert, indem diese ihre vielfältigen Interessen und Möglichkeiten hervorheben („Ja, DAS könnte ich machen, das ist dann so, und DAS, und da gäbe es auch noch was."). Die Inszenierung wird von Glen konkludiert („Es gibt tausend Interessenfelder") und durch das Aufzählen von spezifischen und dabei höchst unterschiedlichen Berufsfeldern konkretisiert.

In den Diskussionen mit den jungen Frauen zeigt sich, dass von diesen mittlerweile nicht mehr nur „ein Stück eigenes Leben" – wie zuvor mit Beck-Gernsheim (1983) gesprochen – erhofft, sondern im Gegenteil eine unendliche Vielzahl an Möglichkeiten erkannt wird, zwischen denen es zu wählen gilt. Mit der Betonung, dass es „so viel gibt", inszenieren sich die Schülerinnen als moderne Subjekte, die wählen können und müssen. Bestärkt wird diese Inszenierung als wählendes Subjekt sogar durch den Einwand Celias, die mit Heraushebung ihrer eigenen, als eng erlebten Wahlmöglichkeit, die normative Vorstellung einer an sich „riesengroßen Auswahl" bestätigt. Der Schritt in den Beruf wird von den angehenden Abiturientinnen mithin weder als vorgezeichnet, noch als begrenzt beschrieben, sondern als ein Prozess charakterisiert, der sich durch Wahlfreiheit auszuzeichnen scheint. Für Illouz (2011) ist die Wahl dabei das Charakteristikum des modernen Subjekts, weil sie nicht nur den Gebrauch der Freiheit impliziert, „sondern auch […] zwei Vermögen verkörpert, die den Gebrauch der Freiheit rechtfertigen, nämlich […] der Rationalität und der Autonomie" (S. 40). Mit dem Verweis auf das Vorhandensein „so vieler" Möglichkeiten, der vielfach in den Gruppendiskussionen der 17 bis 19jährigen Schülerinnen der gymnasialen Oberstufe im Rahmen der Beschreibung ihrer Berufswahlmöglichkeiten erfolgt, können beide Vermögen aktualisiert und inszeniert werden: So schwingt auch in der wiederholenden Beschreibung „so viel" beides mit: zum einen die Kompetenz, frei wählen zu können, das heißt, zwischen „so viel" Möglichkeiten autonom entscheiden zu können. Zum anderen wird ein damit einhergehender Druck angesprochen, sich angesichts der Vielfalt an Möglichkeiten (des „so viel") begründet entscheiden zu müssen.

Im Folgenden werden zwei zentrale, zum Teil auch sich widersprechende Bestandteile dieser Architektur der Berufswahl vorgestellt und diskutiert, die im Rahmen der Orientierungs- und Entscheidungsprozesse der jungen Frauen zum Tragen kommen: Die kollektive Orientierung an Spaß auf der einen und die Ausrichtung der Wahl an dem Kriterium der ökonomischen Sicherheit auf der anderen Seite.

2.1 „Wenn ich an die Zukunft denke, denke ich [...] ich will was machen, was mir Spaß macht" – *Spaß* als normative Bezugsgröße in der Architektur der (Berufs-)Wahl

‚Spaß' ist ein Begriff, der in den Schilderungen der Gymnasiastinnen in den Gruppendiskussionen immer wieder auftaucht, wenn es um Vorstellungen von und Erwartungen an eine zukünftige berufliche Tätigkeit geht. Damit bestätigen sich die Befunde einer Reihe empirischer Studien zum Berufsorientierungsprozess von Jugendlichen, die Spaß als ein zentrales Kriterium bei der Entscheidungsfindung herausstellen (vgl. u. a. Lemmermöhle-Thüsing 1990; Dimbath 2003; Calmbach et al. 2012). In der Regel wird die Bedeutung dessen, was im jeweiligen Kontext konkret mit Spaß gemeint ist, von den Jugendlichen nicht näher erläutert[3], was im Sinne Mannheims auf ein kollektiv geteiltes Alltagsverständnis zurückgeführt werden kann. Allgemein betrachtet ist Spaß grundlegend positiv besetzt und bezeichnet laut Duden (2014, o. S.) unter anderem auch „Vergnügen, das man an einer bestimmten Tätigkeit hat". Im erweiterten Sinn steht Spaß damit im Zusammenhang mit unmittelbar lustvollen und angenehmen Empfindungen, gekoppelt an individuelle Vorlieben (vgl. Schmid-Thomae 2012). In der individualisierten Gesellschaft stellt die Erwartung, Spaß im Beruf zu haben, ein anerkanntes und sozial erwünschtes Entscheidungskriterium dar. Dabei geht es weniger um eine hedonistische Ausrichtungen als vielmehr um das Erleben der beruflichen Tätigkeit als sinnvoll und zufriedenstellend, in Übereinstimmung mit individuellen Fähigkeiten, Interessen und Bedürfnissen (vgl. Dimbath 2003; Schmid-Thomae 2012). Somit ist Spaß auch als ein gesellschaftlich legitimiertes Argument zur Begründung der eigenen Berufswahl zu begreifen, durch das meist weitere „Begründungszwänge" (Dimbath 2003, S. 241) entfallen. Vor diesem Hintergrund kann Spaß als eine normative Orientierungsgröße begriffen werden (vgl. Geipel et al. 2012), der die Anforderung einer affektiven Bindung an die Berufsarbeit inhärent ist. Wie viel Konstruktions- und „Gefühlsarbeit" (Hochschild 1990, S. 73) notwendig sind, um der „Gefühlsnorm" (ebd.) ‚habe (beständig) Spaß' gerecht zu werden, zeigt Arlie Russell Hochschild für verschiedene Berufsfelder auf. Solche „Gefühlsnormen" sind mit „Ansprüchen und Verpflichtungen" (ebd.) verbunden, um die die heranwachsenden Frauen wissen und die es bei der Berufsplanung zu berücksichtigen gilt. Im Folgenden wird anhand exemplarischer Auszüge aus dem empirischen Material konkretisiert, welche Bedeutungsdimensionen sich in den Schilderungen der Schülerinnen dokumentieren.

---

[3] Nach Dimbath (2003) erweckt der Spaß-Begriff damit „den Anschein einer Leerstelle für alle möglichen sinnstiftenden, aber oft nicht näher explizierten Sachverhalte" (S. 239).

,Spaß-Haben' fungiert angesichts der Fülle an Wahlmöglichkeiten für die befragten angehenden Abiturientinnen als Indikator bei der Wahl des vermeintlich ‚richtigen' Berufs.. Dabei erscheint diese Anforderung an den Beruf vor dem Hintergrund von Zeitlichkeit besonders brisant. Denn der Beruf wird als etwas begriffen, dass es dauerhaft, nahezu für immer zu wählen gilt, scheinbar ohne die Möglichkeit der Revision:

Elena: Ich finde voll wichtig, die Auswahl vom Job. Weil, wenn ich überlege, dass ich das SO lange mache und dann, wenn mir nach zwei Jahren der Job schon keinen Spaß mehr macht, boah, das ist voll schwer, das Richtige auszuwählen.

Die Architektur der Wahl offenbart sich hier als normative Anforderung, kontinuierlich Spaß am Beruf zu haben. Indem die Berufswahl danach getroffen wird, ob sie Spaß verspricht, entsteht ein affektiver und gefühlsgeladener Bezug zur Berufsarbeit. Der normative Anspruch, ‚immer Spaß an der Arbeit zu haben' beinhaltet demnach die Erwartung, Berufsarbeit nicht als „Mühsal und Disziplinierung"[4] (Becker-Schmidt und Krüger 2009, S. 13 f.), sondern zuvorderst als individualisiertes Vergnügen zu erleben. Gleichzeitig ist der positiv geladenen Bedeutsamkeit, die dem Spaß-Erleben seitens der Schülerinnen im Kontext ihrer Berufsfindung beigemessen wird, auch eine negative Dimension inhärent. So wird im Umkehrschluss die Möglichkeit etwas zu tun, das keinen Spaß macht, zum Ausdruck individuellen Scheiterns stilisiert. Keinen Spaß im Beruf zu haben, gefährdet die eigene Subjektposition und kann dazu führen „zugrunde zu gehen":

Amina: Nein, keine Ahnung, deswegen ist es ja auch so wichtig, dass man nen Job findet, der einem Spaß macht. Wenn du hinterher so lange arbeiten musst.
Conni: Ja.
Amina: ((lacht)) Ey, ganz ehrlich.
Derya: Hmhm
Amina: Ich könnt mir das NIEMALS vorstellen, so was zu machen, woran ich echt keinen Bock hätte ((lacht)). Ich glaub, ich würd richtig zugrunde gehen.

---

[4] Aufgrund der Veränderbarkeit individueller Interessen und Vorlieben betont Dimbath, dass Spaß als Motiv der Berufswahl nur dem *aktuellen* Wissensstand über die eigene Identität entsprechen kann. So fordern individualisierte Entscheidungssituationen von den Subjekten, „dass die Entscheidung dann als ‚richtig' zu interpretieren ist, wenn sie den *gegenwärtig* relevanten Schemata des Selbstkonzeptes entspricht" (2003, S. 241) [Hervorh. d. Verf.].

Wie die voranstehenden Ausführungen gezeigt haben, erweist sich die Differenz ‚Spaß' versus ‚Nicht-Spaß' als zentrale Kategorie, entlang derer über eine gelungene Berufswahl und ein zufriedenstellendes Leben entschieden wird. Das heißt, der Beruf ist dann richtig gewählt, wenn er den individuellen Neigungen, Bedürfnissen und Dispositionen entsprechend Spaß bereitet. Mit dieser Verknüpfung zeigt sich nun aber die Orientierung an Spaß als durchaus ambivalent. Einerseits bietet diese die Möglichkeit sowohl der Inszenierung als auch der Anerkennung als modernes, kompetentes und autonomes Subjekt. Andererseits birgt sie das Risiko des Scheiterns, sollte kein Spaß empfunden werden. Darüber hinaus kann eine Orientierung an Spaß als äußerst voraussetzungsvoll verstanden werden, denn sie erfordert das (Er-)Kennen eines inneren, vermeintlich konstanten Selbst. Das heißt, das Subjekt muss sich kennen, um zu einschätzen zu können, was ihm (im Beruf) Spaß machen könnte. Dabei kann Spaß-Haben als Indikator dienen, der anzeigt, welche Tätigkeit dem eigenen Selbst entspricht. So führt auch Oliver Dimbath (2003) in seiner Studie über den Zusammenhang von (Berufswahl-)Entscheidung und Individualisierung das Kriterium ‚Spaß' auf den „Wunsch nach Authentizität" (S. 241) zurück. Gleichzeitig erweist sich Spaß „als ein Symbol für die Passung mit Reflexionen über den nur begrenzt zugänglichen subjektiven Erfahrungszusammenhang" (ebd.), wie auch die folgende Sequenz verdeutlicht:

Frida: Ja, ich würd das eigentlich so ähnlich sehen [...], dass man einfach mit dem, was man macht, dass, äh, dass einen das irgendwo erfüllt und dass einem das auch Spaß macht. Und, äh, dass man sich in diesem Beruf dann auch wiederfindet und nicht, äh, so das Gefühl hat, eigentlich gefällt mir das überhaupt nicht, was ich mach und es passt überhaupt nicht zu mir, sondern einfach, dass, dass einem, dass das so einen selbst widerspiegelt.

Hinter der Erwartung Spaß im Beruf zu haben, offenbart sich hier das Bestreben, den Beruf in Einklang mit der eigenen Identität zu bringen und damit authentisch zu sein. So beschreibt bereits Heiner Keupp et al. (2006), dass die Zugehörigkeit zu einer bestimmten Berufsgruppe oder einem bestimmten Betrieb von einer „an bestimmten Arbeitsorientierungen, individuellen Kompetenzen und Sinn-Ansprüchen festgemachten Arbeitsidentität" (S. 128) abgelöst wird. Jugendliche, so Keupp et al., „wollen nicht Spaß statt Arbeit, sondern Arbeit, die Spaß macht" (ebd.). Die Antizipation von Spaß kann dabei als Anhaltspunkt dienen, von dem auf eine Übereinstimmung des Selbstbildes mit beruflichen Anforderungen geschlossen werden kann. Was Illouz für die Partner_innenwahl herausarbeitet, lässt sich hier auf die Berufswahl übertragen, nämlich, dass die geforderte Orientierung an Empfindungen und Emotionen „eine rationale Form der Introspektion [erfordert], ergänzt um ein essentialistisches (authentisches) Regime der emotionalen Entscheidungsfindung, bei dem die Entscheidung, [...], auf der Grundlage, emotionaler Selbstkenntnis sowie der Fähigkeit, Gefühle in die Zukunft zu projizieren, getroffen werden muß" (Illouz 2011, S. 174 f.). Darüber hinaus ist dem Streben nach Selbsterkenntnis noch ein weiteres Dilemma inhärent: Wird in den Gruppendiskussionen deutlich, dass die jungen Frauen unter dem Druck stehen, sich selber zu kennen, sich selber richtig einzuschätzen, zu wissen, wer sie sind, um daraufhin entscheiden zu können, was für alle Zeiten der richtige Beruf für sie sein könnte, steht diesem Anspruch auf Beständigkeit aber ein Wissen um die Veränderlichkeit des Selbst, d. h. der persönlichen Interessen und Neigungen, entgegen:

Diara: Ja, ich denke, was mich auch immer noch zusätzlich beschäftigt, ist halt die Frage, was ich machen will? Nicht nur, dass es mir halt Spaß macht, sondern dass es wirklich was ist, was ich mein ganzes Leben mache. Also wo man eben immer darüber nachdenken muss, was mir jetzt Spaß macht und dass, ob das so was Bleibendes ist oder ob das irgendwas ist, was sich halt, äh, in zehn Jahren erledigt hat, wo man dann da auch mal genug von hat. Also dass es irgendwas ist, was wirklich
Emma: Ja.
Diara: ein Leben lang Spaß macht.

Um der Anforderung der Selbsterkenntnis zu begegnen, werden von den jungen Frauen nun verschiedene Strategien verhandelt. Eine Möglichkeit bietet ein Moratorium in Form eines Auslandsjahres.

Sabah: Ich glaub, das, was Bente vorhin gesagt hat, ist ganz richtig, dass man erst mal sich selber finden muss, weil ich hab, ähm, mit Arbeitskollegen mich unterhalten, die alle, ähm, nach, nach ihrem Abitur erst mal gejobbt haben, ein Auslandsjahr gemacht haben und was weiß ich, und im Endeffekt waren DIE, ähm, besser dran als die ich kenne, die direkt ins Studium gegangen sind, weil die meisten das abgebrochen haben, nicht damit zufrieden sind. Und die haben sich besser kennengelernt und die wissen einfach, wer sie SIND und was sie wollen und das machen sie dann auch. Und das kriegt man, meiner Meinung nach, auch BESSER hin, wenn man wirklich an dem Punkt ist, als wenn man so was Halbes anfängt.

Hier wird der Aufschub der Berufswahlentscheidung durch die Notwendigkeit legitimiert, das eigene Selbst, mithin die eigenen Wünsche und Bedürfnisse zu ergründen, um eine nahhaltig fundierte und gelingende Wahl treffen zu können.

Zusammenfassend verdeutlicht die Analyse der Gruppendiskussionen einerseits, dass Spaß als normatives und dabei individualisierendes Orientierungsmuster zu begreifen ist, mit der sowohl der wahrgenommenen Angebotsfülle als auch dem Anspruch begegnet wird, sich dauerhaft für *einen* Beruf zu entscheiden und sich in diesem authentisch zu fühlen. Damit erweist sich Spaß als ein zentraler Bestandteil der Architektur der (Berufs-)Wahl, dem eine wirkmächtige und identitätsrelevante Dimension inhärent ist. Während die Orientierung am Kriterium Spaß den jungen Frauen Möglichkeiten der Selbstinszenierung als modernes und kohärentes Subjekt bietet, impliziert sie die normative Erwartung in der Phase des Übergangs von der Schule in den Beruf ein konstantes Selbst herausgebildet zu haben und dieses zu (er)kennen (vgl. Dimbath 2003), um auf dieser Grundlage einen Beruf zu wählen, der dann beständig Spaß bereitet. Gleichzeitig werden in dem Bewusstsein über die Variabilität individueller Dispositionen Grenzen und Widersprüche sichtbar. Darüber hinaus beinhaltet die Orientierung an Spaß auch die Gefahr des individuellen Scheiterns, sollte die „Aspiration ‚Spaß'" (ebd., S. 239) nicht realisiert werden[5].

2.2 „Geld spielt einfach eine große Rolle [...], weil man will ja einen gewissen Lebensstandard haben" – *Ökonomische Sicherheit* als normative Bezugsgröße in der Architektur der (Berufs-)Wahl

Bisher konnten als zentrale Merkmale der Architektur der Wahl das Kriterium Spaß sowie die damit verwobene Anforderung der (Er-)Kenntnis des wahren Selbst herausgestellt werden. Standen damit bisher eher affektive, selbstbezogene und gefühlsbetonte Momente im Vordergrund, kommt im Folgenden mit dem Aspekt der ökonomischen Absicherung ein neues Moment hinzu, das mit der Orientierungsfigur Spaß in Konflikt stehen kann. So werden Entwürfe, in denen die affektiv ausgerichtete Orientierung an Spaß betont wird, durch eine gleichzeitige Orientierung an ökonomischer Sicherheit und Unabhängigkeit flankiert und begrenzt, wie der folgende exemplarische Ausschnitt zeigt:

Felina: Ich will eigentlich, dass meine, dass mein Beruf, den ich später ausübe, dass der mir Spaß macht, weil es gibt auch so 'ne, so ein Sprichwort, das

---

[5] Dimbath (2003) verweist in seiner Studie auf Interviewpassagen, in denen die „Abwesenheit von Spaß" (S. 239) im Beruf als eine „freudlose Lebenssituation, eine todesartige und irreversible Lähmung" (ebd.) erscheint.

heißt, wovon, ich weiß gar nicht, ähm, mach das oder tue das, was du, was du liebst und dann wirst du nie arbeiten. Also und das möchte ich mir eigentlich auch so ein bisschen zu Herzen nehmen. Jedoch andererseits kommen dann auch diese Existenzängste dazu, sag ich mal, dass es halt wirklich so ist, oh, ich studier jetzt das, was ich, was ich, was mich interessiert, was ich toll finde und dann steht man dann nachher, brotlose Kunst, das hört man ja öfter mal. Ähm, ja, das find ich so ein bisschen, das begleitet mich.

Tanja: Ja, ich bin da auch echt deiner Meinung, weil's halt auch immer die Frage ist, und Geld spielt einfach eine große Rolle hier, weil man, wenn man studiert, wo man nachher, weil man will ja einen gewissen Lebensstandard haben und wenn man das, also finde ich persönlich, also ich würd nachher nicht irgendwie noch Hilfe vom Staat kriegen müssen, weil, gehen wir einfach davon aus, mein Traumberuf wär, Friseur zu werden, und klar gibt es gut verdienende Friseure, die irgendwie Profistyler sind oder irgendwelche berühmten Menschen frisieren, aber, ich sag mal, die Chance, da hinzukommen ist ja so minimal, dass man sich das da lieber zehnmal überlegen sollte, ob man den Weg ja auch einschlagen will.

Kadin: Hmhm.

Die Anforderung, einen Beruf entsprechend der eigenen (Freizeit-)Interessen und Vorlieben zu wählen („mach das [...] was du liebst"), die Felina als Proposition in die Diskussion einbringt und die sie dabei auch als persönlich angestrebte Orientierungsgröße benennt („das möchte ich mir eigentlich auch so ein bisschen zu Herzen nehmen"), wird durch den Einwand des Hinzutretens von „Existenzängste[n]" differenziert. Vor dem Hintergrund einer zeitlichen Dimension, die durch eine Unterscheidung zwischen dem gegenwärtigen Moment („studier *jetzt* das") und Zukünftigem („dann steht man dann *nachher*") gekennzeichnet ist, tritt zu dem Kriterium, die (Berufs-)Wahl primär an „Spaß" auszurichten, eine ökonomische Rationalität als weiteres normatives Entscheidungsmoment hinzu. „Brotlose Kunst" zitiert Felina ein Narrativ, das hier metaphorisch stellvertretend für eine an Spaßempfinden und aktuellen Interessen ausgerichtete Berufs- und Studienwahl verwendet wird, die weniger einer ökonomischen Logik folgt. Mit dieser Klassifikation von Berufen wird zugleich eine an der Bezugsgröße ‚Spaß' oder an gegenwärtigen Interessen ausgerichtete Wahl als perspektivlos und ungeeignet für die spätere Sicherung der eigenen finanziellen Existenzgrundlage (ab)gewertet. Dass sich Jugendliche in dem Prozess der Berufswahl mit verschiedenen, parallel existierenden normativen Konzepten konfrontiert sehen, wird nicht nur in Felinas Verweis auf „so ein Sprichwort" deutlich, sondern auch in dem Hinweis, dass nicht nur sie selbst, sondern junge Menschen allgemein im Prozess der Berufswahl wiederholt dem Narrativ der „brotlose[n] Kunst" zu begegnen scheinen („das hört man ja öfter mal"). Felina und Tanja bringen damit zum Ausdruck, dass sich die jungen Frauen mit normativen Anforderungen konfrontiert sehen, gemäß derer Berufe vor allem auch der zukünftigen ökonomische Absicherung zu dienen haben.

Während Felina zunächst beide normativen Konzepte im Übergang Schule – Beruf als bedeutsam („das begleitet mich"), jedoch in einem spannungsreichen Verhältnis zueinander stehend markiert, wird mit Tanjas anschließendem Redebeitrag die Orientierung an ökonomischen Kriterien noch einmal stärker gewichtet und plausibilisiert. So schließt Tanja validierend an Felinas Beitrag an und unterstreicht die hohe Relevanz des zuvor in den „Existenzängsten" und der „brotlose[n] Kunst" angeklungenen Kriteriums der ökonomischen Absicherung. Sie bringt mit ihrer Proposition die ubiquitäre Bedeutung von „Geld" ein. Die starke Gewichtung dieses Kriteriums scheint begründungspflichtig – so führt die junge Frau zunächst den verallgemeinerten Wunsch nach einem „gewissen Lebensstandard" an und charakterisiert diesen dann als ihren persönlichen Entwurf, innerhalb dessen der Bezug staatlicher Unterstützungsleistungen nicht vorgesehen ist („also ich würd nachher nicht irgendwie noch Hilfe vom Staat kriegen müssen"). Die Bedeutsamkeit der Orientierung an ökonomischen Kriterien gegenüber einer Orientierung an persönlichen Vorlieben kommt weiter mit dem von Tanja exemplarisch eingebrachten fiktiven Berufsentwurfs aus dem Niedriglohnsektor zum Ausdruck („gehen wir einfach davon aus, mein Traumberuf wär, Friseur zu werden"). Auch wenn potenziell ein Aufstieg in der Status- und Einkommenshierarchie des Friseur_innenberufs möglich sei („irgendwie Profistyler"), lassen die geringen Chancen eine an den eigenen Interessen ausgerichtete Wahl in diesem Fall zweifelhaft, wenn nicht irrational erscheinen („dass man sich das da lieber zehnmal überlegen sollte").

In Verbindung der (Berufs-)Wahl mit einer zeitlichen Perspektive („jetzt [...] nachher") scheint sich die Gewichtung der normativen Kriterien zu verschieben. So wird die starke Relevanz des Aspektes, die eigene Wahl an ökonomischer Sicherheit auszurichten, in verschiedenen Abgrenzungsfiguren deutlich, die die jungen Frauen in ihren Zukunftsentwürfen diskutieren und über die zugleich das Bild eines souveränen, allein-verantwortlichen weiblichen Subjekts konstruiert wird. Im Folgenden werden verschiedene dieser Gegenhorizonte und Differenzkonstruktionen aufgezeigt, in denen sich die Orientierung der jungen Frauen an einer eigenen ökonomischen Absicherung über die Abgrenzung von verschiedenen als nicht „intelligibe[l]" (Butler 1991, S. 38) markierten Weiblichkeitsentwürfen konkretisiert und weiter legitimiert. So wird eine Orientierung an dem Kriterium der ökonomischen Absicherung – wie die folgende Sequenz zeigt – etwa in dem Streben nach finanzieller Unabhängigkeit vom ‚männlichen Familienernährermodell' sichtbar.

Nina:	Ähm, dann sagen halt manche, ja, äh, mein Mann, der, der verdient GE-NUG, ne, ich bin ja zu Hause und das kann ich nicht, weil
Elena:	Das könnte ich nicht, nein.
Anne:	Hmhm
Marie:	ich möcht auf jeden Fall un-, unabhängig sein und, ähm
Leonie:	Ja und vor allem, wenn die dann nicht mehr zusammen sind irgendwann
Marie:	Ja.
Leonie:	dann ist es, dann ist es GANZ schlimm.
Nina:	Ja.
Leonie:	Dann sind sie nämlich von ihrem Mann abhängig.
Nina:	Ja.
[...]	
Leonie:	weil ich SCHON mein eigenes Geld verdienen möchte. Ich möchte NIE bei Jemanden dann fragen müssen, ob ich mir jetzt ein Paar Schuhe kaufen kann.
Nina:	Ja.
Leonie:	Also ich möcht das alles SELBST bezahlen. Und wenn ich eben nicht arbeite, dann KANN ich das eben nicht selbst.
Marie:	Ja.
Leonie:	Dann muss ich immer fragen ...
Anne:	Hmhm
Leonie:	darf ich jetzt in ne Stadt gehen und mir was von deinem Geld KAUFEN?
Elena:	Ja ((lacht)).
Leonie:	Das find ((lacht)) ich total blöd, also das ...
Elena:	Nee, das
Leonie:	möcht ich auf keinen Fall.
Anne:	Ja.

Die Orientierung an dem Kriterium der ökonomischen Absicherung wird in diesem Ausschnitt in Form eines Gegenentwurfs zu einem antizipierten Abhängigkeitsverhältnis von einem männlichen Alleinverdiener deutlich, aus dem es herauszutreten gilt. So wird von Nina die Proposition eingebracht, dass sie das von „manche[n] profilierte Modell des männlichen Familienernährers nicht leben könne („und das kann ich nicht"). Das Streben nach einer eigenen (finanziellen) Unabhängigkeit wird weiterhin in dem sehr klar von Marie vorgebrachten Wunsch („ich möcht auf jeden Fall un-, unabhängig sein") validiert und auch von Leonie bestätigt.

Plausibilisiert wird die starke Orientierung unter Rückgriff auf das Beispiel einer potentiellen Trennung bzw. Scheidung, über die das bestehende Abhängigkeitsverhältnis verschärft würde („Dann sind sie nämlich von ihrem Mann abhängig"). Dass die eigene lebenslange Erwerbstätigkeit nicht allein als Möglichkeit benannt wird, ökonomische Sicherheit für den imaginierten Fall von Beziehungsabbrüchen zu sichern, sondern *grundsätzlich* als Unabhängigkeit vom männlichen Partner angestrebt wird, zeigt sich in Leonies weiteren Ausführungen („ich möchte NIE bei jemandem dann fragen müssen [...] also ich möchte das alles SELBST bezahlen"). Eine Situation finanzieller Abhängigkeit, in der um Erlaubnis nach dem Verfügen über finanzielle Mittel. gefragt werden muss, wird als klarer Gegenhorizont entworfen. Das kollektive Streben nach eigener finanzieller Souveränität in den Zukunftsentwürfen kommt noch mal in der Konklusion von Leonie zum Ausdruck, in der sie sich klar von einer finanziellen Abhängigkeits- und Unmündigkeitssituation abgrenzt: „Das find ich total blöd [...] das möcht ich auf keinen Fall". Im Kontrast zu dem Kriterium Spaß und damit einer stärker emotionsbezogenen Orientierung, entwerfen sich die jungen Frauen bei der Orientierung an einer eigenen ökonomischen Absicherung als Subjekte, die ihre Wahlen rational und verantwortungsvoll treffen. Die daraus erwachsende rational agierende Figur der selbstständigen und unabhängigen Verdienerin, die aktiv nach der Sicherung eigener ökonomischer Ressourcen strebt (vgl. dazu auch Schwiter 2011), wird dabei – wie die beiden folgenden Sequenzen zeigen – ebenfalls über die Abgrenzung von einer Existenzweise als Hausfrau bestärkt und konkretisiert.

Nina: Ich zum Beispiel find aber auch, dass manche halt immer, dieses Kinderkriegen sehen manche halt auch schon als Beruf so
Elena: Ja.
Nina: ... und so. Ich find das ganz schrecklich, weil ...
Helen: Ja ((lacht))
Olga: Ja.
Elena: Ich auch.

Über die klare Distinktion von Frauen, die prioritär für die Fürsorge von Kindern und häusliche Reproduktionsarbeit aufkommen und diese Tätigkeiten „auch schon als Beruf" begreifen, tritt sowohl das Streben der jungen Frauen nach einer eigenen entlohnten Berufstätigkeit deutlich hervor, als auch eine normative Haltung demgegenüber, was als „Beruf" (nicht) anerkannt und akzeptiert wird. Als „schrecklich" werten die jungen Frauen kollektiv solch eine Lebenslage, in der die Kinderfürsorge den primären Lebensinhalt darstellt und distanzieren sich damit deutlich von der traditionellen weiblichen Geschlechtsrolle. Die Perspektive, im Anschluss an die Schulzeit unmittelbar und dauerhaft Hausfrau und Mutter zu werden, wird als nicht-anerkannter Zukunftsentwurf zurückgewiesen und scheint quasi unsagbar:

Kadin: man kann jetzt nicht sagen, och, ich werd eh Hausfrau, mach ich also gar nichts, also mach ich nur Party oder so was.

In der Aussage Kadins fungiert die Figur der „Hausfrau", die „gar nichts" oder „nur Party" macht, in dem Streben nach ökonomischer Absicherung als Abgrenzungsfolie und wird über Zuschreibungen abwertend als das „Andere" konstruiert. Mit Judith Butler gesprochen kann solch ein Lebensentwurf als Hausfrau, der „Kinderkriegen [...] als Beruf" vorsieht, als nicht „intelligibe[l]" (1991, S. 38) beschrieben werden. Damit wird die entworfene Position eines selbstständigen, aktiven, berufstätigen weiblichen Subjekts, das „was gemacht" hat, einmal mehr gestärkt und die eigene Berufstätigkeit als Möglichkeit der Eigenverantwortung, individuellen Selbstverwirklichung und finanziellen Souveränität begründet. Von den jungen Frauen wird also „nicht mehr nur erwartet, einen Beruf auszuüben. Stattdessen sollen sie das Verdienen des eigenen Lebensunterhalts als höchste Priorität setzen und so ihren sozialen Status verbessern, ihre finanzielle Unabhängigkeit sicherstellen und sich den Zutritt zu der Welt weiblicher Güter und Dienstleistungen erarbeiten" (McRobbie 2010, S. 109).

Obwohl sich die jungen Frauen von dem Modell der „Hausfrau" abgrenzen, wird die starke Orientierung an ökonomischer Absicherung und Unabhängigkeit im Zuge der zu treffenden Berufswahlen vor allem im Zusammenhang mit der Thematisierung von zukünftiger Mutterschaft relevant gemacht. Fürsorge von Kindern wird nicht grundsätzlich abgelehnt. Vielmehr wird mit der Vorstellung von der (Allein-)Verantwortung für die ökonomische Absicherung der imaginierten eigenen Kinder, eine zunächst primär an Spaß ausgerichtete Orientierung in der Berufswahl im Diskussionsverlauf entkräftet:

Marie: Also dass man genug Geld hat, um ne Familie durchzubekommen, aber nicht zu viel Zeit weg ist und, ja
Elena: Ja, ich denke, das ist auch total wichtig. Das Erste ist halt, okay, ich will en Job, ich will ne feste Anstellung, wo ich dann auch wirklich ein FESTES Gehalt habe, damit ich so die Sicherheit habe. Aber es soll dann auch schon genug sein, dass ich dann irgendwie meinen Kindern später auch was ermöglichen kann, und dass wir dann nicht immer irgendwie so auf den letzten Drücker oder so dann da grade so die Euros zusammen-

kratzen müssen oder so, sondern dass man einfach irgendwie wirklich so ne Sicherheit hat und dann gut für sich sorgen kann.

In dieser Sequenz wird das Streben nach ökonomischen Ressourcen („ich will […] ein FESTES Gehalt, damit ich so die Sicherheit habe") nicht nur als persönliche Absicherung relevant gemacht, sondern auch in Verbindung mit Familie und Mutterschaft thematisch und von Marie und Elena mit normativen Vorstellungen guter Mutterschaft begründet. Es geht darum, perspektivisch den eigenen Kindern alleinverantwortlich „was ermöglichen" zu können. Diese Anforderung setzt in der Konsequenz ein Streben nach beruflichem Erfolg und Aufstieg voraus. Wie dies jedoch handlungspraktisch realisiert und die Ermöglichung materiellen Konsums alleinverantwortlich gewährleistet werden kann – ohne „zu viel Zeit" von den Kindern getrennt zu sein – scheint „irgendwie" noch relativ diffus. In Frage zu stehen scheint also weniger, *ob* die Orientierung an ökonomischen Ressourcen ein gewichtiges Kriterium im Prozess der (Berufs-)Wahl ist, als die Realisierungsmöglichkeit und Inhalte, die mit dieser normativen Anforderung verbunden sind.

Mutterschaft und Berufstätigkeit bzw. finanzielle Unabhängigkeit schließen sich also nicht aus, sondern bedingen vielmehr einander. So wird in den Entwürfen der jungen Frauen mit dem Streben nach ökonomischer Sicherheit ein weibliches Subjekt konstruiert, das selbstständig und allein-verantwortlich für Kinder und das häusliche Leben gedacht wird. Eine gute Mutter wird hier – wie über die vorangehend dargestellten Abgrenzungsfolien deutlich wurde – als finanziell verantwortungsvoll, vorausschauend („nicht immer irgendwie so auf den letzten Drücker") und souverän entworfen. Für die eigene ökonomische Absicherung aufzukommen, wird in den Diskussionen der jungen Frauen also sowohl als Wunsch als auch als normative Anforderung und Bedingung – insbesondere im Zusammenhang mit Mutterschaft – thematisch. Das heißt, Mutterschaft wird hier gerade nicht als solidarisches Modell verstanden, das bestimmte Abhängigkeiten – zum Beispiel eine gegenseitige finanzielle Unterstützung der Sorgenden – impliziert, sondern im Gegenteil eine individuelle ökonomische Unabhängigkeit notwendig macht. Mutterschaft erweist sich also dann als intelligibel, wenn sie von den Frauen selbst ökonomisch gesichert ist und Unabhängigkeit vom Partner impliziert.

3 Fazit

Wie in der Analyse der Sequenzen aus den Gruppendiskussionen deutlich wird, beinhalten die vermeintlich unbegrenzten Wahlmöglichkeiten, die sich den Gymnasiastinnen bezüglich ihrer beruflichen Orientierung bieten, eine Reihe von Möglichkeiten und Chancen wie auch Herausforderungen und Zwänge. Die ‚Wahl zu haben' befähigt die jungen Frauen einerseits dazu, sich im Sinne von Illouz (2011) als autonom entscheidendes Subjekt der Moderne zu inszenieren und stellt sie gleichzeitig unter Druck, eine Wahl treffen zu *müssen* und diese anhand anerkannter Begründungszusammenhänge als individuell *richtig* zu legitimieren. So stellt die Aufgabe, den ‚richtigen' Beruf zu wählen, eine gesellschaftliche Anforderung dar, die von den jungen Frauen zum einen als lustvoller Ausdruck des modernen Selbst verstanden wird – im Sinne von ‚ich kann wählen, also bin ich modern und privilegiert im Gegensatz zu denen, die das nicht können', zum anderen aber gleichzeitig als Druck erlebt wird, unbedingt die ‚richtige' Wahl treffen zu müssen. Als zwei zentrale, dabei teils divergierende Entscheidungskriterien in der Architektur der Wahl können die normative Orientierung an *Spaß* sowie die Ausrichtung an *ökonomischer Sicherheit* herausgestellt werden. Beide Argumentationsfiguren erweisen sich dabei als vielschichtig hinsichtlich ihrer Bedeutungs- und Anforderungsdimensionen.

Die normative Anforderung, das Recht auf eine eigenständige Lebensplanung einzufordern und das eigene Selbst zu verwirklichen, wie sie Beck-Gernsheim (1983) im Zuge der Individualisierung von Lebensläufen als kulturelle Vorgabe gerade auch für heranwachsende Frauen benennt, spiegelt sich in der Suche nach Authentizität in der Berufswahl wider. Als Voraussetzung für die Passung von Beruf und Identität erweist sich dabei ein Wissen um das eigene Selbst. Spaß kann in diesem Zusammenhang als ein Indiz für die Konvergenz von Identität und beruflichem Profil gedeutet werden und gilt damit als anerkanntes Entscheidungskriterium[6]. Doch vor dem Hintergrund, dass die Berufswahl als ein lebenslaufrelevanter Entscheidungsprozess zu begreifen ist, werden die Subjekte nicht nur mit der normativen Anforderung konfrontiert, das eigene Selbst in der Gegenwart zu (er)kennen, sondern auch für die Zukunft zu entwerfen. Das heißt, sie müssen nicht nur entscheiden, welche Tätigkeit ihrem gegenwärtigen Selbst entsprechend Spaß verspricht, sondern bereits vor Eintritt ins Berufsleben antizipieren, welche Tätigkeit diesem Anspruch auch zukünftig gerecht wird (vgl. auch Dimbath 2003). Erfordert die Subjektivierung von Arbeit von den „Arbeitskraftunternehmern" (Voß und Pongratz 1998) persönliche Kompetenzen und Eigenschaften in die Arbeit einzubringen, um die Arbeitsanforderungen zu bewältigen, sind die jungen Frauen wie die Gruppendiskussionen zeigen, als ‚Arbeitskraftplaner_innen' bereits im Übergang von der Schule in den Beruf damit beschäftigt, diese zukünftigen

---

[6] Nach Dimbath (2003) könnte eine solche Entscheidung „damit auch als ‚subjektiv wahrhaftig' bezeichnet werden – vor dem Hintergrund der antizipierten Retroperspektive kann sie dann immer noch vertreten werden als eine zu ihrer Zeit authentische und damit legitime Wahl" (S. 241).

subjektiven Potentiale und Qualitäten ihres ‚Selbst' zu (er)kennen, um diese als zukünftige „ArbeitskraftmanagerInnen" (Winker und Carstensen 2007) für Beruf und Familie einbringen zu können. Die Subjektivierung von Arbeit erfolgt damit – wie die Analyse der Diskussionen zeigt – bereits weit vor dem Eintritt in die Erwerbs- und Reproduktionsarbeit, nämlich schon in der Architektur der Wahl angelegten eigenverantwortlichen Koordination von normativen Anforderungen.

Die Berufswahl erweist sich damit als ein Prozess, in dem Subjekte sich zum einen vor die Aufgabe gestellt sehen, sich mit ihrer Wahl als Subjekte darstellen zu können und zu müssen, die ihren Beruf als individuellen Ausdruck ihres Selbst begreifen und dadurch Spaß erleben. Zum anderen gilt es über die ‚richtige' Wahl zu materiell nicht nur gesicherten, sondern gänzlich unabhängigen Subjekten zu werden. So zeichnet sich in den Argumentationsfiguren der jungen Frauen ein Verständnis von intelligibler Weiblichkeit ab, das durch finanzielle Souveränität und Eigenverantwortung charakterisiert ist. Als nicht intelligible weibliche Lebensentwürfe erweisen sich für die heranwachsenden Frauen die Übernahme der Rolle der Hausfrau und Mutter ohne eigenes Einkommen und damit eine ökonomische Abhängigkeit vom männlichen Familienernährer. Die ökonomische Autonomie wird von den jungen Frauen nun aber nicht nur als Wunsch formuliert, sondern kommt als normative Anforderung zum Ausdruck. So wird in den Entwürfen der jungen Frauen ein Ideal von Mutterschaft konstruiert und verhandelt, das durch eigene Erwerbstätigkeit, finanzielle Autonomie und Alleinverantwortlichkeit für Kinder und deren ökonomische Sicherheit gekennzeichnet ist. Wie Angela McRobbie (2010) herausstellt, ist somit „[d]ie Fähigkeit, sich den eigenen Lebensunterhalt zu verdienen, [...] das wichtigste Kennzeichen der sozialen und kulturellen Transformationen, als deren privilegierte Subjekte junge Frauen gelten" (S. 109) und beeinflusst als solche auch die Berufswahlentscheidungen junger Frauen.

Spaß und *ökonomische Unabhängigkeit* erweisen sich damit als zentrale ‚Bausteine' in der Architektur der Berufswahl, die diese allerdings als zu einer höchst widersprüchlichen und komplexen Aufgabe werden lassen. Dieses Nebeneinander von teilweise sehr widersprüchlichen normativen Erwartungen wird von den Subjekten individuell und eigenverantwortlich zu bearbeiten und zu lösen versucht. Selbst Unwägbarkeiten und Risiken dieses Konstrukts wird damit begegnet, „dass von einer Kritik des Patriarchats abgesehen wird und Frauen stattdessen heldinnenhaft versuchen, ‚alles zu schaffen'" (McRobbie 2010, S. 118). Diese selbstverständliche individualisierte Verantwortungsübernahme für Berufs- und Lebensplanungen passt in eine neoliberale Rationalität, in der gesellschaftliche Risiken oder auch „Konsequenzen institutionalisierter Ungleichheiten ausschließlich sich selbst" (Schwiter 2011, S. 239) zugeschrieben werden.

Literatur

Beck, U. (1983). Jenseits von Stand und Klasse? Soziale Ungleichheiten, gesellschaftliche Individualisierungsprozesse und die Entstehung neuer sozialer Formationen und Identitäten. *Soziale Welt, Sonderband 2*, 36–74.
Beck, U. (1986). *Risikogesellschaft. Auf dem Weg in eine andere Moderne*. Frankfurt a. M.: Suhrkamp.
Beck, U., & Beck-Gernsheim, E. (1990). *Das ganz normale Chaos der Liebe*. Frankfurt a. M.: Suhrkamp.
Beck, U., & Beck-Gernsheim, E. (1994). *Riskante Freiheiten. Individualisierung in modernen Gesellschaften*. Frankfurt a. M.: Suhrkamp.
Beck-Gernsheim, E. (1983). Vom „Dasein für andere" zum Anspruch auf ein Stück „eigenes Leben". *Soziale Welt, 34*(5), 307–350.
Becker-Schmidt, R., & Krüger, H. (2009). Krisenherde in gegenwärtigen Sozialgefügen: Asymmetrische Arbeits- und Geschlechterverhältnisse – vernachlässigte Sphären gesellschaftlicher Reproduktion. In B. Aulenbacher & A. Wetterer (Hrsg.), *Arbeit. Perspektiven und Diagnosen der Geschlechterforschung* (S. 12–42). Münster: Westfälisches Dampfboot.
Bock, K. (2000). *Politische Sozialisation in der Drei-Generationen-Familie. Eine qualitative Studie aus Ostdeutschland*. Opladen: Leske und Budrich.
Bohnsack, R. (2000). Gruppendiskussion. In U. Flick, E. von Kardorff, & I. Steinke (Hrsg.), *Qualitative Forschung. Ein Handbuch* (S. 369–384). Reinbek: Rowohlt.
Butler, J. (1991). *Das Unbehagen der Geschlechter*. Frankfurt a. M.: Suhrkamp.
Butler, J. (2001). *Psyche der Macht. Das Subjekt der Unterwerfung*. Frankfurt a. M.: Suhrkamp.
Calmbach, M., Thomas, P. M., Borchard, I., & Flaig, B. (2012). *Wie ticken Jugendliche? 2012. Lebenswelten von Jugendlichen im Alter von 14 bis 17 Jahren in Deutschland* (Hrsg. Bundeszentrale für Politische Bildung). Düsseldorf: Verlag Haus Altenberg.
Dimbath, O. (2003). *Entscheidungen in der Individualisierten Gesellschaft. Eine empirische Untersuchung zur Berufswahl in der fortgeschrittenen Moderne*. Wiesbaden: Westdeutscher Verlag.
Duden. (2014). http://www.duden.de/suchen/dudenonline/Spass. Zugegriffen: 3. Sept. 2014.
Fend, H. (2001). *Entwicklungspsychologie des Jugendalters*. Opladen: Leske und Budrich.
Geipel, K., Plößer, M., & Schmeck, M. (2012). Ein unendlicher Spaß. Zur Bedeutung von Normen im Prozess der Lebensplanung und Berufsorientierung junger Frauen. *Betrifft Mädchen, 25*(4), 164–167.
Havighurst, R. J. (1953). *Human development and education*. New York: Longmans & Green.
Hochschild, A. R. (1990). *Das gekaufte Herz. Zur Kommerzialisierung der Gefühle*. Frankfurt a. M.: Campus.
Illouz, E. (2011). *Warum Liebe weh tut*. Frankfurt a. M.: Suhrkamp.
Keupp, H., Ahbe, T., Gmür, W., Höfer, R., Mitzscherlich, B., Kraus, W., & Straus, F. (2006). *Identitätskonstruktionen. Das Patchwork der Identitäten in der Spätmoderne*. Hamburg: Rowohlt.
Lemmermöhle-Thüsing, D. (1990). „Meine Zukunft? Naja, heiraten, Kinder haben und trotzdem berufstätig bleiben. Aber das ist ja fast unmöglich." Über die Notwendigkeit, die Geschlechterverhältnisse in der Schule zu thematisieren: das Beispiel Berufsorien-

tierung. In U. Rabe-Kleberg (Hrsg.), *Besser gebildet und doch nicht gleich! Frauen und Bildung in der Arbeitergesellschaft* (S. 163–196). Bielefeld: Kleine.
McRobbie, A. (2010). *Top Girls. Feminismus und der Aufstieg des neoliberalen Geschlechterregimes.* Wiesbaden: Springer VS.
Salecl, R. (2014). *Die Tyrannei der Freiheit. Warum es eine Zumutung ist, sich andauernd entscheiden zu müssen.* München: Karl Blessing.
Schmid-Thomae, A. (2012). *Berufsfindung und Geschlecht. Mädchen in technisch-handwerklichen Projekten.* Wiesbaden: Springer VS.
Schütze, Y. (2000). Konstanz und Wandel – Zur Geschichte der Familie im 20. Jahrhundert. In D. Benner & H.-E. Tenorth (Hrsg.), *Bildungsprozesse und Erziehungsverhältnisse im 20. Jahrhundert. Praktische Entwicklungen und Formen der Reflexion im historischen Kontext.* 42. Beiheft (Zeitschrift für Pädagogik) (S. 16–35). Weinheim: Beltz.
Schwiter, Karin (2011). *Lebensentwürfe. Junge Erwachsene im Spannungsfeld zwischen Individualität und Geschlechternormen.* Frankfurt a. M.: Campus.
Szydlik, M. (2000). *Lebenslange Solidarität? Generationenbeziehungen zwischen erwachsenen Kindern und Eltern.* Opladen: Leske und Budrich.
Voß, G. G., & Pongratz, H. J. (1998). Der Arbeitskraftunternehmer. Eine neue Grundform der Ware Arbeitskraft? *Kölner Zeitschrift für Soziologie und Sozialpsychologie, 50,* 131–158.
Winker, G., & Carstensen, T. (2007). Eigenverantwortung in Beruf und Familie – vom Arbeitskraftunternehmer zur Arbeitskraftmanager. *Feministische Studien, 2,* 277–288.

Riskante Übergänge: Politische Bildung in der Berufsorientierung unter prekären Bedingungen

Susanne Offen und Jens Schmidt

1 „Arbeit und Leben": Balance und Aushandlung verschiedener Lebensbereiche als Thema für die politische Bildung?

Im Übergangsfeld Schule – Beruf stehen Jugendliche vor Entscheidungen, die einerseits einem Individualitätsgebot unterliegen und durch verschiedene gesellschaftliche Akteur_innen mit dem meritokratischen Ideal versehen sind, durch persönliche Leistung erfolgreich sein zu können und zu müssen. Andererseits sind diese Entscheidungen durch Begrenzungen gerahmt, die nur sehr eingeschränkt durch die Jugendlichen selbst beeinflussbar sind. In dieser Lebensphase haben sich bereits vielfältige biographische Ungleichheiten verwirklicht und in erreichten bzw. noch erreichbaren Bildungsabschlüssen manifestiert. Jugendliche wissen sehr genau um die Diskrepanzen zwischen Geboten, Idealen und ihren Realitäten und können die Folgen für ihre subjektiven Teilhabemöglichkeiten an neuen gesellschaftlichen Spielräumen und laufenden Pluralisierungsprozessen einschätzen.

S. Offen (✉)
Institut für integrative Studien, Leuphana Universität Lüneburg, Scharnhorststraße 1, 21335 Lüneburg, Deutschland
E-Mail: susanne.offen@uni.leuphana.de

J. Schmidt
Arbeit und Leben Hamburg, Besenbinderhof 60, 20097 Hamburg, Deutschland
E-Mail: jens.schmidt@hamburg.arbeitundleben.de

© Springer Fachmedien Wiesbaden 2015
C. Micus-Loos, M. Plößer (Hrsg.), *Des eigenen Glückes Schmied_in!?*,
DOI 10.1007/978-3-658-09133-0_7

Pluralisierung kann dabei als gesellschaftliches Freiheitsversprechen verstanden werden, das Aushandlungsräume für individuelle Lebensgestaltung und Identitäten eröffnet. Gerade in Bezug auf Geschlechterarrangements hat sich dabei ein Wandel vollzogen, der Lebenswege junger Frauen und Männer weitaus vielfältiger aussehen lässt als dies noch vor einigen Jahrzehnten vorstellbar gewesen wäre. Von diesem Versprechen profitieren jedoch bei weitem nicht alle, denn es ist eingewoben in gesellschaftliche Herrschaftsverhältnisse und Verwertungsinteressen und damit also an die Ressourcen der Einzelnen gekoppelt, die seine Einlösung begrenzen. Erkennbar wird dies besonders deutlich, wenn individuelle Freiräume durch (fehlende) Passzugehörigkeit radikal begrenzt werden (ohne legalen Aufenthaltsstatus kann man so nur sehr begrenzt an den Möglichkeiten republikanischer Freiheit teilhaben), wenn körperliche Voraussetzungen zum Sicherheitsrisiko werden (und so etwa die Möglichkeiten, sich Zugänge zu verschaffen oder sich gegen gewalttätige Übergriffe zu schützen, stark eingeschränkt sind) oder wenn das verfügbare Geld nicht reicht, um sich genügend Zeit und Statusmerkmale zur gesellschaftlichen Teilhabe zu verschaffen.

Eng verschränkt sind solche *bottom lines* der Zugehörigkeit mit dem Feld der gesellschaftlichen Anerkennung auch auf intersubjektiver Ebene bzw. auf der Ebene der gesellschaftlich intelligiblen Repräsentationen und sozialen Codes. Dass die Erfüllung gesellschaftlicher Normen eine mögliche Währung der intersubjektiven Anerkennung ist, lässt sich auf jedem Schulhof (Offen 2013), in jeder S-Bahn und an jedem Arbeitsplatz (Lorenz 2009) nachvollziehen, um nur einige Beispiele zu nennen. Ihre Einlösung kann so in konkreten Subjektpositionen weitaus attraktiver (oder schlicht alternativlos) sein als die Orientierung an vagen Optionen einer pluraler werdenden Gesellschaft.

Entsprechend ist es nicht verwunderlich, dass Geschlechterarrangements ein großes Beharrungsvermögen haben, wenn es um die Berufswahl von Jungen und Mädchen und die Frage eines Einbezugs von Work-Life-Balance in diese Entscheidungen geht. Geschlechterbezogene Zuständigkeiten und tradierte Berufslaufbahnen spielen dabei eine wichtige Rolle.

In der berufsbezogenen Jugendbildungsarbeit spiegelt sich diese Problematik wenig wider: Geschlechterperspektiven finden jenseits von Girls' Day und Boys' Day kaum Eingang in die pädagogisch begleitete Zukunftsorientierung, und vor allen Dingen sind berufsbezogene Bildungsangebote für bildungsbenachteiligte Jugendliche vorwiegend an der beruflichen Eingliederung ausgerichtet und selten mit Zielsetzungen von Geschlechtergerechtigkeit verknüpft (exemplarisch DDS 2011). Insbesondere bleiben berufsorientierende Maßnahmen meist auf der Ebene der individuellen Beratung und Begleitung. Das in diesem Text vorgestellte Projekt der politischen Jugendbildung nimmt hier einen anderen Weg, indem explizit die

Frage nach (vor allen Dingen auch prekärer) Arbeit, Work-Life-Balance und Geschlechterarrangements als politische Frage gestellt und im Rahmen der Bildungsarbeit thematisiert wird (vgl. auch Offen und Schmidt 2012).

2 Geschlechterarrangements und Lebensplanung im Kontext prekärer (Arbeits-)Verhältnisse

Im Folgenden stellen wir entsprechend einige inhaltliche Überlegungen und praktische Erfahrungen vor, wie politische Bildung mit jungen Menschen in prekären Verhältnissen das Thema Arbeit einerseits mit der Vereinbarkeitsproblematik und andererseits auch mit der möglichen Perspektive eines Lebens jenseits von traditionellen Erwerbsbiographien verbinden kann. Wir verwenden den Begriff ‚prekär' in diesem Text als nicht abschließend geklärten Arbeitsbegriff, ohne seinen umfassenden soziologisch-philosophischen Debattenimpact (vgl. etwa Lorey 2011) aufzunehmen. So verstehen wir prekäre Verhältnisse ausgehend von solchen Erwerbsverhältnissen, die zum Nachteil der Beschäftigten „von den sozialen und politischen Errungenschaften des großen Klassenkompromisses des 20. Jahrhunderts abweichen" (Goes 2006) und in alle anderen Lebensbereiche im Sinne einer brüchiger werdenden sozialen Sicherheit ausstrahlen.

Dass Prekarisierung der Erwerbsarbeit Gender-Dimensionen entfaltet, ist unstrittig: Schon das gesellschaftliche Interesse an prekären Arbeitsverhältnissen hat erst zugenommen, seit darüber die Möglichkeiten einer Einlösung des Leitbildes ‚männlicher Ernährer' für immer größere Teile der Gesellschaft in Frage gestellt wurden. Männliche Lebensentwürfe jenseits eines solchen Familienernährers, die sich im eigenen sozialen Umfeld erfolgreich bewähren, sind rar, und dies trifft besonders für diejenigen Jugendlichen zu, für die eine enge Anlehnung an tradierte Geschlechterbilder eine wesentliche Ressource zur Einlösung gesellschaftlicher Normen darstellt. Faktisch sind prekäre Lebenszusammenhänge dabei aber ein Phänomen, das Frauen und Männer betrifft und weit in die Familien und sonstigen sozialen Bezüge hineinragt, auch wenn die Bedeutung prekärer Arbeitsverhältnisse für Frauen bisher gesellschaftlich weniger problematisiert wurde (Klenner et al. 2011, 2012) und die damit verbundenen Armutsrisiken zwar regelmäßig als statistische Erscheinung benannt (exemplarisch Agentur Reuter 2014 zur Benennung von Armutsrisiken für „Minijobber, Alleinerziehende, Langzeitarbeitslose, ältere Beschäftigte und Zuwanderer" im OECD-Wirtschaftsausblick), aber wenig thematisiert werden.

Beide Geschlechter wachsen jedoch mit einem in der Realität längst überholten, symbolisch jedoch weiterhin hoch wirksamen Ideal familiärer geschlechterspezifischer Arbeitsteilung auf, das oft nur wenig reflektiert neben Vorstellungen gleichberechtigter Beziehungen existiert. Die Voraussetzungen dafür, in hetero- wie homosexuellen Paarkontexten Fragen der Arbeitsteilung auszuhandeln, verschlechtern sich zudem unter den Bedingungen prekarisierter Arbeit. Fehlende Spielräume und Erfahrungen reduzieren für die Einzelnen die Möglichkeiten zu Ansätzen gelingender und geschlechtergerechterer Work-Life-Balance. So reproduziert sich stetig eine mehrfache Benachteiligung: Erfolgreiche moderne Lebensentwürfe scheinen an die Verfügbarkeit von weitreichendem, auch kulturellem und sozialem, Kapital gekoppelt zu sein.

Mit dem Projekt *Arbeit ist nur das halbe Leben* versuchen wir, die politischen Dimensionen dieser individuellen Entscheidungen für junge Frauen und Männer zu erschließen und die Adressat_innen zu befähigen, das Verhältnis verschiedener Lebensbereiche forschend-entdeckend zu reflektieren. Das Konzept, das von Arbeit und Leben Hamburg entwickelt wurde, sieht zwei- bis fünftägige Seminare der politischen Bildung vor, die sich an von Exklusion bedrohte Jugendliche im Alter von 14 bis 18 Jahren richten und in Kooperation mit Schulen oder Einrichtungen der Jugendarbeit durchgeführt werden. Die Veranstaltungen werden von zwei Pädagog_innen durchgeführt, die handlungs- und erlebnisorientiert den städtischen Raum nutzen, um das Thema von Vereinbarkeit und Lebensplanung gesellschaftspolitisch anzugehen und mit Bezug auf die Lebens- und Erfahrungswelten der Teilnehmenden aufzubereiten. Kernelement des Konzepts ist es daher, junge Frauen und Männer als Forschende zu adressieren, um die Formen zu befragen, in denen Menschen unter unterschiedlichen Bedingungen die Relationierung der verschiedenen Lebensbereiche organisieren. Dabei stehen drei zentrale Fragen im Mittelpunkt:

- *Was hat meine Zukunft mit mir zu tun?* (D.h. welche Spielräume habe ich bei der Gestaltung meines Lebens?)
- *Wie passen Leben und Arbeit zusammen?* (D.h. welche Zeiten sind für welche Arbeit und welche Lebensstilvorstellungen notwendig?)
- *Wer ist verantwortlich?* (D.h. wer sorgt an welchen Punkten für Vereinbarkeit?)

3 Exkursionen ins Leben – Zeitfragen als Annäherung an Lebensmodelle

Entsprechend machen sich die Jugendlichen aus dem Seminar heraus auf den Weg und befragen mit Aufnahmegeräten Menschen an deren Arbeitsplatz – z. B. im Gemüseladen oder Frisörsalon, am Schreibtisch, im Filmbüro oder der Kfz-Werkstatt, in ihren Wohnräumen und Familien, auf der Straße oder, bei unsicherem Aufenthaltsstatus, an einem anderen sicheren Ort. Die Interviewpartner_innen werden durch die Seminarleitung ausgewählt und auf das Gespräch vorbereitet, ergänzend sind je nach Seminargruppe und Stadtteil spontane Interviews mit Passant_innen möglich. Mit der Vorauswahl der Interviewpartner_innen wird gewährleistet, dass ein möglichst variantenreiches Spektrum an Lebensweisen abgebildet wird. Es geht um ihre Zeitbudgets im Rahmen einer durchschnittlichen Arbeitswoche. Ein Fragebogen dafür wird vom Leitungsteam vorbereitet, damit die für die Auswertung zentralen Fragen der Aufteilung von Produktions- und Reproduktionsarbeit und des jeweiligen Stellenwerts auftauchen.

Fragen darin sind unter anderem:
- *Wie ist es dazu gekommen, dass Sie heute in diesem Beruf arbeiten?*
- *Finden Sie, dass Sie gut und gerecht bezahlt werden?*
- *Bekommen Sie viel Anerkennung für Ihre Arbeit?*
- *Was mögen Sie an Ihrer Arbeit am liebsten?*
- *Mit wem sprechen Sie darüber, wie Sie sich mit der Arbeit fühlen?*
- *Ist Ihr Beruf gut für Ihre Gesundheit?*
- *Wenn es Ihnen in Ihrem Privatleben nicht so gut geht, können Sie das auf der Arbeit erzählen?*
- *Was ist für Sie wichtiger: Erfüllung im Beruf, Geld oder Liebe?*
- *Würden Sie für die Arbeit umziehen?*
- *Können Sie uns schildern, wie Ihre Zeit in einer durchschnittlichen Woche verteilt ist?*
- *Sind Sie zufrieden damit, wie Ihre Zeit verteilt ist?*

Selbstverständlich haben die Jugendlichen die Gelegenheit, den Fragebogen um eigene Fragen zu ergänzen.

Die Jugendlichen erleben die Antworten der Befragten auf die Fragen nach der Vereinbarkeit als an die konkrete Lebenssituation gebunden und haben dabei en passant die Gelegenheit, über die ihnen vertrauten Arrangements hinaus zu sehen und ihren Horizont zu erweitern.

Entsprechend bietet sich über die Auswahl der Interviewpartner_innen für die Seminarleitung die Gelegenheit, die Jugendlichen mit sehr verschiedenen Menschen und ihren Zeitarrangements in Kontakt zu bringen. Im Idealfall sprechen die Jugendlichen mit Menschen in hetero- und homosexuellen Beziehungen, mit Menschen mit und ohne Kindern, mit Alleinerziehenden, Wohnprojektbewohner_innen und Groß- wie Kleinfamilien, mit Menschen in kollektiven Betrieben und irregulären Beschäftigungsverhältnissen, mit Arbeitslosen und Hartz IV Empfänger_innen etc. – dabei steht in den Interviews nicht die Lebensweise im Vordergrund, sondern es wird danach gefragt, wie konkrete Menschen mit konkreten Ausgangslagen ihren Alltag organisieren.

Mit dem Auftrag, ausgewählte Gesprächspartner_innen und eigenständig akquirierte Passant_innen zu interviewen und auf dieser Grundlage die Heterogenität der Zeitbudgets für die Seminargruppe zugänglich zu machen, werden die Teilnehmenden zu Forscher_innen in einem Spannungsfeld, das für alle Menschen Herausforderungen birgt und in dem vielfältige Versuche sichtbar werden, das eigene Leben in Beziehung zu den politischen und materiellen Kontexten auszutarieren. Dabei geht es explizit darum, Lebensbereiche wie Freizeit, Freundschaften, Liebesbeziehung, Kinder oder gesellschaftliches Engagement als wichtige Aspekte der Lebensgestaltung einzubeziehen und damit einen Gegenpol zur Logik des „Erst die Arbeit und dann…" zu setzen.

In der Auswertung der Interviews wählen die Kleingruppen geeignete Interviewpassagen aus und erarbeiten einen ‚Zeitkuchen', aus dem in etwa prozentual die Zeitaufteilung der Befragten hervorgeht.

Daraus ergeben sich vielfältige Fragen entlang der Vereinbarkeit verschiedener Lebensbereiche, die sich aufnehmen und vertiefen lassen. Dabei tauchen vielfach Widersprüche zwischen den formulierten Ansätzen und der realen Zeitverteilung im Alltagsleben der Befragten auf. Diese gilt es in der Auswertung herauszuarbeiten und aufzugreifen. Zum Beispiel: Wie passt es zusammen, wenn jemand 60 Stunden arbeitet, aber angibt, er könne gut für ein Kind sorgen? Was bedeutet es, wenn jemand sagt, die Liebe ist das Wichtigste im Leben, er/sie aber wegen der Arbeit in einer anderen Stadt als der Partner oder die Partnerin lebt? Auf welche Spannungsfelder im Alltag der Befragten und auf welche identitären Anforderungen verweisen diese Widersprüche?

Die Aussagen der Interviewpartner_innen stellen so eine Grundlage dafür da, jenseits der persönlichen Erfahrungshorizonte der Teilnehmenden ins gemeinsame Nachdenken über Spielräume und Beschränkungen der Lebensgestaltung zu kommen.

Anhand des Widerspruches Arbeitsbelastung/Kinderversorgung lässt sich so zum Beispiel das Thema Sorge aufgreifen und herausarbeiten, was es bedeuten könnte, sich um ein Kind zu kümmern: Sind finanzielle Absicherung, zeitliche Bereitschaft, Fürsorge, soziale Kompetenz wichtige Voraussetzungen für Kinderversorgung? Was davon ist den Teilnehmer_innen wichtig? Was davon findet gesellschaftliche Anerkennung? Ist das für Männer und Frauen gleich verteilt?

Dabei ermöglicht das Interviewmaterial die Auseinandersetzung mit widerstreitenden Entwürfen von Sorge, zu denen sich die Teilnehmer_innen ins Verhältnis setzen können. Die Ambivalenz des Begriffs *Sorge* kann so verhandelt werden. Durch die unterschiedlichen Haltungen der Interviewpartner_innen zum Stellenwert von Zeit und Geld in der Kinderversorgung kann es im Seminar gelingen, auch die antizipierten Erwartungen von Lebenspartner_innen zu diskutieren. So lässt sich an diesem Thema ein Übergang zur Beschäftigung mit Entwürfen von Weiblichkeit und Männlichkeit finden.

Dabei geht es nicht darum, richtige Modelle zu postulieren, sondern die Aushandlung und die damit verbundenen Ambivalenzen zur Geltung zu bringen.

Dies spielt auch eine Rolle, wenn anhand anderer Widersprüche (etwa Mobilität/Liebesbeziehung) Beziehungsvorstellungen thematisiert werden. Wie gehören hier eine Orientierung an Romantik einerseits und Selbstentwürfe als „genügsam", „hart" und „marktorientiert" andererseits zusammen? Lässt sich der Widerspruch zwischen der angestrebten Sicherung eines Familieneinkommens unter schwierigen Arbeitsbedingungen und der damit einhergehenden materiellen Abwesenheit überhaupt individuell auflösen? Hier lässt sich die Brücke direkt zu gesellschaftlichen Debatten von Mobilität als Anforderung an moderne, flexible Arbeitnehmer_innen schlagen, die eben keinesfalls unabhängig von Geschlechterverhältnissen und dem Stellenwert von Liebes- und Freundschaftsbeziehungen zu sehen sind.

Die Arbeit mit den Zeitbudgets im Seminar erlaubt aber auch noch weitere vielfältige Vertiefungen: Welche Geschlechterarrangements spielen für die befragten Personen eine Rolle? Welche Bedeutung hat die materielle Absicherung? Welche Berufe erhalten welche gesellschaftliche Anerkennung (von wem)?

In all diesen Fragen liegen zwei Leitfragen, nämlich die nach dem guten Leben ebenso wie die danach, ob und inwieweit die Möglichkeiten der Individuen, ein gutes Leben in Balance der verschiedenen Lebensbereiche zu führen, gerecht verteilt sind.

Insofern eröffnet das Seminarkonzept die Möglichkeit, Jugendliche mit Fragen der politischen Philosophie in Verbindung zu bringen und die Frage nach der Gerechtigkeit als politische Frage zu verstehen. Eine Auseinandersetzung mit verschiedenen Versuchen, das gute Leben wissenschaftlich zu fassen, kann hier gut anschließen, indem etwa Postwachstumsperspektiven mit den Jugendlichen erschlossen werden, die einen Blick auf sehr unterschiedliche Zugänge eröffnen: von (post)marxistischen Versuchen Grundeinkommen, Arbeitszeitbegrenzung und die Verbindung verschiedener Lebensbereiche zu thematisieren (Haug 2009), feministisch inspirierten Bemühungen um einen neuen Blick auf Fürsorgebeziehungen (Worschech 2011) oder Anstrengungen, die Zufriedenheit von Menschen mit ihren unterschiedlichen Lebensbereichen und ihrer Vereinbarkeit zu messen (The New Economics Foundation/NEF 2014).

Viele Seminarteilnehmer_innen können hier aus ihrer Biographie bzw. den Lebensmodellen ihrer Eltern und anderer erwachsener Verwandter eigene ‚Konflikterfahrungen' beisteuern. Dabei kann auch hier die Perspektive auf prekäre Verhältnisse sehr verschiedene Dimensionen haben: Von der allein erziehenden Mutter, die aufgrund ihrer zusätzlichen Erwerbsarbeitszeiten ihre Kinder quasi nicht sieht, über den Fernfahrervater, der nur sporadisch anwesend ist, bis hin zu über Flucht und Migration zersplitterte Familien (alles Beispiele von Seminarteilnehmenden) finden sich vielfältige Erzählungen über gesellschaftliche Zwänge und individuelle Spielräume. Die Problematik soll und kann dabei im Seminar gar nicht aufgelöst werden. Vielmehr geht es auch hier darum, Zusammenhänge zwischen gesellschaftlichen Entwicklungen und individuellen Konflikterfahrungen mit den Jugendlichen aufzuspüren und sie darin zu bestärken, Ungerechtigkeiten zu erkennen und zu problematisieren. Dies hat besondere Bedeutung, weil gerade die Gruppe der bildungs- und arbeitsmarktbenachteiligten jungen Männer und Frauen in besonderer Weise von der Verfolgung persönlicher Ziele ausgeschlossen bleiben, indem gerade *ihnen* besonders stark vermittelt wird, dass für die Erlangung eines Arbeitsplatzes schlechte Arbeitsbedingungen und massive Einschnitte in die sonstige Lebensführung selbstverständlich in Kauf genommen werden müssten. Dies mag zwar in den konkreten Situationen der Jugendlichen unausweichlich werden, muss sie jedoch nicht davon abhalten, sich mit der Frage von Gerechtigkeit zu beschäftigen und die an sie gestellten Forderungen auch im Hinblick auf ihre gesamte Lebensgestaltung im Sinne von *agency* kritisch zu untersuchen. Wie weit dieses Reflexionsniveau erreicht werden kann, hängt sowohl mit der Qualität der Interviews als auch mit der konkreten Seminarsituation zusammen. Inwieweit sich Positionen der Jugendlichen in diesen Debatten verändern, steht bei diesem Seminaransatz zunächst weniger im Vordergrund, vielmehr liegt das zentrale Augenmerk darauf, überhaupt eine Beschäftigung mit diesen Fragen anzustoßen, die für die meisten Beteiligten oft das erste Mal überhaupt stattfindet.

Die Veranstaltung setzt explizit nicht daran an, von der Lebenssituation der einzelnen Jugendlichen ausgehend das Feld der Lebensplanung zu erschließen, sondern diese von vornherein in eine forschend-entdeckende Position zu bringen, so dass die Auseinandersetzung anhand verschiedener Biographien und so nur vermittelt mit der eigenen Lebenslage stattfinden kann. Damit will das Projekt eine Ausstellung und Besonderung der einzelnen Jugendlichen vermeiden. Bei der Auswahl der Interviewpartner_innen ist aber besonders darauf zu achten, dass gezielt auch Gesprächspartner_innen gefunden werden, deren Klassenhintergrund (anders als der vieler Seminarleiter_innen und Lehrkräfte) nicht durch Mittelklasse und mehr geprägt ist. Denn gerade für die Arbeit mit bildungsbenachteiligten Jugendlichen stellt die materielle Ausgangssituation ebenso wie der Mangel an lebenslaufwirksam verwertbaren Bildungszertifikaten oftmals eine große Hürde für die

Bereitschaft dar, sich mit dem als extrem negativ und frustrierend besetzten Feld der Lebensplanung überhaupt zu beschäftigen.

Da im Feld der Vereinbarkeit verschiedener Lebensbereiche in heterosexuellen Paaren oft zwei Geschlechter aufeinander treffen, die in der Aushandlung dieses gesellschaftlich gerahmte Thema in der privaten Vereinbarung konkretisieren müssen, wird diese Dimension in der Veranstaltung explizit thematisiert. Obgleich die Orientierung an einer traditionellen „Normalarbeitsbiographie" (Siemund 2013, S. 17) für immer weniger Menschen erreichbar scheint, finden wir den Wunsch danach, als Familienernährer auf ebendiese Weise zu agieren, bei vielen jungen Männern ungebrochen. Damit verbunden ist eine Vorstellung von Vereinbarkeit verschiedener Lebensbereiche, die ihre Sicherstellung an den weiblichen Teil einer heterosexuellen Verbindung delegiert. Entsprechend finden sich zwar bemerkenswerte Pluralisierungstendenzen in der Berufswahl junger Frauen, aber gleichzeitig auch erhebliche Beharrungstendenzen in der Bereitschaft, auch schlechter entlohnte Tätigkeiten anzustreben, die immerhin eine Möglichkeit zur Vereinbarkeit von Beruf und Familie in Aussicht stellen. Insgesamt scheinen sich junge Frauen weitaus früher und systematischer dieser Frage zu stellen und sie in ihre Lebens- und Berufsplanung einzubeziehen.

Das Seminar begegnet dieser Situation durch die Arbeit mit der fiktiven Beziehungsbiographie eines jungen heterosexuellen Paares, deren Verlauf die Jugendlichen an verschiedenen Stationen durchspielen (bei der Berufsberatung, in der Schwangerschaftskonfliktberatung, bei Einzelberatungsterminen, in der Paartherapie viele Jahre später). So sehr diese Anordnung auch eine heteronormative Schlagseite in die Veranstaltung transportiert, so sehr gelingt es doch auf diesem Wege, Geschlechterdimensionen von Vereinbarkeit als Gegenstand einer möglichen Aushandlung zu setzen – und wenn es im Seminar gut läuft, auch die Frage der ungleichen Entlohnung sogenannter typischer Frauen- und Männerberufe zu thematisieren. Anzustreben wäre auch die Frage nach Fürsorgewünschen in die Diskussion um Vereinbarkeit einzubinden und *Care* damit aus der Beschränkung auf reproduktive Pflichten in den Bereich der ambivalenten, mit Wünschen und Pflichten behafteten Lebensbereiche zu entlassen; diese Dimension haben wir im Seminar bisher aber noch nie erreichen können.

Eine Ausdifferenzierung des Seminarmoduls im Hinblick auf die Arbeit an Beziehungsbiographien homosexueller Paare, kinderloser Menschen in Fürsorgebeziehungen zu anderen Menschen und Menschen in weiteren Lebensformen steht ebenfalls noch aus; das Seminarangebot insgesamt befindet sich in kontinuierlicher Weiterentwicklung.

4 Wünsche und Träume unter prekären Bedingungen

Wenn der Anspruch der Veranstaltung ist, Ungerechtigkeiten zu benennen und das Ausbalancieren von Lebensbereichen als unabschließbaren, politisch gerahmten Prozess zu formulieren, der vielfach nicht nach Wunsch verläuft, so bleibt als pädagogische Herausforderung bestehen, die legitime Frustration über die Notwendigkeiten der prekären Existenzsicherung nicht ins Leere laufen zu lassen. Damit sind verschiedene Schlussfolgerungen verbunden: Neben der in der Jugendbildung zum fachlichen Standard gehörenden Handlungs-/Produktorientierung sind es hier vor allem die Wunschproduktion einerseits und die Diskussion des Arbeitsbegriffs unter prekären Bedingungen andererseits.

In einem Seminarmodul geht es daher darum, das Thema Träume und Wünsche zu platzieren, um mit den Teilnehmer_innen einerseits daran zu arbeiten, Lebensbereiche über Erwerbstätigkeit hinaus als zukunftsrelevant zu verstehen und in die eigene Planung mit einzubeziehen, und andererseits ein Recht auf Wünschen und Träumen zu benennen. In der Arbeit mit Jugendlichen aus benachteiligenden Kontexten ist eine massive Desillusionierung und Vorwegnahme gesellschaftlicher Bedingungen und Zuschreibungen zu spüren. Die Jugendlichen wissen um ihre schlechten Berufschancen und verstehen schnell, dass ihnen damit auch weite Teile gesellschaftlicher Partizipation verwehrt werden. Formulierungen wie „Solche wie wir haben doch eh keine Möglichkeiten" durchziehen ihre Beschreibungen von persönlichen Perspektiven. Damit fehlt häufig die Grundlage, um individuelle Spielräume und gesellschaftliche Veränderungen überhaupt denken zu können. Ziel des Moduls ist es also, Wünsche, Träume und Utopien zum Auseinandersetzungsgegenstand zu machen.

Die Teilnehmer_innen ziehen für diesen Baustein mit Kameras auf die Straße und stellen Passant_innen die Frage: „Was war Ihr größter Traum, als Sie 18 Jahre alt waren?". Die Befragten schreiben diesen Traum auf einen Bogen Papier, den sie sich dann für das Foto vor den Bauch halten. Von diesen Befragungen kehren die Teilnehmer_innen meist sehr angeregt ins Seminar zurück: Sie haben sich getraut, unbekannte Menschen anzusprechen und bringen mit den Fotos ein Produkt von dieser Exkursion mit. In den Kleingruppen finden dann in vielen Fällen Diskussionen über die Frage statt, was wohl aus den Lebensträumen der Befragten geworden sein mag – nicht alle der Befragten teilen dies den Teilnehmer_innen mit. Die Auswertung der Fotos im Seminar erfolgt in mehreren Schritten. Zunächst stellen die Kleingruppen einander ihre Produkte vor (dafür braucht es die entsprechende technische Ausstattung im Seminar wie Beamer oder Fotodrucker vor Ort), danach gibt es die Gelegenheit, über die weiteren Lebenswege der Personen zu spekulieren. Aus diesen Überlegungen ergibt sich dann der Übergang zur gesellschaftlichen Dimension, die (je nach Größe der Seminargruppe in Kleingruppen oder im Plenum) mit den Teilnehmer_innen erarbeitet wird, indem nach Hinderungs- und Gelingensfaktoren für die Erfüllung von Wünschen und Träumen gefragt wird. Dieses erste Seminarmodul schließt mit der Anregung, eigene Wünsche und Träume für sich zu notieren. Am letzten Tag des Seminars werden diese Notizen wieder aufgegriffen und im Zusammenhang mit den anderen im Seminar erarbeiteten Ergebnissen auf ihren Status und die Bedingungen für ihre Erfüllung hin betrachtet. Für die Teilnehmer_innen geht es in diesem Modul vor allen Dingen darum, dem Thema Lebensträume Bedeutung zu gewähren und in der Begegnung mit ihnen unbekannten Personen offensiv nach dem Stellenwert und der Realisierung von Träumen zu fragen. Sicherlich stellt sich an vielen Stellen die Situation so dar, dass Träume nicht erfüllt werden können: weil für die erträumte Karriere als Chirurg der Schulabschluss nicht reicht, weil für die Reise nach Venezuela das Geld nicht da ist oder für ein Leben ohne Arbeit, aber mit ausreichend Geld wenig Aussichten auf Umsetzung bestehen. Es gilt dennoch, mit den Teilnehmer_innen danach zu suchen, wie Träume bereichernd für die Lebensgestaltung sein können, welche Sehnsüchte sich dahinter verbergen und welche der gesellschaftlichen oder biographischen Rahmenbedingungen tatsächlich unveränderbar sind und welche nicht. Dabei soll es explizit nicht darum gehen, wie die in den Träumen verborgenen Talente und Sehnsüchte marktgängig und arbeitsorientiert zurecht gestutzt werden können. Vielmehr geht es darum, Unvereinbarkeiten von Wünschen und Rahmenbedingungen zur Kenntnis zu nehmen, auch die damit oftmals verbundenen Ungerechtigkeiten zu konstatieren und sich dennoch das Recht auf Wünsche zu bewahren und es auch zu benennen – nicht zuletzt Bourdieu (1998) hat den Verlust der Fähigkeit, Projekte in die Zukunft zu entwerfen und darüber auch Perspektiven für eine Veränderung der Gegenwart zu formulieren, als bedrückendes Ergebnis prekärer Lebenslagen kenntlich gemacht.

Bei der Diskussion des Arbeitsbegriffs ist vor allem darauf einzugehen, dass der Arbeitsmarkt insgesamt „unsicherer, flexibler und deregulierter" (Pelizäus-Hoffmeister 2008, S. 25) wird, und insbesondere formal gering qualifizierte Personen häufig in „fluiden Beschäftigungsverhältnissen" (Siemund 2013, S. 17) gehalten werden, was so viel bedeutet wie befristet, in Form eines Praktikums oder Minijobs und meist schlecht entlohnt beschäftigt zu sein. Wenngleich die Tendenz zu brüchigeren Erwerbsbiographien mittlerweile zunehmend auch formal höher qualifizierte Beschäftigte erfasst, scheint zumindest noch das Risiko zur Abwärtsmobilität umso höher, je mehr bereits akkumulierte Diskontinuitäts- und Arbeitslosigkeitserfahrungen mit einer ohnehin geringen formalen Qualifikation zusammen treffen (vgl. Siemund 2013, S. 20; Burzan 2008, S. 9). Dieser Befund kann und sollte im Rahmen der politischen Bildung zum Gegenstand der Auseinandersetzung gerade deswegen werden, weil prekaritätserfahrene Jugendliche diese Erfahrung meist als persönliches Scheitern wahrnehmen (und dies auch oft genauso vermittelt bekommen, vgl. Lehmkuhl et al. 2013). Hier ist der Anspruch, Prekarisierungsprozesse als gesellschaftliche Wirklichkeit beschreib- und kritisierbar zu machen, die eigenen Erfahrungen damit also im Horizont gesellschaftlicher Ungleichheitsmomente zu verorten und zu problematisieren. „Politische Bildung kann sprachfähig machen für Erfahrungen beim Umgang mit Selbstverwertungstechniken […]. Dafür sollte sie Begriffe und Analysen anbieten, die es den Teilnehmenden ermöglichen, sich zu fragen, was auf den Arbeits- und Weiterbildungsmärkten mit ihnen geschieht, wie sie dies beurteilen und was sie sich wünschen" (Messerschmidt 2014, S. 46).

Insofern gilt es hier, die geringen Chancen für „solche wie wir" als Ausdruck gesellschaftlicher Verteilungsprobleme zu markieren. Dies kann dazu führen, dass Jugendliche politische Forderungen formulieren, Arbeitsbedingungen in Berufsvorbereitungsmaßnahmen problematisieren, eine höhere Entlohnung für die vielen gesellschaftlich notwendigen, aber mit geringer Entlohnung und wenig sozialer Anerkennung verbundenen Tätigkeiten fordern oder sich mit den Rechten der gewerkschaftlichen Ausbildungsvertreter_innen auseinandersetzen wollen. Es kann aber auch ‚nur' bei der Problematisierung von Ungerechtigkeit bleiben – die Markierung von Ungerechtigkeiten selbst sollte dabei aber nicht unterschätzt werden, denn bereits hier liegt politischer Ausdruck, der Elemente von *agency* ermöglicht.

5 Aufträge der politischen Bildung im Feld der Berufsorientierung?

Eine Thematisierung von Lebenswelten jenseits der irgendwie bezahlten Arbeitswelten, erscheint in manchen Bildungskontexten als verzichtbarer Luxus, wenn die Chancen darauf, überhaupt in bezahlte Lohnarbeitsverhältnisse zu gelangen, als gering erscheinen. Entsprechend liegt der Fokus vieler Maßnahmen der Berufsorientierung in formalen und non-formalen Kontexten darauf, Formen der ökonomischen Verwertbarkeit der Kompetenzen der ihnen anvertrauten Jugendlichen zu generieren. Das ist der verzweifelten Situation geschuldet und insofern legitim und notwendig. Für eine politische Bildung stellt sich die Frage aber anders. In diesem Sinne ist die Konzeption und Durchführung entsprechender Seminare bzw. die Integration einzelner Module in Veranstaltungen gelegentlich von anfänglicher Abwehr durch kooperierende Institutionen oder Pädagog_innen begleitet.

Als Institution mit dem Auftrag, Urteils-, Handlungs- und Diskursfähigkeit ihrer Adressat_innen zu befördern, kann politische Bildung in diesem offensichtlich von strukturellen Ungerechtigkeiten und (etwa geschlechterbezogenen) Retraditonalisierungstendenzen dominiertem Feld dazu beitragen, *agency* gerade auch im Sinne einer eigenständigen Reflexion konkreter Lebensrealitäten und ihrer politischen Dimensionen zu erlangen (vgl. Moosa-Mitha 2005; Wihstutz 2014).

In diesem Sinne kann die vertiefende Beschäftigung etwa mit der Frage, inwieweit die gesellschaftlich an Jugendliche adressierte Forderung nach Mobilität, extremen Arbeitszeiten oder der Hinnahme geringer Lohn- und Vertragssicherheit – zugunsten eines Ausbildungsplatzes und zuungunsten des vertrauten sozialen Umfeldes bzw. familiärer Bindungen und Fürsorgemöglichkeiten – gerecht und politisch legitim ist, eine solche *agency* überhaupt erst ermöglichen. Zugleich kann eine solche Beschäftigung der Tendenz entgegen wirken, dass gerade jene, die besonders von sozialen Ungleichheiten betroffen sind, ihre Perspektiven kaum als politische Perspektiven artikulieren und so wieder und wieder Handlungs- und Teilhabebegrenzungen vollziehen, die sich als Vollzug und Verstärkung bestehender sozio-materieller Arrangements lesen lassen (vgl. Hungerland und Kelle 2014).

Eine Thematisierung von Arbeit und Leben, die ihre Dimensionierung als politischen Prozess erkennbar macht, gehört damit in den Kernbereich der politischen Bildung – gerade auch mit bildungsbenachteiligten Zielgruppen. Für die Teilnehmer_innen verdeutlichen die Seminare, dass es ein breites Spektrum möglicher Lebensentwürfe gibt und dass dies mit Politik und politischen Konzepten zusammenhängt. Dass Entscheidungen in einem Lebensbereich, wie der Berufsfindung, langfristige Auswirkungen auf die Gestaltung anderer Lebensbereiche haben, wie z. B. der Möglichkeit zur Versorgung eigener Kinder, wird durch die Seminare Gegenstand möglicher Auseinandersetzungen. In diesem Sinne entfalten derartige Seminarkonzepte Dynamiken auf persönlicher und politischer Ebene und können auch bei Jugendlichen die Diskussion um die Zukunft von Arbeit und Vereinbarkeiten forcieren. Vor dem Hintergrund der zunehmenden Prekarisierung von Arbeits- und Lebensverhältnissen begrenzt sich die Ausrichtung der seminaristischen Diskussionsprozesse allerdings nicht mehr auf klassische Fragen der Work-Life-Balance, sondern konturiert das Thema auch bis hinein in ein Leben gänzlich ohne Erwerbsarbeit und die damit verbundenen individuellen und gesellschaftlichen Aspekte. Hier kann ein so angelegtes Seminarkonzept dem gesellschaftlich hegemonialen Diskurs, durch den transportiert wird, dass Prekarisierungsprozesse sachlich unausweichlich und damit Widerstände oder Veränderungsschritte unmöglich seien, entgegenwirken. Insbesondere kann damit stark gemacht werden, dass Geschlechtergerechtigkeit kein Luxusthema darstellt, sondern im Sinne einer Überwindung hierarchischer und beschränkender Geschlechterverhältnisse als Querschnittsthema für alle gesellschaftlichen Bereiche und Gruppen relevant ist.

Literatur

Agentur Reuter. (2014). OECD – Aufschwung senkt Armutsrisiko in Deutschland kaum. Artikel vom 13.05.2014. http://de.reuters.com/article/economicsNews/id-DEKBN0DT18D20140513. Zugegriffen: 12. Okt. 2014.
Bourdieu, P. (1998). Prekarität ist überall. In P. Bourdieu (Hrsg.), *Gegenfeuer* (S. 96–102). Konstanz: Universitätsverlag Konstanz.
Burzan, N. (2008). Die Absteiger: Angst und Verunsicherung in der Mitte der Gesellschaft. *Aus Politik und Zeitgeschichte, 33–34*, 6–12.
DDS. (2011). Schwerpunktthema: Berufsorientierung als schulisches Handlungsfeld. *Die Deutsche Schule 4*. Hannover: Waxmann.
Goes, T. (2006). Prekäre Beschäftigung in der DGB-Region Oldenburg/Wilhelmshaven. http://www.kooperationsstelle.uni-oldenburg.de/download/PrekaereAV_Goes.pdf. Zugegriffen: 14. Okt. 2014.
Haug, F. (2009). Vier in Einem. http://www.vier-in-einem.de. Zugegriffen: 6. Okt. 2014.
Hungerland, B., & Kelle, H. (2014). Kinder als Akteure – Agency und Kindheit. Einführung in den Themenschwerpunkt. *Zeitschrift für Soziologie der Erziehung und Sozialisation, 34*(3), 227–232.
Klenner, C., Pfahl, S., Neukirch, S., & Weßler-Poßberg, D. (2011). Prekarisierung im Lebenszusammenhang – Bewegung in den Geschlechterverhältnissen? *WSI-Mitteilungen, 8/2011*, 416–422.
Klenner, C., Menke, K., & Pfahl, S. (2012). *Flexible Familienernährerinnen. Moderne Geschlechterarrangements oder prekäre Konstellationen?* Berlin: Barbara Budrich.
Lehmkuhl, K., Schmidt, G., & Schöler, C. (2013). „Ihr seid nicht dumm, ihr seid nur faul." Über die wunderliche Leistung, Ausgrenzung als selbstverschuldet erleben zu lassen. In M. S. Maier & T. Vogel (Hrsg.), *Übergänge in eine neue Arbeitswelt? Blinde Flecken der Debatte zum Übergangssystem Schule – Beruf* (S. 115–130). Wiesbaden: Springer VS.
Lorenz, R. (2009). *Aufwändige Durchquerungen. Subjektivität als sexuelle Arbeit*. Bielefeld: transcript.
Lorey, I. (2011). Gouvernementale Prekarisierung. http://eipcp.net/transversal/0811/lorey/de. Zugegriffen: 12. Okt. 2014.
Messerschmidt, A. (2014). Politisierung der Kompetenzorientierung. *Journal für Politische Bildung, 4*(3), 46.
Moosa-Mitha, M. (2005). A difference centered alternative to theorization of children's citizenship rights. *Citizenship Studies, 9*(4), 369–388.
Offen, S. (2013). *Achsen adoleszenter Zugehörigkeitsarbeit. Geschlecht und sexuelle Orientierung im Blick politischer Bildung*. Wiesbaden: Springer VS.
Offen, S., & Schmidt, J. (2012). Lebensplanung, Politik und soziale Gerechtigkeit: Geschlechtersensible politische Bildung zwischen Träumen und prekären Verhältnissen. In U. Graff, M. Diaz, D. Chwalek, & S. Fegter (Hrsg.), *Jungen-Pädagogik* (S. 133–145). Wiesbaden: Springer VS.
Pelizäus-Hoffmeister, H. (2008). Unsicherheiten im Lebensverlauf um 1900 und um 2000. *Aus Politik und Zeitgeschichte, 33–34*, 25–31.
Siemund, S. (2013). *Arbeitszufriedenheit in der Zeitarbeit. Eine pädagogische Analyse*. Wiesbaden: Springer VS.
The New Economics Foundation/NEF. (2014). Happy planet index. http://www.happyplanetindex.org/. Zugegriffen: 6. Okt. 2014.

Wihstutz, A. (2014). Agency von Kindern aus der Perspektive einer feministischen Ethic of Care. *Zeitschrift für Soziologie der Erziehung und Sozialisation, 34*(3), 247–262.
Worschech, S. (2011). Care Arbeit und Care Ökonomie: Konzepte zu besserem Arbeiten und Leben? http://www.gwi-boell.de/de/2011/02/22/care-arbeit-und-care-%C3%B6konomie-konzepte-zu-besserem-arbeiten-und-leben. Zugegriffen: 6. Okt. 2014.

‚Ein gutes Leben!' – Ansätze, Stolpersteine und Qualitätsmerkmale einer intersektionalen geschlechterreflektierten Pädagogik integrierter Berufs- und Lebensorientierung

Katharina Debus

1 Einleitung

Was ist das Ziel pädagogischer Angebote zum Thema Zukunftsgestaltung? Geht es darum, sich mit den Jugendlichen oder Kindern einer selbstbestimmten Zukunftsgestaltung anzunähern oder eher darum, ihnen die Notwendigkeit von Anpassungsleistungen an einen Arbeitsmarkt zu vermitteln, der nicht notwendigerweise nach demokratischen oder gerechten Prinzipien funktioniert?

Die Perspektive ‚Ein gutes Leben!' nimmt hier eine Positionierung bzgl. der Prioritätensetzung vor. Dementsprechend verschiebt sich der Fokus von einer einseitigen Berufsorientierungspädagogik hin zu einer integrierten Thematisierung unterschiedlicher Aspekte des zukünftigen Lebens und ihrer Verknüpfungen. So können mit Kindern und Jugendlichen, von ihrer Wahrnehmung der Gegenwart ausgehend, interessante Lernprozesse zum Thema Zukunft angestoßen werden. Eine Beschäftigung mit Fragen von Geschlechterbildern und strukturellen Ungleichheiten entlang von Geschlecht kann dabei sinnvoll sein, um die Adressat_innen zu einer individuellen Lebensgestaltung zu ermutigen und zu befähigen. Eine geschlechterreflektierte Pädagogik hat das Anliegen, den Adressat_innen in ihren vielfältigen Interessen, Fähigkeiten und Problemlagen mit Respekt zu begegnen –

K. Debus (✉)
Dissens – Institut für Forschung und Bildung e. V., Allee der Kosmonauten 67,
12681 Berlin, Deutschland
E-Mail: katharina.debus@dissens.de

unabhängig davon, ob diese typisch oder untypisch sind – und Verengungen des individuellen Repertoires durch normierende Geschlechteranforderungen und strukturelle Ungleichheit entgegen zu treten (vgl. Dissens e. V. et al. 2012; Debus 2014). Geschlecht ist aber nicht die einzige Ungleichheitslinie dieser Gesellschaft – auch Rassismus-, (vgl. Mecheril et al. 2010; Melter und Mecheril 2009), Klassismus-, (vgl. Kemper und Weinbach 2009), Behinderungs- (vgl. Goodley 2011; Maskos 2010) und andere Ungleichheitserfahrungen sollten in einer subjektorientierten Pädagogik der Zukunftsgestaltung berücksichtigt werden. Diese funktionieren intersektional, beispielsweise sind Geschlechterzuschreibungen häufig mit klassen-/schicht- und migrationsbezogenen Zuschreibungen verschränkt (vgl. u. a. Degele und Winker 2007). Intersektionale Ansätze in der Pädagogik denken Ungleichheitsverhältnisse miteinander verwoben, akzeptieren Mehrfachzugehörigkeiten als gesellschaftliche Normalität, nehmen Diskriminierungserfahrungen ernst, ergreifen Partei gegen Diskriminierung und spielen verschiedene Ungleichheitsverhältnisse nicht gegeneinander aus.[1]

Anliegen dieses Artikels sind konzeptionelle Überlegungen und Anregungen für die pädagogische Praxis.[2] Ich plädiere zunächst für eine integrierte Berufs- und Lebensorientierungspädagogik und gehe auf Schwierigkeiten ein, die sowohl auf der Geschlechter- als auch auf der Ebene anderer Diskriminierungserfahrungen aus einem einseitigen Fokus auf Berufsorientierung entstehen können (2). Zur Vertiefung greife ich einen Stolperstein der Bemühung um geschlechtsbezogene und intersektionale Zielgruppenorientierung auf – das Spannungsverhältnis zwischen Zuschreibungswissen und Reflexionskompetenz (3). Darauf aufbauend beschäftige ich mich mit der Übersetzung dieser Reflexionen in pädagogisches Handeln (4)

---

[1] Vgl. ausführlicher www.dissens.de/isgp, www.peerthink.eu sowie www.portal-intersektionalitaet.de.

[2] Aus Umfangsgründen wird auf eine systematische Einordnung in verschiedene Forschungsarbeiten verzichtet. Hintergrund der folgenden Ausführungen sind u. a. die wissenschaftliche Begleitung von *Neue Wege für Jungs* 2009–2010 (vgl. Budde et al. 2011b; Budde 2014; Debus und Stuve 2012; Debus 2012a; Debus et al. 2013) sowie die wissenschaftliche Begleitforschung zum *Beirat Jungenpolitik* des Bundesministeriums für Familie, Senioren, Frauen und Jugend (vgl. Calmbach und Debus 2013). Darüber hinaus fließen Erfahrungen in der außerschulischen Jugendbildung (u. a. im Rahmen der Mädchenarbeit und der Arbeit mit Erzieher_in-in-Auszubildenden der HVHS *Alte Molkerei Frille*) und im Rahmen von Multiplikator_innen-Fortbildungen (u. a. im Projekt *Geschlechterreflektierte Arbeit mit Jungen an der Schule,* www.jungenarbeit-und-schule.de) in die Überlegungen ein.

und schneide im Ausblick (5) weitere Aspekte einer ganzheitlichen Pädagogik zur Zukunftsgestaltung an.

2 Plädoyer für eine integrierte Berufs- und Lebensorientierung

In schulischen und anderen staatlich organisierten Angeboten zur Zukunftsgestaltung liegt häufig ein einseitiger Fokus auf Fragen der Berufsorientierung. Die übrigen Aspekte des zukünftigen Lebens werden dabei wenig beachtet. Diese Trennung schlägt sich auch in den Sichtweisen von Jugendlichen nieder: Vielen ist nicht bewusst, dass Entscheidungen in einem Lebensbereich (Beruf, Familie, Freizeit etc.) auch Auswirkungen auf andere Lebensbereiche haben (können) (vgl. Calmbach und Debus 2013).

Ein einseitiger Fokus auf Berufsorientierung ist in mehrfacher Hinsicht problematisch: Zum einen bestärkt er die Höherbewertung von Erwerbsarbeit gegenüber anderen Aspekten von Lebensgestaltung und hat damit u. a. androzentrische Effekte. Androzentrismus meint, dass in einer zweigeschlechtlich organisierten Welt viele Eigenschaften, Geschmäcker und Tätigkeiten entweder männlich oder weiblich codiert werden und dann das männlich Codierte ins Zentrum gerückt bzw. höher bewertet wird. In der (nicht nur) den westlichen bürgerlichen Gesellschaften eigenen Zuweisung der Erwerbssphäre an Männer und der Reproduktionssphäre an Frauen, wird die Frage der Berufsorientierung höher bewertet und in schulischen und anderen staatlichen Angeboten zur Zukunftsgestaltung häufig ins Zentrum gerückt. Da feministische Erkenntnisse in diesem Zusammenhang zeigen, dass Benachteiligungen von Mädchen und Frauen häufig mit deren Schlechterstellung in der Erwerbsarbeit zu tun haben, kann es auch aus kritischer Perspektive naheliegen, in einer Pädagogik mit Mädchen zur Zukunftsgestaltung einen Fokus auf diesen Bereich zu legen. Dies kann widersprüchlicherweise androzentrische Wertsetzungen verstärken.

Zum anderen – und beide Aspekte sind aufgrund der gleichzeitigen historischen Herausbildung moderner bürgerlicher, androzentrischer und kapitalistischer Lebensformen nicht losgelöst zu betrachten (vgl. Maihofer 1995) – stellt sich angesichts der Engführung von Zukunftsangeboten auf Berufsorientierung die Frage nach dem Ziel: Geht es darum, die Kinder und Jugendlichen dabei zu begleiten, die Voraussetzungen für ein möglichst glückliches und selbstbestimmtes Leben zu erwerben und entsprechende Entscheidungen zu treffen? Hierfür wäre ein integriertes Angebot hilfreich und notwendig, das eigene Entscheidungs- und Orientierungskompetenzen fördert. Ein einseitiger Fokus auf Berufsorientierung legt dahingegen nahe, dass es (explizit oder implizit) v. a. darum geht, Kinder und Jugendliche in der Zukunft gesellschaftlich nutzbar zu machen.[3]

Eine Nichtberücksichtigung anderer Lebensbereiche führt einerseits zu einer Stabilisierung traditioneller Geschlechterverhältnisse, indem Fragen der Lebensorientierung jenseits der Erwerbsarbeit dem habituellen Bereich überlassen werden. Mit Pierre Bourdieu (1982, 2005) stellt der Habitus einen verinnerlichten gesellschaftlichen Orientierungssinn dar, innerhalb dessen ein „Geschmack" ausgebildet wird, der dazu führt, die gesellschaftlichen Verhältnisse zu reproduzieren. In diesem Sinne zeigen sich traditionalisierende Tendenzen, wenn Mädchen häufig die Auswirkungen beruflicher und familiärer Entscheidungen auf ihre finanzielle Unabhängigkeit nicht mitdenken, während Jungen die Auswirkungen beruflicher Karrierepläne auf ihre familiären Wünsche oft außer Acht lassen (vgl. Calmbach und Debus 2013; Debus und Stuve 2012). Beidem könnte durch eine verknüpfte Thematisierung entgegen gewirkt werden. Zudem führt ein einseitiger Fokus zu Frustrationen für diejenigen Jugendlichen, die beruflich geringe Aussichten auf Erfolg und Selbstverwirklichung haben. Für sie werden entsprechende Lerneinheiten eher zur Bewältigungsaufgabe[4] als zur Lerngelegenheit (vgl. Calmbach und Debus 2013; Debus und Stuve 2012). Dies gilt umso mehr, wenn nur entlang normativer (und nicht für alle erreichbarer) Lebensentwürfe gesprochen wird und beispielsweise Kompetenzen und Kreativität im Umgang mit Prekarität und staatlichen Unterstützungsleistungen nicht gewürdigt und zum Thema gemacht werden.

Nach Klaus Holzkamp (1995) kann expansives Lernen an die Stelle eines durch fremdbestimmte Lehrziele strukturierten defensiven Bewältigungslernens treten, wenn die Lernenden sich eigene Lernziele suchen, also entdecken, was für sie am Lerngegenstand in Bezug auf eigene Handlungsproblematiken interessant sein könnte. Die Fragestellung des guten Lebens bietet ein breiteres Angebot für die Lernenden, Fragen und Herangehensweisen zu entdecken, die ihnen für eigene gegenwarts- und/oder zukunftsbezogene Fragen anregend erscheinen.

---

[3] Dennoch ist es eine wichtige Aufgabe von Pädagogik, den Adressat_innen die Kompetenzen zu vermitteln, die sie brauchen, um in einer von Ungleichheit und Diskriminierung strukturierten Gesellschaft so gut leben zu können wie möglich. Es ist aber eine Frage der Perspektive, ob dabei die Entwicklung eigener Entscheidungsfähigkeit handlungsleitend ist oder ob den Adressierten diese Entscheidung durch Disziplinierungs- und Anpassungsanforderungen abgenommen wird.

[4] Es stellt sich so weniger die Frage nach möglichem Erkenntnisgewinn als danach, wie ein unangenehmes Thema möglichst schmerzlos bewältigt werden kann. Eine Strategie besteht darin, irgendwas zu antworten, um von den Pädagog_innen in Ruhe gelassen zu werden. Ein Rückgriff auf Stereotype bietet sich dann an (vgl. Debus und Stuve 2012).

3 Zielgruppenorientierung: Zuschreibungswissen oder Reflexionskompetenz?

Im Bemühen um eine Ausrichtung an Interessen und Bedarfen der Zielgruppe liegen allerdings auch Stolpersteine verborgen. Ein Balance-Akt pädagogischen (oder auch politischen) Handelns rund um Ungleichheitsverhältnisse besteht in der Schwierigkeit, die aus den Verhältnissen resultierenden Ungleichheiten einerseits ernst zu nehmen, da andernfalls Privilegien und Diskriminierungen unsichtbar werden und eine vermeintlich neutrale Pädagogik sich meist stärker an den Interessen und Bedürfnissen der Privilegierten ausrichtet als an denen von Menschen mit Diskriminierungserfahrungen. Andererseits besteht bei vielen Formen der Berücksichtigung von Ungleichheiten die Gefahr einer Zementierung und Reifizierung, die unsichtbar macht, dass es sich um veränderbare Ergebnisse von Prozessen handelt und nicht um festgeschriebene Eigenschaften der Individuen. Es kann also zu Paradoxien kommen zwischen einer wohlgemeinten Zielgruppenorientierung und einer stereotypisierenden Zuschreibungspraxis.

Im Folgenden gehe ich entlang der Themen Geschlechterbilder und intersektionale Zuschreibungen von Geschlechterkonservatismus auf mögliche Schwierigkeiten und Alternativen ein. Ein weiteres wichtiges Thema wäre Heteronormativität: Häufig gehen Pädagog_innen davon aus, alle anwesenden Schüler_innen seien heterosexuell, wenn sich niemand explizit also homo- oder bisexuell bzw. queer geoutet hat (vgl. Debus 2012c). Entsprechend geht eine Pädagogik, die sich mit Zukunftsfragen beschäftigt, häufig von heterosexuellen Familienkonstellationen aus und trägt so zu normativen Verengungen und Dynamiken von Ein- und Ausschluss bei. Die Untersuchung zum *Beirat Jungenpolitik* hat gezeigt, dass sich nicht-heterosexuelle Jugendliche heterosexuell gestaltete Räume vielfach nicht als einen Ort aneignen (können), um sich mit eigenen Familienplanungsfragen zu beschäftigen – hier bedarf es besonderer Förderangebote.[5]

3.1 Geschlechterbilder: Schonverhalten und Androzentrismus

Schon in der unterschiedlichen Anlage zwischen dem *Girls'Day* und den Parallelprojekten *Neue Wege für Jungs* und *Boys'Day* wird eine differente Thematisierung von Fragen geschlechtsbezogener Berufs- und Lebensorientierung deutlich. In der

---

[5] Ein Beispiel findet sich im Projekt „Daddy be cool!", wo ein Seminarangebot zu aktiver Vaterschaft nicht nur an klassischen Orten der Jungenarbeit, sondern auch in einem Les-BiSchwulen Jugendzentrum stattfand (vgl. Melcher 2013). Bislang liegt keine Verschriftlichung der Erfahrungen mit den schwulen Jungen vor, Nachfragen können gerne an Marc Melcher adressiert werden.

Entstehungsgeschichte wurde zunächst der *Girls'Day* aufgrund der Analyse etabliert, dass Nachteile von Mädchen u. a. auf eingeengtes Berufswahlverhalten mit einer Präferenz für schlechter bezahlte weiblich konnotierte Berufe zurückzuführen seien[6] und eine Werbung um weibliche Fachkräfte im Interesse männlich dominierter Berufsfelder läge. Als *Neue Wege für Jungs* als Parallelprojekt entstand, sollte der strukturell unterschiedlichen und hierarchisierten Situation von Frauen und Männern in Gesellschaft, Familie und Beruf durch ein Konzept Rechnung getragen werden, das für Jungen zusätzlich auch die Themen soziale Kompetenzen, Geschlechterbilder und Haushalt bzw. Familie in den Blick nimmt.

Diese Unterscheidung ist nachvollziehbar, wird aber problematisch, wenn eine Erweiterung der Zukunftsperspektiven für Mädchen v. a. mit einer Anpassungsleistung an einen androzentrischen Arbeitsmarkt gleichgesetzt wird. So wird weder die Verknüpfung der Lebensbereiche thematisiert, noch gibt es einen pädagogisch strukturierten Raum für Auseinandersetzungen mit strukturellen Hindernissen. Der erweiterte Fokus für Jungen macht insofern Sinn, als dass hier Zuständigkeitsbereiche möglicherweise verschoben werden (vgl. Cremers 2012). Im Rahmen der wissenschaftlichen Begleitung von *Neue Wege für Jungs* in teilnehmenden Beobachtungen und Interviews mit Pädagog_innen hat sich allerdings gezeigt, dass eine Orientierung für Jungen auf soziale Berufe wegen der dort üblichen geringeren Entlohnung von einigen pädagogischen Fachkräften als fragwürdig problematisiert wurde (Budde et al. 2011b, S. 91). Dies wurde teilweise reflexiv und gesellschaftskritisch besprochen, führte aber in anderen Fällen auch zu einem ‚Schonverhalten', in dem schon das eintägige Ausprobieren sozialer Berufe als Zumutung für Jungen erscheint, die ihnen – teilweise aufgrund der ihnen unterstellten mangelnden Reife – freigestellt wird (vgl. Budde 2014, S. 135 ff.; Debus und Stuve 2012, S. 59 f.):

> Mit den Jungen der 9. Klasse kann man zum großen Teil Schnupperpraktika in Frauenberufen nicht machen, da gibt es zu viele Widerstände, die sind noch nicht so weit. Es wurde allen angeboten und vier machen das gerade, weil sie's gerne wollen, aber da gehört Mut zu, die werden als schwul und so bezeichnet. (Gymnasiallehrer, westdeutsche Mittelstadt, Interview im Rahmen der wissenschaftlichen Begleitung von *Neue Wege für Jungs* 2009–2010)

Aufgrund dieser Annahme wurde für Jungen, die sich nicht für ein Schnupperpraktikum in einem ‚Frauenberuf' entschieden hatten, ein themengemischter Parcours organisiert, während die Mädchen aufgrund der geringeren antizipierten Widerstände zu einem Schnupperpraktikum in einem ‚Männerberuf' verpflichtet wur-

---

[6] Aus intersektionaler Perspektive, die Geschlecht als u. a. mit Klassismus verschränkte Ungleichheitskategorie begreift, verweist dies auf grundsätzlichere Fragen nach Lohngerechtigkeit und unterschiedlicher Bewertung, Anerkennung und Bezahlung für verschiedene Tätigkeiten.

den. Die Analyse des Lehrers steht in Kontrast zu Aussagen interviewter Jungen (vgl. Debus 2012a, S. 101 f. sowie Debus und Stuve 2012, S. 51 ff.). Diese hatten keine Vorstellung davon, was unter einem ‚Frauenberuf' zu verstehen sei. Nach einer Nennung möglicher Berufe zeigte sich vielmehr, dass mehrere gerne ein Praktikum in einer Kita oder Grundschule gemacht hätten und dass einer der interviewten Jungen evtl. Erzieher werden wollte. Ein entsprechendes Praktikum hätten diese Jungen laut Interview-Aussage spannender gefunden als die Teilnahme am stark spaßorientierten, ressourcensparenden und thematisch eher oberflächlich gehaltenen Parcours.[7]

Es hätte also zu einem inhaltlich sinnvolleren Angebot führen können, wenn die Lehrkräfte den Widerstand bzw. das Desinteresse von Jungen am Praktikumsangebot kritisch thematisiert hätten. Dann hätten sie herausfinden können, dass u. a. ein Kommunikationsproblem durch die inhaltlich nicht gefüllte Benennung ‚Frauenberufe' vorlag. Diese beinhaltet den geschlechtsbezogenen Platzanweiser, dass diese Berufe für ‚richtige' Jungen nicht interessant sein können. Durch eine Umbenennung in ‚Soziale Berufe und Dienstleistungsberufe' hätte ein Teil des Problems behoben werden können (vgl. Debus 2012a, S. 101 f.).

Auch in anderen Angeboten zeigte sich, dass ein entsprechendes Schonverhalten oder auch Überlistungsstrategien, das Interesse der Jungen am Thema durch eher oberflächlich spaßorientierte Angebote zu wecken, aus einem Jungenbild rühren, das in Widerspruch zu den Selbstaussagen der interviewten Jungen steht: Diese zeigten sich sehr interessiert am Thema Zukunftsgestaltung, zumindest in Form erfahrungsbasierter Angebote, aber z. T. auch in eher reflexiv orientierten Gesprächsangeboten. So wurden auch verpflichtende Schnupperpraktika in sozialen Berufen oder Dienstleistungsberufen mit großem Interesse aufgenommen (vgl. Debus und Stuve 2012, S. 51 ff. sowie Debus 2012a, S. 109).

Bei der Planung geschlechtsbezogener Angebote zur Berufsorientierung sollten also androzentrische Hierarchisierungen vermieden werden, die nahelegen, männlich dominierte Berufe seien für Mädchen eine begehrenswerte Zukunftsperspektive, während schon das Ausprobieren von Berufen mit höherem Frauenanteil für Jungen eine Zumutung darstelle. Verschiedene Vor- und Nachteile von Berufen wie Bezahlung und Aufstiegschancen, soziale Erfahrungen, die Möglichkeit für andere zu sorgen oder in inspirierenden Austausch mit ihnen zu treten, wertschätzende oder hierarchische Arbeitsumgebungen etc. sollten nebeneinander gestellt und je individuell abgewogen sowie mit anderen Fragen der Lebensgestaltung verknüpft werden.

---

[7] Für eine gründlichere Besprechung vgl. Budde 2014, S. 104–109.

3.2 Intersektionalität: Geschlechterkonservativ sind immer die ‚Anderen'

Eine Verschärfung geschlechtsbezogener Zuschreibungen zeigte sich in Fortbildungen wie auch in der Wissenschaftlichen Begleitung von *Neue Wege für* Jungs, wenn Geschlecht in Überschneidung mit Migration und Armut thematisiert wurde – hier fielen besonders häufig Stereotypisierungen an der Intersektion von Geschlecht, Klasse/Schicht und Migrationserfahrungen/Rassismus auf:

> Nee, weil ich denk auch nicht, dass von *meinen* Kindern [Deutschlernendenklasse für vor kurzem immigrierte Kinder/Jugendliche] Mädchen einen typischen Jungsberuf ergreifen würden oder Jungs einen typischen Mädchenberuf. Nie im Leben! Bin ich mir absolut sicher! Obwohl die Kinder das toll finden in diesen Kindertagesstätten [...]. Ein Junge hatte letztes Jahr, das ist ein Brasilianer, der fand das *so* toll, der hat sich *so* wohl gefühlt und die Erzieher haben alle gesagt, mein Gott, kann der das gut. Der hat so'n ganz kleinen quirligen Bruder und die haben gesagt, der kann das *so toll* mit den Kindern, wird der nie machen, dass der in so 'nen Beruf geht. *[KD: „Hat er gesagt?"]* Jein, also nicht so deutlich, aber würd auch seine Mutter nicht zulassen, bin ich mir ganz sicher. Und das hängt ja ganz viel an den Kulturen und an den Vorstellungen, was ein Mann für einen Beruf haben muss. (Lehrerin einer Integrierten Gesamtschule [IGS], westdeutsche Großstadt, Interview im Rahmen der wissenschaftlichen Begleitung von *Neue Wege für Jungs* 2009–2010)

In ähnlicher Weise schreibt eine Lehrerin einer anderen Integrierten Gesamtschule in einem sogenannten Brennpunktviertel der gleichen Stadt Familien mit Armuts- und Rassismuserfahrungen „festgebackene Rollenbilder" zu. Sie habe „hintenrum" erfahren, dass in diesen Familien die Mütter alles machten (Interview im Rahmen der wissenschaftlichen Begleitung von *Neue Wege für Jungs*, vgl. auch Budde et al. 2011a, S. 122 ff.). Auf Nachfrage gibt diese Lehrerin an, dass es ihr kaum gelinge, mit den Eltern ins Gespräch zu kommen – den im Rahmen der Erhebung getätigten Aussagen der Kinder über ihre Haushaltstätigkeiten und -kompetenzen wiederum glaubt sie nicht, auch wenn sie diese durch Detailwissen belegen können.

Beide Lehrerinnen zeigen sich als engagierte Kolleginnen, denen das Wohl ihrer Schüler_innen am Herzen liegt und die strukturelle Ungleichheiten problematisieren, die die Möglichkeiten für ihre Schüler_innen einschränken. Sie interessieren sich für die Lebensbedingungen ihrer Zielgruppe, scheinen sich aber eine Meinung zu bilden, ohne diese einzubeziehen. Es stellt sich die Frage, welche Faktoren dazu führen können, dass engagierte und diskriminierungskritische Pädagog_innen solche stereotypisierenden Bilder haben und weitertragen. Ein möglicher Grund ist in Erfahrungen und Frustrationen zu vermuten, die pauschalisiert werden. Ein weiterer Faktor liegt in gesellschaftlichen Diskursen, denen sich auch Pädagog_innen nicht problemlos entziehen können. Der Diskurs über Geschlecht in armuts- und migrationsgeprägten Lebenswelten scheint v. a. der Selbstvergewisserung einer bürgerlichen und mehrheitsdeutschen sogenannten Mitte als emanzipiert und gleichstellungsorientiert zu dienen. Stereotype Rollenverteilungen und Sexismen in der eigenen Schicht lassen sich besser ausblenden, wenn ‚rückschrittliche' oder ‚festgebackene' Rollenbilder, Sexismus und Homophobie, v. a. bei ‚den Anderen' wahrgenommen und auf diese projiziert werden, wobei diese ‚Anderen' häufig als Menschen mit Armuts- und/oder Migrationserfahrung konstruiert werden (vgl. Yılmaz-Günay 2013). Diese Form intersektionaler Stereotypisierungen findet sich in unserer Erfahrung auch häufig bei Pädagog_innen, denen in Bezug auf Geschlecht ein nicht-stereotypisierender Umgang wichtig ist. Sie steht bemerkenswerterweise in Kontrast zu der relativ höheren Offenheit weniger privilegierter Jungen bzgl. nicht-traditioneller Lebensmodelle (vgl. Debus und Stuve 2012; Calmbach und Debus 2013).

Mit Olaf Stuve habe ich einen dritten Faktor herausgearbeitet[8]: Zielgruppenorientierung wird oft dahingehend verstanden, sich als Pädagog_in Wissen *über* die Zielgruppe anzuzeigen. Dies steht in einem Kontext, in dem Pädagogik zunehmend unter Effizienzdruck gerät, der wenig Raum lässt, Probleme als komplex wahrzunehmen, so dass auch komplexe Analysen und langfristig gedachte differenzierte Vorgehensweisen schwer vermittelbar sind. Ergebnis der daraus resultierenden Suche nach einfachen Rezepten ist eine Pauschalisierung der jeweils problematisierten Zielgruppe. Der pädagogische Grundsatz, alle Adressat_innen als einzigartige Individuen wahrzunehmen und zu behandeln, gerät dabei ins Hintertreffen.

Wir haben dies auf den Begriff gebracht, dass diversitätsbewusste Zielgruppenorientierung häufig als Zuschreibungswissen (miss-)verstanden wird. Sinnvoller wäre hingegen eine Reflexionskompetenz, mit der es nicht darum geht, die richtigen Antworten zu haben, sondern darum, die richtigen Fragen zu stellen. Paul Mecheril (2013) spricht in diesem Zusammenhang von „Kompetenzlosigkeitskompetenz". Auch für eine solche „Handlungsfähigkeit ohne Handlungssicherheit"[9] ist es wichtig, sich Wissen anzueignen: über die Lebensumstände der Adressat_innen, über diskursive, ökonomische und rechtlich-institutionelle Rahmenbedingungen, über die gesellschaftlichen und historischen Entstehungsbedingungen von Ungleichheit und nicht zuletzt über verschiedene Deutungsweisen dieser Umstände durch Menschen, denen Diskriminierung widerfährt. Dieses Wissen sollte aber nicht in Form von Zuschreibungen zur Anwendung gebracht werden. Bildende und

---

[8] Bislang nur mündlich im Rahmen von Fortbildungen veröffentlicht, erste Überlegungen finden sich in Stuve und Debus 2012b.
[9] Diese Formulierung ergab sich aus einem Gespräch mit A. Foitzik im Rahmen der *Weiterbildungsreihe zur Trainerin und Beraterin für pädagogisches Handeln in der Einwanderungsgesellschaft* unter der Leitung von A. Kalpaka und A. Foitzik (2012–2013).

sich wechselseitig anerkennende Lernprozesse entstehen, wenn es gelingt, mit den Adressat_innen ins Gespräch zu kommen, ihnen wie auch sich selbst hilfreiche Reflexionsfragen zu stellen und anregende Angebote zu machen sowie ihr Feedback auf diese Angebote ernst zu nehmen.

3.3 Mögliche Reflexionsfragen einer stereotypisierungskritischen Zielgruppenorientierung

Die folgenden Reflexionsfragen können unterstützen, stereotypisierende Stolpersteine einer zielgruppenorientierten Pädagogik zu Zukunftsorientierung zu vermeiden:

- Welches Bild habe ich von meiner Zielgruppe? Welche Geschlechterbilder, Wahrnehmungen von geschlechtlicher und sexueller Vielfalt, Bilder bzgl. Klasse/Schicht oder natio-ethno-kulturell-religiöser Zugehörigkeiten (in Anlehnung an Mecheril 2003) etc. habe ich?[10]
- Welche Themen und Tätigkeiten will ich anbieten und welche werden schon angeboten (z. B. Berufe, Lebensweisen, Haushalt, Geschlechterbilder)? Was ist an diesen Themen und Tätigkeiten aus Sicht der Kinder und Jugendlichen erlernenswert?
- *Wem* will ich *was* anbieten? Mit welchem Ziel? Warum?
- Wie kann es mir gelingen, für alle Adressat_innen interessante Angebote zu entwickeln, u. a. unter Berücksichtigung von Alter, Lebensphase und Zukunftsaussichten meiner Adressat_innen? Denke ich Bedürfnisse und Interessen mit, die evtl. aus Angst vor Ausgrenzung oder Abwertung nicht explizit thematisiert werden (können)?
- Wie kann ich nach und nach vertrauensvolle Räume schaffen, in denen auch Unsicherheiten, offene Fragen und nicht-normative Perspektiven thematisiert werden können?
- Wie vermittle ich meine Angebote? Gelingt es mir, das jeweils Interessante an den Angeboten sichtbar werden zu lassen? Wäge ich Fragen von Freiwilligkeit

---

[10] Z. B.: Nehme ich ironisiert geäußerte Sexismen mehrheitsdeutscher bildungsbürgerlicher Jungen genauso ernst wie sprachlich weniger elaboriert geäußerte Sexismen von Jungen aus prekären Lebenswelten und Jungen mit z. B. türkischer oder arabischer Familiengeschichte? Oder umgekehrt: Was müssen Jungen und Mädchen aus prekären Lebenswelten und/oder mit muslimischer Religionszugehörigkeit tun, damit ich ihnen glaube, dass sie Geschlechtergleichstellung leben und für die Zukunft anstreben?

und Verpflichtung auch danach ab, dass es manchmal schwierig sein kann, ein freiwilliges Interesse an einem Angebot zu äußern, das von stereotypen Geschlechter- und anderen Zugehörigkeitsvorstellungen abweicht?
- Vermittele ich explizite und implizite geschlechtsbezogene bzw. intersektionale[11] Platzanweiser? Transportiere ich Botschaften, welche Interessen und welche Fähigkeiten ‚normal' für Menschen eines Geschlechts und/oder einer Schicht bzw. kulturellen Zugehörigkeit sind und was ‚besonders' oder ‚anormal' ist?
- Ermögliche ich Partizipation bei der Angebotsplanung?
- Wie gehe ich mit dem Feedback meiner Adressat_innen um? Wie ordne ich Widerstände oder Desinteresse ein? Wie reagiere ich darauf? Gebe ich den entsprechenden Kindern und Jugendlichen eine realistische Möglichkeit, ihre Haltung zu verändern oder schreibe ich sie auf diese fest?
- Wie kann ich bei Desinteresse oder Widerständen mit meinen Adressat_innen ins Gespräch kommen? Welche Fragen könnten gleichermaßen für sie wie auch für mich wichtige und interessante Angebote für einen Dialog sein?

4 Pädagogische Bearbeitungsweisen

Auf die vorangegangenen Überlegungen, Analysen und Kritiken aufbauend, gehe ich im Folgenden auf Fragen der praktischen Umsetzung ein. Dafür beschäftige ich mich zunächst mit Aspekten einer kompetenzerweiternden Förderung (4.1). Ein Risiko einer reinen Ressourcenorientierung besteht in der Ausblendung von Diskriminierungserfahrungen, daher plädiere ich im folgenden Abschnitt für eine kritische Berücksichtigung intersektionaler Ungleichheitsverhältnisse in einer Pädagogik zu Zukunftsorientierung (4.2). Methodisch konkreter beschreibe ich daraufhin Möglichkeiten der Zugangsweise entlang von Vorstellungen eines ‚guten Lebens' (4.3). Geschlechterreflektierte Pädagogik wird häufig missverstanden als ‚Reden über Geschlecht'. Da dies kontraproduktive Folgen haben kann, gebe ich abschließend Anregungen zu bewussten Entscheidungen bzgl. der (Nicht-)Thematisierung von Geschlecht und Differenz entlang der Unterscheidung zwischen dramatisierenden, entdramatisierenden und nicht-dramatisierenden Vorgehensweisen (4.4).

---

[11] Mit ‚intersektionalen' Platzanweisern sind solche gemeint, die an der Intersektion unterschiedlicher Ungleichheitsverhältnisse stattfinden, also beispielsweise bzgl. dessen, wofür sich ‚richtige' oder ‚normale' türkische Mädchen oder Söhne von Eltern mit ALG-II-Bezug angeblich (nicht) interessieren.

4.1 Förderung, Austausch, Orientierungs- und Verhandlungsfähigkeit

Handlungsleitend bei pädagogischen Angeboten (nicht nur) zu Zukunftsgestaltung sollte das Ziel sein, allen Adressat_innen vielfältige Möglichkeiten zu eröffnen und breit aufgestellte Kompetenzen zu vermitteln. Dabei sollte den verschiedenen Interessen und Fähigkeiten mit Respekt und Wertschätzung begegnet werden – unabhängig davon, ob sie stereotypen Bildern ent- oder widersprechen. Auch stereotype wie untypische Schwächen und Bedarfe sollten gleichermaßen ernst genommen und pädagogisch kompensierend bearbeitet werden.

Schlussfolgerung aus der Problematisierung stereotyper Verengungen kann dabei m. E. nicht sein, den Jugendlichen oder auch Kindern Perspektiven zu oktroyieren, wie eine ‚gute', ‚geschlechtsangemessene', ‚moderne', ‚fortschrittliche' etc. Zukunftsorientierung auszusehen habe. In den meisten Fällen geht es darum, ein Gefühl dafür zu entwickeln, was für das eigene Empfinden von Lebensqualität wichtig ist und in welcher Weise sich diese Qualität mit Zukunftsfragen verknüpft. Dazu gehört ein Bewusstsein über mögliche Schwierigkeiten und Hindernisse, wie beispielsweise finanzielle Abhängigkeit (auf beiden Seiten der Abhängigkeitsbeziehung), Mehrfachbelastung in der Kombination von engagierter Berufstätigkeit und aktiver Elternschaft, Verzicht auf Freizeit und unabhängige Gestaltungsmöglichkeiten bei der Entscheidung entweder für anspruchsvolle Berufstätigkeit oder Elternschaft – erst recht in der Kombination aus beidem, Konsequenzen finanzieller Prekarität bei Entscheidungen gegen Karriere etc. Und dazu gehört auch ein Einblick in die beglückenden Aspekte verschiedenster Lebensentwürfe – Unabhängigkeit, Gestaltbarkeit, berührende Bindungserfahrungen, soziale Erlebnisse, Anerkennung, Erfolgserlebnisse, Entwicklungsgelegenheiten, Kreativität, politische Partizipation, Sicherheit, Freizeit etc.

Es geht darum, Erfahrungen zu vermitteln, Räume für Austausch und Reflexion zu schaffen, anregende Fragen zu stellen und mit Kindern und Jugendlichen über Themen zu sprechen, die auch die meisten Erwachsenen immer wieder beschäftigen. Diese Haltung ermöglicht Lernprozesse, die nicht zustande kommen, wenn wir als Pädagog_innen unsere eigenen Widersprüchlichkeiten und Schwierigkeiten verdrängen und so tun, als hätten wir die eine Lösung für alle beschriebenen Problematiken gefunden oder uns radikalrelativistisch auf ein ‚Jede_r nach seiner_ihrer Façon' zurückziehen. Es geht vielmehr darum, Orientierungsfähigkeit zu üben. Daher ist die Rede von Berufs- und Lebensorientierung angemessener als die Rede von ‚Planung' – denn dass Pläne nicht immer das halten, was sie versprechen, ist offensichtlich. Orientierungsfähigkeit ist daher nötig, um auch Umgangsweisen mit geplatzten Plänen entwickeln zu können oder mit Plänen, die bei ihrer Realisierung gar nicht mehr so begehrenswert erscheinen. Dieser Austausch kann in geschlechtergetrennten Räumen gut platziert sein – allerdings mit der Frage verknüpft, was das für Kinder und Jugendliche bedeutet, die Themen haben, die sie in ihrer Geschlechtergruppe isolieren, oder solche, die keinen Raum in zweigeschlechtlichen Aufteilungen finden (z. B. intergeschlechtliche, transgeschlechtliche und genderqueere Kinder und Jugendliche). Dennoch kann ein Austausch in geschlechtergetrennten Gruppen die Möglichkeit bieten, sich kritisch mit gesellschaftlichen Männlichkeits- bzw. Weiblichkeitsanforderungen auseinanderzusetzen. Auch Austausch in gemischten Räumen macht Sinn – insbesondere für Kinder und Jugendliche, die ihr Leben gemeinsam mit Menschen eines anderen Geschlechts organisieren (werden). Viele der befragten Jugendlichen der Begleitforschung zum Beirat Jungenpolitik hatten zwar Annahmen darüber, was Männer respektive Frauen von einer heterosexuellen Partnerschaft erwarten und welche Rollenverteilung sie sich wünschen, hatten diese Fragen aber häufig noch nie mit Gleichaltrigen eines anderen Geschlechts besprochen (vgl. Calmbach und Debus 2013). Gerade Angebote zu Austausch, Verhandlungsfähigkeit und Umgang mit Schwierigkeiten sind daher gut platziert in gemischtgeschlechtlichen Konstellationen.

4.2 Intersektionalität und Anti-Diskriminierung

Neben dieser individualisierten Förderung sollte sich Pädagogik aus intersektionaler Sicht parteilich gegen Diskriminierung positionieren. Ressourcenorientierung ist wichtig, um Kinder und Jugendliche zu ermutigen und zu unterstützen, ihre Stärken auszubauen und selbstbewusst ihre eigenen Ziele zu verfolgen. Ein Risiko besteht aber, wenn dabei Diskriminierungen ausgeblendet werden. Dann kann Ressourcenorientierung kontraproduktiv werden, indem die betroffenen Kinder und Jugendlichen sich wahlweise aus gutem Grund dem Angebot verweigern oder aber sich selbst für diskriminierungsbedingtes Scheitern verantwortlich erklären und resignieren. Eine intersektionale Pädagogik stellt sich daher dem Auftrag, gleichzeitig ressourcenorientiert zu fördern, Diskriminierung wahr- und ernst zu nehmen, ihr entschlossen entgegen zu treten und bei Bedarf mit den Adressat_innen an Gegenstrategien zu arbeiten.

Darüber hinaus kann es interessant und weiterführend sein, Menschen mit verschiedenen Lebenswegen als Lern- und Auseinandersetzungspartner_innen in die Gestaltung des Angebots einzubeziehen – insbesondere wenn die eigenen Lebenswege denen der Adressat_innen fern sind. Nicht zuletzt sollten Kompetenzen und Angebote für alle in der Gruppe wahrscheinlich repräsentierten Lebenswege vermittelt werden. Dazu gehört bei einem Praktikum in einer Kita beispielsweise das

Kennenlernen verschiedener Qualifikationswege für das Berufsfeld, darunter ggf. auch solcher, die mit einem Hauptschulabschluss erreichbar sind. Und dazu gehört auch eine Beschäftigung mit verschiedenen Unterstützungsleistungen von Arbeitslosengeld I und II bis hin zu Bafög, Elterngeld und Stipendien. Das Ausfüllen entsprechender Anträge sollte vermittelt und Beratungsstellen vorgestellt werden.

4.3 ‚Ein gutes Leben'

Die Frage danach, was jeweils als ‚ein gutes Leben' empfunden wird, kann verschiedene Aspekte einer geschlechterreflektierten und intersektionalen Berufs- und Lebensorientierung verknüpfen. Dabei lässt sich für alle Zielgruppen aus einer Verknüpfung mit der Gegenwart Erkenntnisgewinn erhoffen, da so das Thema aus dem Abstrakten ins Konkrete überführt werden kann: Die Idee, später Glück vor allem in einem Dasein als Mutter und Hausfrau zu finden, erscheint fragwürdig, wenn in der Gegenwart Haushaltstätigkeiten nur begrenzt als beglückend empfunden werden. Die Vorstellung, später Erfüllung in einer Karriere in einem hierarchischen Unternehmen mit 50-Stunden-Woche zu finden, wirft Fragezeichen auf, wenn in der Gegenwart Hierarchien und Disziplin als beengend empfunden werden und Freizeit ein hohes Gut darstellt. Umgekehrt wird das Thema Zukunft interessanter, wenn auch die eigenen Sorgen Raum finden und Ideen, mit diesen kreativ umzugehen. Es kann auch zu einem weniger frustrierenden Thema werden, wenn es nicht nur um Felder des antizipierten Scheiterns geht, sondern beispielsweise auch um außerberufliche Felder der Freizeitgestaltung und Partizipation.

Eine Beschäftigung mit der Gegenwart kann z. B. bei der Frage ansetzen „Was mag ich und was macht Lebensqualität für mich aus? Welche Felder gehören dazu?" Als Anregung können die Themen Freundschaft, Familie, Schule, Partnerschaft(en), Freizeit, Sport, Kultur, Kreativität, Ruhe, Alleine-Sein, Gemeinschaftlichkeit, Politik/Engagement, Medien, Spielen, Essen, Haushalt, Handwerk, Handarbeit etc. eingebracht werden.[12] Weitere mögliche Fragen können darauf aufbauen:

- Was davon habe ich noch nicht ausprobiert?
- Was könnte sich in der Zukunft verschieben oder dazu kommen? (z. B. finanzielle Eigenverantwortung, Beruf, Partnerschaft, Wohnen ohne Eltern, Kinder, Reisen)
- Was weiß ich über diese Dinge?

---

[12] Ich habe dies zu einer Methode ausgearbeitet, die ich auf Nachfrage gerne zuschicke.

In Bereichen, die noch unbekannt sind, kann für neue Erfahrungen gesorgt werden, die dann ausgewertet werden. Recherchen, Projekte, Praktika in Berufen oder Familien- und Haushaltstätigkeiten, Interviews, Einladungen verschiedener Menschen, Medien und ähnliche Erweiterungen des Wissens- und Erfahrungsschatzes können an die Frage der individuellen Vorstellungen eines ‚guten Lebens' rückgebunden werden. Auch eine aktive Beschäftigung mit Hindernissen und Gegenstrategien sollte Raum finden. Darauf aufbauend kann über Kriterien eines ‚guten Lebens' in der Zukunft gesprochen werden. Entscheidungen können auf mögliche Konsequenzen für verschiedene andere Lebensbereiche reflektiert werden. Dafür bieten sich auch spielerische Methoden wie Rollenspiele, Talkshows, kreatives Schreiben oder Gestalten an. Sinnvoll ist, im Sinne eines Lerntagebuchs dazu zu ermutigen, sich auf Veränderungsprozesse einzulassen, anstatt zu feststehenden Entscheidungen aufzufordern. Ggf. können Pädagog_innen auch anhand des eigenen Lebens die Prozesshaftigkeit von Lebensgestaltung als Normalität sichtbar werden lassen.

Eine altersgerechte Bearbeitung des Themas sollte nicht zu früh mit Fragen der Planung beginnen, wobei bei zukunftsweisenden Schul- und Fächerwahl-Entscheidungen auch Planungsfragen berücksichtigt werden sollten. Mit Gruppen, die nicht kurz vor solchen Entscheidungen stehen, macht es mehr Sinn, erfahrungsbasiert z. B. mittels Praktika oder einem Haushaltsparcours zu arbeiten oder aber u. a. die Themen ‚vielfältige Lebensweisen' oder ‚verschiedene Berufe' zum Lerngegenstand zu machen.

4.4 Fragen des Zugangs: Dramatisierung, Entdramatisierung oder Nicht-Dramatisierung von Differenz?

Geschlechtsbezogene Pädagogik wird häufig übersetzt mit ‚über Geschlecht reden'. Dies kann kontraproduktive Effekte haben, wenn so z. B. ein Raum strukturiert wird, in dem die Jugendlichen oder Kinder sich gegenseitig in Stereotypen fortbilden. Das Ergebnis einer solchen Einheit kann sein, dass die Teilnehmenden danach stereotyper denken als vorher. Ähnliches lässt sich aus intersektionaler Sicht auch für das Sprechen über (vermeintliche) kulturelle Differenzen oder Schicht-Unterschiede beschreiben. Solche kontraproduktiven Ergebnisse von Lerneinheiten sind nicht (nur) auf die Sichtweisen, Widerstände oder den Mangel an Reflexivität der jeweiligen Zielgruppe zurückzuführen, sondern teilweise logische Ergebnisse bestimmter methodisch-didaktischer Vorgehensweisen[13]. Das

---

[13] Die folgenden Ausführungen finden sich ausführlicher in Debus 2012b. Mit Fokus auf die Methode ‚Typisch männlich – typisch weiblich' vgl. Debus 2012d, zu Berufs- und Lebensorientierungen für Jungen vgl. Debus et al. 2013.

Begriffspaar „Dramatisierung" und „Entdramatisierung" von Geschlecht, das Hannelore Faulstich-Wieland (u. a. 2005, S. 13 ff.) in die deutschsprachige Debatte um geschlechtsbezogene Pädagogik eingebracht hat, kann bei einem informierten Einsatz verschiedener methodischer Optionen unterstützen (vgl. Debus 2012b; Debus et al. 2013). So kann die Rede über Geschlecht (Dramatisierung) Sinn machen, wenn es um die Thematisierung von Ungleichheitsverhältnissen gehen soll oder wenn die Adressat_innen selbst Geschlecht dramatisieren (z. B. durch Sitzordnungen, Zuschreibungen oder Abwertungen) und dies als Anlass für eine kritische Auseinandersetzung mit dem Thema genutzt werden soll. Ein solches Vorgehen birgt aber das Risiko, Raum für Stereotypisierungen und Differenzdenken bereitzustellen. Von daher sollte eine Dramatisierung immer von entdramatisierenden Vorgehensweisen begleitet oder gefolgt sein. Dabei geht es darum, Geschlecht wieder zu relativieren bzw. ins Verhältnis zu setzen. Der Fokus richtet sich dann auf Individualität, Differenzen zwischen Menschen des gleichen Geschlechts, Gemeinsamkeiten zwischen Menschen unterschiedlicher Geschlechter und andere gesellschaftliche Ungleichheiten.

Eine weitere Möglichkeit besteht in Vorgehensweisen, die ich als „nicht-dramatisierend" beschreibe (vgl. Debus 2012b): Es werden Themen bearbeitet, die gesellschaftlich gesehen häufig etwas mit Geschlecht zu tun haben, ohne aber Geschlecht explizit in den Fokus zu stellen. Ein Vorteil einer solchen Vorgehensweise – wenn sich beispielsweise alle Adressat_innen gemeinsam mit sozialen oder technischen Berufen, Haushaltskompetenzen o. ä. beschäftigen – besteht darin, dass keine geschlechtsbezogenen Platzanweiser vermittelt werden, es sind also keine Botschaften enthalten, was für ein Geschlecht ‚normal' und für ein anderes ‚außergewöhnlich' sei. Ein solches Vorgehen kommt so zunächst ohne Zuschreibungen und geschlechtsbezogene Platzanweiser seitens der Pädagog_innen aus. Es gerät an seine Grenze, wenn diese von den Adressat_innen selbst kommen – durch explizite Aussagen oder durch implizite Blockaden. Spätestens dann macht es Sinn, in dramatisierende oder direkt in entdramatisierende Strategien überzuleiten.

Diese Überlegungen sind (ggf. mit kleinen Modifikationen) auf andere Themen gesellschaftlicher Ungleichheit übertragbar, wie Rassismus/kulturelle Zugehörigkeit, Klasse/Schicht oder Behinderung. All diesen Themen ist das Spannungsverhältnis zwischen der Berücksichtigung gesellschaftlicher Ungleichheit und der Förderung individueller Vielfalt, zwischen Normierungsdruck und persönlichen Gestaltungsspielräumen sowie Eigensinn gemeinsam.

5 Ausblick

Ich hoffe, in diesem Artikel zu Reflexionen der eigenen Wahrnehmung und Praxis angeregt und Impulse für methodisch-didaktische Vorgehensweisen gegeben zu haben. Abschließend ermutige ich dazu, in pädagogischen Angeboten zur Zukunftsgestaltung auch Raum für die damit verbundenen Gefühle bzw. Haltungen zu geben – sei es Vorfreude oder Frust und Resignation, Angst oder Mut, Glück, Wut oder Entschlossenheit, Neugier oder Abwehr, Vorstellungen von Romantik oder Entzauberung. Dies trägt der Tatsache Rechnung, dass wichtige Lebensentscheidungen nicht immer vorwiegend rational begründet sind oder sein können. Türöffner_innen für einen solchen Austausch können auch ältere Gesprächspartner_innen[14] sein, die ihre Überlegungen, Erlebnisse und Gefühle an verschiedenen Stationen ihrer Lebenswege mit den Kindern und Jugendlichen teilen. In einem solchen Prozess können Beziehungsarbeit und Neugier an die Stelle von Belehrungen aus der Sicht (oder besser: Illusion) eines älteren Schon-Wissens treten. Wenn es so zu einem interessierten Austausch über Fragen der Gestaltung eines ‚guten Lebens' kommt, die die meisten von uns immer wieder beschäftigen, mit allen beglückenden und frustrierenden, selbstwirksamen und ärgerlichen, befreienden und beängstigenden Seiten und Balance-Akten, dann kann im besten Sinne ein gemeinsamer Lernprozess im Sinne Lebenslangen Lernens auf annähernder Augenhöhe entstehen, der für alle Beteiligten spannend und motivierend sein kann.

Literatur

Bourdieu, P. (1982). *Die feinen Unterschiede: Kritik der gesellschaftlichen Urteilskraft*. Frankfurt a. M.: Suhrkamp.
Bourdieu, P. (2005). *Die männliche Herrschaft*. Frankfurt a. M.: Suhrkamp.
Budde, J. (2014). *Jungenpädagogik empirisch*. Opladen: Barbara Budrich.
Budde, J., Debus, K., & Krüger, S. (2011a). „Ich denke nicht, dass meine Jungs einen typischen Mädchenberuf ergreifen würden." Intersektionale Perspektiven auf Fremd- und Selbstrepräsentationen von Jungen in der Jungenarbeit. *Gender – Zeitschrift für Geschlecht, Kultur und Gesellschaft, 3*(3), 119–127.

---

[14] Dies können Pädagog_innen, Gäste bzw. Interviewpartner_innen sein (ältere Jugendliche in Ausbildung oder Studium, Eltern, Berufspraktiker_innen, in Haushalt und Kinderversorgung aktive Menschen, Menschen mit Prioritäten auf anderem als Beruf und/oder Familie etc.). Auch Medien können interessante Eindrücke ermöglichen, z. B. der Film ‚Eigentlich wollte ich Fußballprofi werden' von Neue Wege für Jungs (www.neue-wege-fuer-jungs.de/Neue-Wege-fuer-Jungs/Praxis/Didaktische-Medien/Film-Eigentlich-wollte-ich-Fussballprofi-werden).

Budde, J., Krüger, S., Debus, K., & Stuve, O. (2011b). *Abschlussbericht der wissenschaftlichen Begleitung des Modellprojekts Neue Wege für Jungs.* (Unveröffentl. Bericht). Halle-Wittenberg/Berlin.

Calmbach, M., & Debus, K. (2013). Geschlechtsbezogene Differenzen und Gemeinsamkeiten unter Jugendlichen verschiedener Lebenswelten. In Beirat Jungenpolitik (Hrsg.), *Jungen und ihre Lebenswelten. Vielfalt als Chance und Herausforderung* (S. 61–121). Opladen: Barbara Budrich. www.bmfsfj.de/BMFSFJ/Service/Publikationen/publikationen,did=199124.html. Zugegriffen: 2. April 2014.

Cremers, M. (Hrsg.). (2012). *Boys'Day – Jungen-Zukunftstag: Neue Wege in der Berufsorientierung und im Lebensverlauf von Jungen.* Bielefeld: Eigenverlag Kompetenzzentrum Technik – Diversity – Chancengleichheit. material.kompetenzz.net/boys-day. Zugegriffen: 24. Juli 2014.

Debus, K. (2012a). Die wissenschaftliche Begleitung der zweiten Förderphase. In M. Cremers (Hrsg.), *Boys'Day – Jungen-Zukunftstag: Neue Wege in der Berufsorientierung und im Lebensverlauf von Jungen* (S. 97–109). Bielefeld: Eigenverlag Kompetenzzentrum Technik – Diversity – Chancengleichheit. material.kompetenzz.net/boys-day. Zugegriffen: 24. Juli 2014.

Debus, K. (2012b). Dramatisierung, Entdramatisierung und Nicht-Dramatisierung in der geschlechterreflektierten Bildung: Oder: (Wie) Kann ich geschlechterreflektiert arbeiten, ohne geschlechtsbezogene Stereotype zu verstärken? In Dissens e. V., K. Debus, B. Könnecke, K. Schwerma, & O. Stuve (Hrsg.), *Geschlechterreflektierte Arbeit mit Jungen an der Schule: Texte zu Pädagogik und Fortbildung rund um Jungenarbeit, Geschlecht und Bildung* (S. 149–158). Berlin: Eigenverlag Dissens e. V. www.dissens.de/de/publikationen/jus.php. Zugegriffen: 24. Juli 2014.

Debus, K. (2012c). Vom Gefühl, das eigene Geschlecht verboten zu bekommen: Häufige Missverständnisse in der Erwachsenenbildung zu Geschlecht. In Dissens e. V., K. Debus, B. Könnecke, K. Schwerma, & O. Stuve (Hrsg.), *Geschlechterreflektierte Arbeit mit Jungen an der Schule: Texte zu Pädagogik und Fortbildung rund um Jungenarbeit, Geschlecht und Bildung* (S. 175–188). Berlin: Eigenverlag Dissens e. V. www.dissens.de/de/publikationen/jus.php. Zugegriffen: 24. Juni 2014.

Debus, K. (2012d). *WS3 – Wenn Methoden nach hinten losgehen: Dramatisierung und Entdramatisierung in Methoden zu Geschlechterbildern.* Workshopbericht vom Fachtag Geschlechterreflektierte Arbeit mit Jungen in Schule und Jugendarbeit. Konzepte – Erfahrungen – Perspektiven im SFBB in Berlin am 01.06.2012. www.dissens.de/de/publikationen/jus.php. Zugegriffen: 24. Juli 2014.

Debus, K. (2014). Von versagenden Jungen und leistungsstarken Mädchen: Geschlechterbilder als Ausgangspunkt von Pädagogik. In K. Debus & V. Laumann (Hrsg.), *Rechtsextremismus, Prävention und Geschlecht. Vielfalt_Macht_Pädagogik* (S. 105–149). Düsseldorf: Hans-Böckler-Stiftung. www.boeckler.de/6299.htm?produkt=HBS-005817&chunk=1. Zugegriffen: 24. Juli 2014.

Debus, K., & Stuve, O. (2012). Müssen Jungen überlistet werden, um sich mit dem Thema Zukunft zu beschäftigen? In D.-T. Chwalek, M. Diaz, S. Fegter, & U. Graff (Hrsg.), *Jungen – Pädagogik. Praxis und Theorie von Genderpädagogik* (S. 49–65). Wiesbaden: Springer VS.

Debus, K., Stuve, O., & Budde, J. (2013). *Erweiterung der Perspektiven für die Berufs- und Lebensplanung von Jungen: Eine Praxishandreichung für die Schule.* Bielefeld: Eigen-

verlag Kompetenzzentrum Technik – Diversity – Chancengleichheit. material.kompetenzz.net/neue-wege-fur-jungs. Zugegriffen: 20. Juli 2014.
Degele, N., & Winker, G. (2007). *Intersektionalität als Mehrebenenanalyse*. portal-intersektionalitaet.de/theoriebildung/schluesseltexte/degelewinker/. Zugegriffen: 25. August 2014.
Dissens e.V. (Projektwebsite). dissens.de/isgp. Zugegriffen: 23. Juli 2014.
Dissens e. V., Debus, K., Könnecke, B., Schwerma, K., & Stuve, O. (Hrsg.). (2012). *Geschlechterreflektierte Arbeit mit Jungen an der Schule: Texte zu Pädagogik und Fortbildung rund um Jungenarbeit, Geschlecht und Bildung*. Berlin: Eigenverlag Dissens e. V. www.dissens.de/de/publikationen/jus.php. Zugegriffen: 24. Juli 2014.
Faulstich-Wieland, H. (2005). *Spielt das Geschlecht (k)eine Rolle im Schulalltag?: Plädoyer für eine Entdramatisierung von Geschlecht*. Vortrag in der Reihe Gender Lectures an der Humboldt-Universität Berlin am 11.7.05. www.genderkompetenz.info/veranstaltungs_publikations_und_news_archiv/genderlectures/faulstichwieland_manuskript_genderlecture.pdf. Zugegriffen: 25. Aug. 2014.
Goodley, D. (2011). *Disability studies: An interdisciplinary introduction*. Los Angeles: SAGE.
Holzkamp, K. (1995). *Lernen: Subjektwissenschaftliche Grundlegung*. Frankfurt a. M.: Campus.
Jungenarbeit und Schule (Projektwebsite). www.jungenarbeit-und-schule.de. Zugegriffen: 24. Aug. 2014.
Kemper, A., & Weinbach, H. (2009). *Klassismus: Eine Einführung*. Münster: Unrast.
Maihofer, A. (1995). *Geschlecht als Existenzweise: Macht, Moral, Recht und Geschlechterdifferenz*. Frankfurt a. M.: Ulrike Helmer Verlag.
Maskos, R. (2010). Was heißt Ableism?: Überlegungen zu Behinderung und bürgerlicher Gesellschaft. http://arranca.org/43/was-heisst-ableism#footnoteref2_cw8lwuc. Zugegriffen: 23. Aug. 2014.
Mecheril, P. (2003). *Prekäre Verhältnisse: Über natio-ethno-kulturelle (Mehrfach-)Zugehörigkeit*. Münster: Waxmann.
Mecheril, P. (2013). „Kompetenzlosigkeitskompetenz": Pädagogisches Handeln unter Einwanderungsbedingungen. In G. Auernheimer (Hrsg.), *Interkulturelle Studien. Interkulturelle Kompetenz und pädagogische Professionalität* (S. 15–34). Wiesbaden: Springer VS.
Mecheril, P., Castro Varela, M., Dirim, I., Kalpaka, A., & Melter, C. (Hrsg.). (2010). *Bachelor/Master: Migrationspädagogik*. Weinheim: Beltz.
Melcher, M. (2013). Dokumentation Projekt „Daddy be cool 2". www.pb-paritaet.de/daddyBcool/doku2013/Dokumentation%20Daddy%20be%20cool_2_Januar_2014.pdf. Zugegriffen: 29. Juni 2014.
Melter, C., & Mecheril, P. (Hrsg.). (2009). *Rassismustheorie und -forschung*. Schwalbach/ Ts.: Wochenschau Verlag.
Neue Wege für Jungs (Projektwebsite). www.neue-wege-fuer-jungs.de, darin u. a. der Film: „Eigentlich wollte ich Fußballprofi werden": www.neue-wege-fuer-jungs.de/Neue-Wege-fuer-Jungs/Praxis/Didaktische-Medien/Film-Eigentlich-wollte-ich-Fussballprofiwerden. Zugegriffen: 1. Juli 2014.
Peerthink (Projektwebsite). www.peerthink.eu. Zugegriffen: 23. Juli 2014.
Portal Intersektionalität. www.portal-intersektionalitaet.de. Zugegriffen: 23. Juli 2014.

Stuve, O., & Debus, K. (2012b). „Die sind eben so..." Rassismus und Klasse als Kulminationspunkte geschlechtsbezogener Vorurteile. Präsentation auf dem Fachtag Geschlechterreflektierte Arbeit mit Jungen in Schule und Jugendarbeit. Konzepte – Erfahrungen – Perspektiven in Berlin-Glienicke am 01.06.2012. www.jungenarbeit-und-schule.de/fileadmin/Redaktion/Dokumente/Tagungsdokumentation/Die_sind_eben_so....pdf. Zugegriffen: 13. Sept. 2014.

Yılmaz-Günay, K. (Hrsg.). (2013). *Karriere eines konstruierten Gegensatzes: Zehn Jahre „Muslime versus Schwule": Sexualpolitiken seit dem 11. September 2001.* Münster: edition assemblage.

// "Als ich selbst an der Maschine war, war ich erstaunt wie leicht es ging" – Kriterien zur Gestaltung von Berufsorientierungsveranstaltungen für Mädchen

Wenka Wentzel und Lore Funk

1 Einleitung

Das Spektrum von Projekten, Veranstaltungen und Aktivitäten, die anstreben, Mädchen für technische, mathematische oder naturwissenschaftliche Tätigkeiten zu interessieren, ist inzwischen umfangreich und vielfältig. Die Maßnahmen werden von unterschiedlichen Akteurinnen und Akteuren wie Unternehmen und Hochschulen, Jugendarbeitseinrichtungen und Verbänden des Ingenieurwesens, Schulen und Arbeitgeberzusammenschlüssen durchgeführt. Die Spannbreite reicht von kurzen Workshops mit praktischen Angeboten, Schnuppertagen und -wochen in Unternehmen oder Hochschulen, über Technikcamps in den Ferien bis zu langfristig, über mehrere Monate hinweg angelegten Veranstaltungsreihen. Dabei werden teils einzelne, spezifische Berufe oder Tätigkeiten abgedeckt, teils beziehen Veran-

---

Jasmin, 15 Jahre, in einem schriftlichen Interview mit der Bundesweiten Koordinierungsstelle des Girls'Day – Mädchen-Zukunftstags über ihre Erfahrung am Girls'Day.

W. Wentzel (✉) · L. Funk
Kompetenzzentrum Technik-Diversity-Chancengleichheit, Fachhochschule Bielefeld,
Wilhelm-Bertelsmann-Str. 10, 33602 Bielefeld, Deutschland
E-Mail: wentzel@kompetenzz.de

L. Funk
E-Mail: funk@kompetenzz.de

© Springer Fachmedien Wiesbaden 2015
C. Micus-Loos, M. Plößer (Hrsg.), *Des eigenen Glückes Schmied_in!?*,
DOI 10.1007/978-3-658-09133-0_9

staltungen sich generell auf das große Feld der MINT-Berufe oder -Studienfächer.[1] So divers wie die Veranstaltungsformate sind auch die Zusammensetzungen der Teilnehmerinnen: Einige Aktivitäten richten sich an junge Mädchen in der Unterstufe, noch häufiger aber werden Schülerinnen in den siebten, achten und neunten Klassen angesprochen, in denen in der Schule Berufsorientierung zum Thema wird. Andere Projekte richten sich direkt an junge Frauen im Übergang von der Schule in Ausbildung oder Studium, oder unterstützen Auszubildende oder Studentinnen im Laufe ihrer Ausbildung oder auch beim Übergang in den Beruf. Die Aktivitäten sind, je nach Konzept, auf die Arbeit mit einzelnen Mädchen, mit einer kleinen Gruppe oder aber auch mit Mädchen ganzer Schulklassen oder größeren Gruppen anderer Zusammensetzung zugeschnitten.

Aus dem beschriebenen breiten Spektrum von Formaten und Akteurinnen bzw. Akteuren ergibt sich, dass die jeweiligen Veranstaltungen äußerst vielfältig gestaltet sind und mit einer großen Spannbreite von unterschiedlichen Angebotselementen und pädagogischen Ansätzen arbeiten. Dennoch fällt auf, dass einzelne Elemente wiederkehrend in die diversen Angebote integriert werden. Offensichtlich also wird von vielen Veranstalterinnen und Veranstaltern davon ausgegangen, dass spezifische Gestaltungsaspekte einen deutlich positiven Effekt ausüben. Im Rahmen einer Sekundäranalyse der Gemeinsamen Wissenschaftskonferenz (GWK) von Evaluationen von zwanzig Projekten, die Mädchen und junge Frauen für MINT-Studiengänge und -Berufsfelder gewinnen wollen, wurden die Gestaltungsstrategien der fokussierten Projekte untersucht.[2] Die Studie kommt zu dem Schluss, dass einige Strategien in den untersuchten Projekten sehr häufig umgesetzt werden. Dabei stehen mehrere Gestaltungselemente im Fokus: Zum einen sollen praktische Tätigkeiten ermöglicht werden. So wird davon ausgegangen, dass Projektteilnehmerinnen, die selber aktiv werden und z. B. löten oder einen Computer auseinander bauen dürfen, einen direkteren Zugang zu den vorgestellten Berufen gewinnen. Zum anderen soll durch die Vermittlung von Informationen zu den jeweiligen Berufs- und Studienfeldern, den Schülerinnen ein Eindruck davon vermittelt werden, welche beruflichen Wege sie in den vorgestellten Feldern beschreiten können. Darüber hinaus wird der Einsatz weiblicher Betreuungspersonen als wichtig erachtet. Schülerinnen werden also häufig von MINT-Frauen durch die

---

[1] MINT steht für die Bereiche Mathematik, Informatik, Naturwissenschaften und Technik.
[2] Die Studie beschränkt sich auf Aktivitäten, die sich schwerpunktmäßig auf die Studienorientierung von Schülerinnen beziehen. Es ist jedoch zu vermuten, dass die aufgeführten Merkmale sich ähnlich bei Projekten wiederfinden, die sich auf die Orientierung hin zu Ausbildungsberufen beziehen.

Projekte geführt, damit diese als Rollenvorbilder fungieren können. Und durch monoedukative Angebote, die sich gezielt und ausschließlich an Mädchen richten, soll ihnen die Möglichkeit gegeben werden, sich dem als männlich konnotierten MINT-Bereich möglichst unbeeinflusst von Stereotypen anzunähern. Außerdem verweist die Studie auf die als strategisch wichtig erkannte Frage, ob die Teilnahme an den jeweiligen Projekten freiwillig oder verpflichtend ist; die untersuchten Projekte entscheiden sich diesbezüglich für unterschiedliche Lösungen (vgl. GWK 2011, S. 99 ff.).

Inwieweit ist aber bekannt, ob und in welchem Maße diese als wirksam betrachteten Elemente tatsächlich einen Einfluss auf die Berufsorientierung der Mädchen ausüben? Das oben angeführte Review der Evaluationen von Berufsorientierungsprojekten der GWK verweist darauf, dass die untersuchten Projekte die Implementierung der von ihnen umgesetzten Gestaltungskriterien mit wissenschaftlichen Studien begründen, die die Ansprache von Frauen für MINT-Studienfächer oder MINT-Tätigkeitsbereiche behandeln (vgl. ebd., S. 102). Betrachtet man die verfügbaren angeführten Publikationen, wird allerdings deutlich, dass diese weder empirisch fundierte Aussagen über die Wirkung dieser Gestaltungskriterien machen noch als Begründung für die Wirksamkeit einzelner Gestaltungskriterien positive Praxiserfahrungen[3] angeben (vgl. Whitten et al. 2007; Thaler 2006; Fisher und Margolis 2002; Wissenschaftliches Sekretariat für die Studienreform im Land Nordrhein-Westfalen 2000). So ist festzustellen, dass es anscheinend an empirischen Belegen für die Wirkung der einzelnen Gestaltungsstrategien von Berufsorientierungsprojekten mangelt.[4]

Im Folgenden sollen deshalb die Ergebnisse einer empirischen Analyse vorgestellt werden, die einzelne ausgewählte Gestaltungselemente von Berufsorientierungsprojekten für Mädchen auf ihre Wirksamkeit überprüft. Die Basis hierfür bietet die Befragung von über 10.000 Schülerinnen sowie mehr als 3.000 Unternehmen und Institutionen, die jeweils am Girls'Day 2012 teilgenommen haben. Die Befragung fand im Rahmen der Evaluation des Projekts ‚Girls'Day – Mädchen-Zukunftstag' statt.

---

[3] Die Relevanz des Praxiswissens sollte keinesfalls geringgeschätzt werden, da die Erkenntnisse auf der Durchführung sorgsam konzipierter Projekte beruhen und die Erfahrungen sicherlich auch Rückmeldungen der Teilnehmerinnen mit einschließen.

[4] Als Ausnahme ist hier die Durchführung monoedukativer Maßnahmen zu nennen, deren Wirkung in zahlreichen Publikationen thematisiert wird, wenngleich der Schwerpunkt auf der schulischen Durchführung liegt. Ein Überblick zu Forschungen zu Monoedukation und Koedukation in der Schule findet sich bei Bossen et al. 2013.

2 Projektkontext und Datenbasis

Der Girls'Day ist ein Berufsorientierungsprojekt für Mädchen, das Schülerinnen Möglichkeiten bieten möchte, Berufe kennenzulernen, in denen wenig Frauen präsent sind. Hierdurch sollen sie darin unterstützt werden, ihr berufliches Spektrum zu erweitern. Hintergrund des Projekts Girls'Day ist, dass noch immer vergleichsweise wenig Frauen Ausbildungen und Studienfächer im MINT-Bereich ergreifen. Gerade das Spektrum von Ausbildungsberufen, in die junge Frauen einmünden, ist deutlich begrenzter als das junger Männer. Die geschlechtsspezifische Berufsorientierung und die daraus resultierende geschlechtliche Segregation des Arbeitsmarktes ist ein Grund dafür, dass Frauen nach wie vor durchschnittlich weniger verdienen als Männer (,Gender Pay Gap') und seltener in Führungspositionen zu finden sind (vgl. BMFSFJ 2009, S. 10). Das enge berufliche Spektrum junger Frauen wirkt sich also zum einen negativ auf ihre Zukunftschancen aus und ist zum anderen volkswirtschaftlich nachteilig, da u. a. gerade in akademischen und nicht-akademischen MINT-Bereichen ein Mangel an qualifiziertem Fachpersonal besteht (vgl. Bundesagentur für Arbeit 2013).

Der Girls'Day bietet Schülerinnen an einem festgelegten, einmal jährlich stattfindenden Aktionstag die Möglichkeit, MINT-Felder und MINT-Berufe kennenzulernen. Unternehmen, Hochschulen, Behörden und andere Institutionen laden Schülerinnen ab der fünften Klasse an diesem Tag zu sich ein und bieten ihnen Aktionsprogramme mit diversen Schwerpunkten an, die je nach dem veranstaltenden Unternehmen bzw. der veranstaltenden Institution sehr unterschiedlich ausgelegt sein können. Der Girls'Day bildet somit den Rahmen für eine Vielzahl von Berufsorientierungsveranstaltungen bei einer großen Zahl Veranstalterinnen und Veranstaltern. Jährlich werden bundesweit ca. 9.000 Aktionsprogramme angeboten, an denen mehr als 100.000 Mädchen teilnahmen. Der Aktionstag fand 2014 zum vierzehnten Mal statt. Der Girls'Day wird vom Bundesministerium für Bildung und Forschung sowie vom Bundesministerium für Familie, Senioren, Frauen und Jugend gefördert.

Zielgruppen des Girls'Day sind zum einen die Schülerinnen, die am Aktionstag die Möglichkeit haben, ihren Horizont in Bezug auf das Berufswahlspektrum zu erweitern. So soll den Mädchen Gelegenheit gegeben werden, zu überprüfen, ob ihnen Tätigkeiten im MINT-Bereich Spaß machen. Zudem sollen sie erfahren, dass sie in für sie unbekannten Arbeitsbereichen, Fähigkeiten aufweisen bzw. erlernen können. Gleichzeitig werden auch die veranstaltenden Unternehmen und Institutionen angesprochen. Häufig haben diese wenig Erfahrungen mit jungen Frauen gerade in männerdominierten Berufsfeldern sammeln können, so dass der Girls'Day ihnen die Gelegenheit bietet, das Engagement und die Kompetenzen der Schülerinnen zu erfahren.[5] Durch ihre Teilnahme sind sie dazu verpflichtet, sich mit der Frage auseinanderzusetzen, wie sie Mädchen und junge Frauen für MINT-Berufe ansprechen können, Methoden hierfür zu erarbeiten und diese weiterzuentwickeln.

Die Bündelungen der einzelnen Aktionsprogramme an einem Tag haben über ihren unmittelbaren Effekt auf die Teilnehmenden hinaus die Wirkung, dass die Themen der geschlechtsspezifischen Berufsorientierung in verschiedenen Kontexten in den Fokus gerückt sowie in der Öffentlichkeit breit diskutiert werden. So sind die Schulen aufgefordert, sich anlässlich des Girls'Day sowie des parallel stattfindenden Boys'Day mit Berufsorientierung aus einer Genderperspektive zu befassen, z. B. indem sie gegenüber den Schülerinnen und Schülern die Frage thematisieren, wie es zu einer geschlechtlichen Segregation des Arbeitsmarktes kommt und mit ihnen erarbeiten, inwieweit ihre eigenen Berufsvorstellung an Stereotype anknüpfen. Der Girls'Day wird von bundesweiten Zusammenschlüssen und Repräsentanzen gesellschaftlicher Akteurinnen und Akteure aus den Bereichen Wirtschaft und Berufsorientierung unterstützt und begleitet (z. B. der Bundesvereinigung der Deutschen Arbeitgeberverbände, dem Deutschen Gewerkschaftsbund, der Bundesagentur für Arbeit, dem Deutschen Industrie- und Handelskammertag, dem Bundesverband der Deutschen Industrie und dem Zentralverband des Deutschen Handwerks), die die Thematik sowohl in ihren bundesweiten Netzwerken als auch in ihren regionalen praktischen Arbeitszusammenhängen behandeln. Auch in den Medien wird der Girls'Day alljährlich breit thematisiert, so dass die Berufsorientierung Jugendlicher mit Blick auf Genderaspekte an dem Aktionstag immer wieder neu in den Blickpunkt rückt.

Im Rahmen der Evaluation des Projektes werden regelmäßig die teilnehmenden Mädchen, die veranstaltenden Unternehmen und Institutionen sowie Schulen, deren Schülerinnen sich am Girls'Day beteiligt haben, befragt. Hierzu werden alle Unternehmen und Institutionen angeschrieben und in einer Gesamterhebung mit Fragebögen beschickt. Außerdem erhalten stichprobenartig ausgewählte Unternehmen und Institutionen Fragebögen für die Mädchen, die diese am Ende ihrer jeweiligen Girls'Day-Veranstaltung ausfüllen können. An alle Schulen, die mit dem Girls'Day seit seiner Einführung vor 14 Jahren in Kontakt standen, werden Schulfragebögen versendet. Im Rahmen der Befragung der Mädchen wird die Zufriedenheit mit dem Aktionstag erhoben. Darüber hinaus wird nach ihrer Berufsorientierung gefragt, z. B. in welchen Tätigkeitsbereichen sie gern arbeiten würden und ob sie sich wünschen, ein Praktikum in der besuchten Girls'Day-Organisation

---

[5] So gibt der Großteil (89%) der veranstaltenden Organisationen in der Evaluationsbefragung 2012 an, dass die Mädchen sehr interessiert und engagiert waren.

zu absolvieren. Den Unternehmen werden Fragen zu verschiedenen Aspekten der Durchführung des Girls'Day – Mädchen-Zukunftstags vorgelegt. Darüber hinaus werden sie nach der Resonanz auf ihre Angebote und die Durchführung von Personalmarketingmaßnahmen in Bezug auf junge Frauen befragt. Die vorliegende Publikation basiert auf der Evaluation des Girls'Day 2012. Die Datenbasis umfasst 10.427 ausgefüllte Mädchen-Fragebögen. Diese resultieren aus der Fragebogenverschickung an eine repräsentative Stichprobe der teilnehmenden Mädchen in den einzelnen Organisationen mit einem Rücklauf von 49 %. Die Mädchen sind zwischen zehn und 18 Jahren alt, wobei der Großteil (70 %) zwischen 13 und 15 Jahren alt ist. Besonders häufig besuchen die Befragten Gymnasien (49 %), Realschulen (28 %), Gesamtschulen (9 %) und Hauptschulen (8 %). 24 % der an der Untersuchung teilnehmenden Mädchen haben einen Migrationshintergrund. Außerdem fließen 3.233 Organisationen-Fragebögen in die Analyse ein; hier betrug der Rücklauf 47 %. Vertretene Organisationsformen sind vor allem Unternehmen und Betriebe (51 %), Behörden (19 %) und Bildungseinrichtungen (9 %).[6]

3 Operationalisierung: Gestaltungselemente und Dimensionen der Berufsorientierung

Anhand der Evaluationsdaten wird der Zusammenhang zwischen verschiedenen Gestaltungsstrategien von MINT-Berufsorientierungsprojekten und der Berufsorientierung von Teilnehmerinnen an Projekten, die die jeweiligen Strategien umsetzen, erforscht. Hierfür werden die Ausprägungen diverser Dimensionen der Berufsorientierung von Mädchen in Abhängigkeit vom Einsatz unterschiedlicher Gestaltungskriterien untersucht. Die Antworten der befragten Mädchen, die an Programmen teilgenommen haben, die die einzelnen erforschten Elemente integrieren, werden jeweils der Kontrollgruppe der Mädchen gegenübergestellt, deren Programme diese Elemente nicht enthalten. Folgende Gestaltungselemente wurden erhoben:

- *Freiwillige Teilnahme*: „War deine Teilnahme am Girls'Day freiwillig?" (Frage an die Mädchen)
- *Geschlecht der Betreuungsperson(en):* „Die Schülerinnen wurden durch weibliche Beschäftigte bzw. weibliche Auszubildende oder Studentinnen betreut, die eine Vorbildfunktion hatten."

---

[6] Vgl. dazu eine Zusammenfassung der Evaluationsergebnisse in Kompetenzzentrum Technik-Diversity-Chancengleichheit (2012) sowie Funk und Wentzel (2014).

- *Angebot praktischer Aktivitäten:* „Die Mädchen durften praktischen Tätigkeiten nachgehen und dadurch ihre eigenen Fähigkeiten erproben."
- *Herstellung eines eigenen Werkstücks:* „Die Mädchen haben etwas hergestellt, das sie als Erinnerung mit nach Hause nehmen und ihrer Familie zeigen konnten."
- *Informationen über Ausbildungs- bzw. Studienmöglichkeiten in der durchführenden Organisation:* „Die Schülerinnen wurden über die verschiedenen Ausbildungs- bzw. Studienmöglichkeiten informiert, die Sie anbieten."

Die Auswahl der analysierten Kriterien ist durch die Grenzen der Messbarkeit durch die hier verwendeten quantitativen, übersichtlich gehaltenen Fragebögen bestimmt. So ist eine gendersensitive Durchführung der Aktionsprogramme ein Merkmal, das vermutlich einen starken Einfluss auf die Orientierungen der Mädchen ausübt, aber mit den hier verwendeten Mitteln nicht bestimmt werden kann. Die Dimensionen der Berufsorientierung, die mit den Gestaltungsstrategien in Bezug gesetzt werden, umfassen die Zufriedenheit der Mädchen mit dem Girls'Day, ihre Wahrnehmung der vorgestellten Berufe, ihren Wunsch nach einem Praktikum, einer Ausbildung oder einem Studium in der jeweiligen veranstaltenden Organisation und ihre Affinität für MINT-Berufsfelder.

4 Datenanalyse

Im Folgenden werden die erhobenen Dimensionen der Berufsorientierung vorgestellt und es wird analysiert, ob sich ihre Ausprägung je nach den eingesetzten Gestaltungskriterien verändert.

4.1 Zufriedenheit mit dem Aktionstag

Wie hoch ist die Zufriedenheit der Mädchen mit dem Aktionstag je nach Einsatz der einzelnen Gestaltungskriterien? Für die Mädchen ist generell festzustellen, dass sie mit dem Aktionstag äußerst zufrieden sind: 55% der befragten Teilnehmerinnen geben an, dass ihnen der Girls'Day sehr gut gefallen habe, weitere 40% bewerten ihn als gut. 4% geben eine mittlere Bewertung ab, und nur 0,3% der Mädchen bewerten den Aktionstag als „schlecht" oder „sehr schlecht".

Eine Betrachtung der Zufriedenheit der Mädchen in Kombination mit einer freiwilligen versus einer unfreiwilligen Teilnahme zeigt große Differenzen auf: Diejenigen, die freiwillig teilgenommen haben, bewerten den Aktionstag mit 57% deutlich häufiger als sehr gut als diejenigen, die zu einer Teilnahme verpflichtet worden sind. Auch die Teilnehmerinnen, die am Girls'Day selber aktiv werden konnten und praktischen Tätigkeiten nachgingen, sind häufiger zufrieden mit dem

Aktionstag; dies wird besonders durch ihre weit höhere Nennung einer sehr guten Bewertung deutlich. Das Herstellen von Werkstücken, die die Mädchen mit nach Hause nehmen können, basiert ebenfalls auf praktischen Tätigkeiten, fügt aber noch den Effekt hinzu, dass sie nach ihrer Teilnahme über Erinnerungsstücke verfügen. Mädchen, die Erinnerungsstücke hergestellt haben, sind allerdings genau so zufrieden wie diejenigen, die generell praktisch tätig waren. Zumindest im direkten Anschluss an den Girls'Day zeigt dieses Element also keine zusätzliche positive Wirkung auf die Zufriedenheit der Mädchen. Die Betreuungsart (also die hauptsächliche Betreuung durch Frauen, Männer oder gemischte Teams) hat keinen nennenswerten Einfluss darauf, wie positiv die Mädchen den Aktionstag bewerten. Eine leicht negative Wirkung tritt ein, wenn die veranstaltenden Unternehmen und Institutionen die Teilnehmerinnen über die Ausbildungs- bzw. Studienmöglichkeiten in ihrem Hause informieren. Die Mädchen, die Informationen erhalten haben, sind etwas unzufriedener mit dem Aktionstag als die anderen Mädchen (vgl. Abb. 1).

4.2 Attraktivität der vorgestellten Berufe als Zukunftsoption

In einer mehrstufigen Frage wird in der Girls'Day-Evaluation ermittelt, inwieweit die Teilnehmerinnen die vorgestellten Berufe als interessant bzw. sogar als berufliche Zukunftsoption wahrnehmen. Hierfür werden ihnen Aussagen vorgelegt, die in Abstufungen ihre Wahrnehmung der Attraktivität dieser Berufe erfragen. Die Mädchen werden zunächst in einer offen gehaltenen Formulierung danach gefragt, ob die kennengelernten Berufe sie interessieren, was von einem relativ großen Anteil der Befragten bestätigt wird (59%). Darüber hinaus wird konkret gefragt, ob sie sich vorstellen können, in den jeweiligen Bereichen später zu arbeiten. Ein kleinerer Anteil der Mädchen sieht den jeweiligen Beruf als Zukunftsoption an (29%). In zwei weiteren Fragen werden sehr konkrete Orientierungen abgefragt, die zu einem (vorläufig) eindeutigen Berufswunsch führen, nämlich die Entdeckung eines neuen Wunschberufes am Girls'Day sowie die Bestätigung eines bereits gehegten Berufswunsches. Diese Fragen werden von 5 bzw. 4% der Befragten beantwortet.

Geschlecht der Betreuungspersonen

Girls'Day-Teilnehmerinnen, die hauptsächlich durch eine oder mehrere Frauen betreut worden sind, betrachten die Berufe, die sie kennengelernt haben, im Gegensatz zu den Mädchen, die durch Männer betreut wurden, in allen Dimensionen als attraktiver. Dies gilt sowohl dafür, inwieweit sie die Berufe als interessant einstufen als auch, ob sie sich eine spätere Tätigkeit in den Berufen vorstellen können oder ob sie die Berufe sogar als neue Wunschberufe klassifizieren (vgl. Abb. 2).

"Als ich selbst an der Maschine war, war ich erstaunt wie leicht es ging" 143

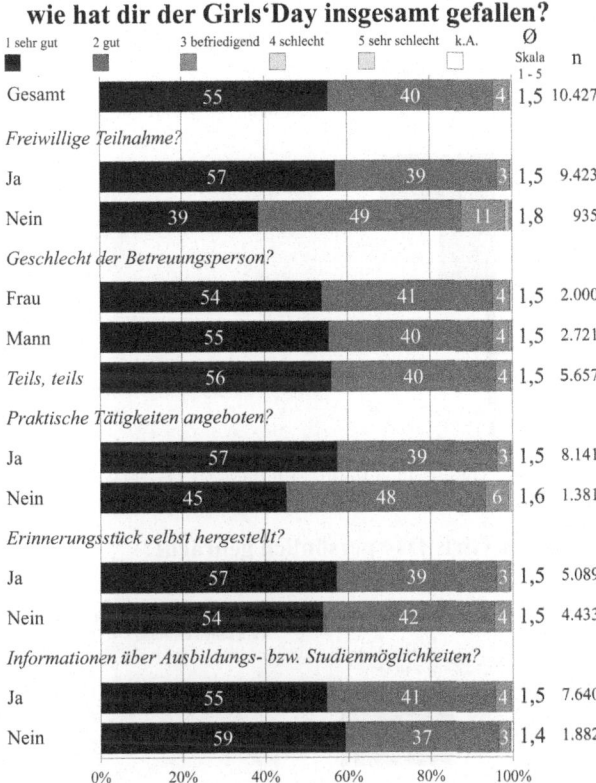

Abb. 1 Zufriedenheit mit dem Girls'Day

Angebot praktischer Tätigkeiten

Praktische Einheiten in den angebotenen Aktionsprogrammen weisen in wenigen Dimensionen einen Einfluss auf die Einschätzung der Teilnehmerinnen der angebotenen Berufen auf: Mädchen, die praktisch tätig waren, finden die vorgestellten Berufe interessanter. Allerdings sind in den drei weiteren Aussagen keine nennenswerten Differenzen zwischen den Schülerinnen aus handlungsorientierten Aktionsprogrammen und Programmen, die auf theoretische Wissensvermittlung basierten, festzustellen (vgl. Abb. 3).

Weitere Gestaltungskriterien

Aus Komplexitätsgründen verzichten wir hier auf die genaue Darstellung weiterer Gestaltungskriterien. Für die anderen analysierten Kriterien gilt, dass die freiwil-

Was hat dir der Girls'Day persönlich gebracht?
(Ja-Anteile in %)

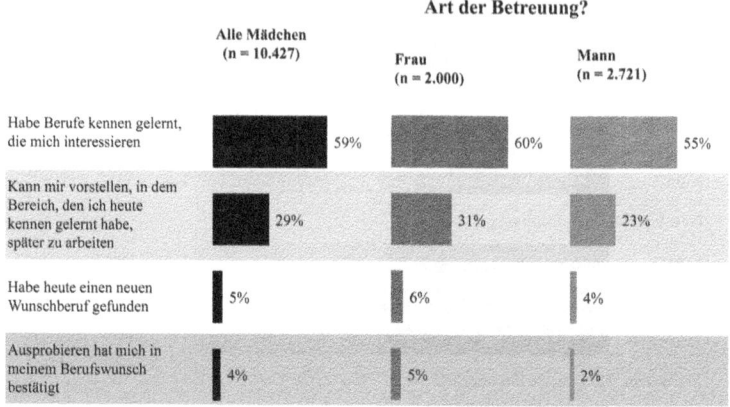

Abb. 2 Attraktivität der vorgestellten Berufe: Einfluss des Geschlechts der Betreuungspersonen

Was hat dir der Girls'Day persönlich gebracht?
(Ja-Anteile in %)

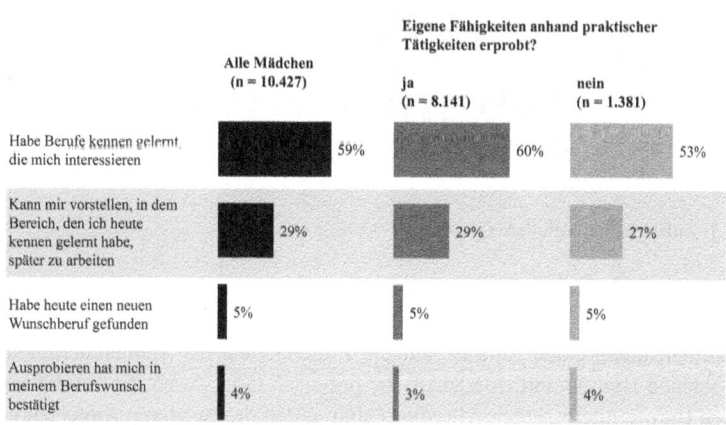

Abb. 3 Attraktivität der vorgestellten Berufe: Einfluss von aktiven Programmelementen

lige Teilnahme am Aktionstag einen positiven Zusammenhang mit der Wahrnehmung der Berufe aufweist, während sowohl die Fertigung von Erinnerungsstücken als auch die Vermittlung von Informationen keinen deutlichen Einfluss erkennen lassen.

4.3 Wunsch nach Praktikum oder Ausbildung

Der Wunsch der Teilnehmerinnen, ein Praktikum, eine Ausbildung oder ein Studium bei der jeweiligen veranstaltenden Organisation zu machen, kann verdeutlichen, inwieweit sie nach dem Absolvieren des Aktionstages den Kontakt zur jeweiligen Organisation weiter vertiefen möchten. Insgesamt würden 35 % der befragten Mädchen gern weiter mit der jeweiligen Organisation in Kontakt bleiben, während sich dies nur 14 % keineswegs vorstellen können. Knapp über die Hälfte äußert sich allerdings unentschieden. Auch diese untersuchte Dimension wird durch einige der gemessenen Gestaltungskriterien verstärkt: Eine freiwillige Teilnahme führt zu einem ausgeprägteren Kontaktwunsch. Das Geschlecht der Betreuungspersonen ist ebenfalls relevant: Die Mädchen, die entweder hauptsächlich durch Frauen oder durch gemischte Teams betreut worden sind, äußern deutlich häufiger den Wunsch nach einem weiteren Kontakt als diejenigen, die hauptsächlich durch Männer betreut worden sind. Wenn die Unternehmen und Institutionen den Mädchen Informationen zu den Ausbildungs- und Studienmöglichkeiten im eigenen Haus bieten, begünstigt das ebenfalls den Wunsch der Mädchen, den Kontakt zu ebendiesen Unternehmen für ein Praktikum oder eine Ausbildung aufzunehmen. Dagegen spielt es für den Wunsch der Teilnehmerinnen nach einem weiteren Kontakt mit dem veranstaltenden Unternehmen oder der Institution beinahe keine Rolle, inwieweit sie praktisch tätig werden konnten und ob sie in diesem Rahmen sogar ein Erinnerungsstück gefertigt haben (vgl. Abb. 4).

4.4 Berufsorientierung hin zu MINT-Berufen

Inwieweit die Mädchen sich eine berufliche Tätigkeit in MINT-Feldern vorstellen können, wird anhand einer Frage ermittelt, die den Befragten fünf verschiedene Tätigkeitsbereiche nennt und erhebt, inwieweit diese sich in diesen Feldern jeweils eine Berufstätigkeit vorstellen können (auf einer Skala von 1 = sehr gut vorstellen bis 5 = gar nicht vorstellen). Unter den genannten Berufsfeldern können sich die Mädchen am besten vorstellen, in sozialen und erzieherischen Berufen zu arbeiten (Mittelwert 2,7), gefolgt von kaufmännischen und Büroberufen (Mittelwert 2,8). In der Beliebtheit folgen mit identischen Mittelwerten technisch-naturwissenschaftliche Berufe sowie Berufe in Medizin/Pflege (Mittelwerte jeweils 2,9). Am wenigsten beliebt ist der Bereich Verkauf und Einzelhandel, dessen Mittelwert von 3,3 hinter den anderen weit zurückbleibt. Es wird also deutlich, dass technisch-naturwissenschaftliche Berufe bei den Girls'Day-Teilnehmerinnen eine relativ hohe Beliebtheit aufweisen: 39 % der Mädchen können sich MINT-Berufe sehr gut oder gut als Berufsoption vorstellen.

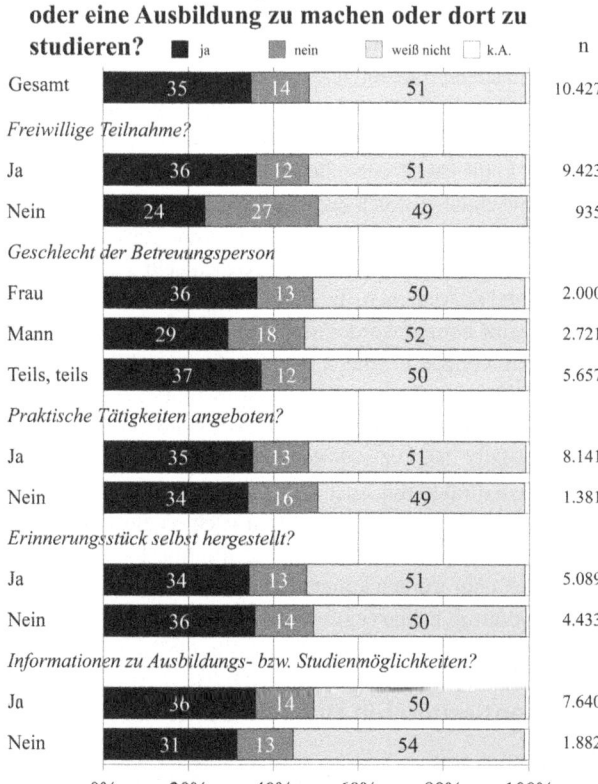

Abb. 4 Wunsch nach Praktikum oder Ausbildung

Die Datenanalyse zeigt, dass die Affinität der Girls'Day-Teilnehmerinnen zu MINT-Berufen durch mehrere Elemente beeinflusst wird. So ist eine freiwillige Teilnahme mit einem höher ausgeprägten Wunsch zu einer Tätigkeit in MINT-Berufen verknüpft. Auch Mitmachangebote sowie die Fertigung von Werkstücken zur Erinnerung führen zu einer stärkeren Orientierung hin zu MINT-Berufen. Dagegen ist kein Effekt bei der Betreuung durch Frauen im Gegensatz zu der Betreuung durch Männer zu erkennen. Auch führen Informationen zum Ausbildungs- und Studienangebot der veranstaltenden Organisationen nicht zu einer höheren MINT-Affinität der Schülerinnen (vgl. Abb. 5).

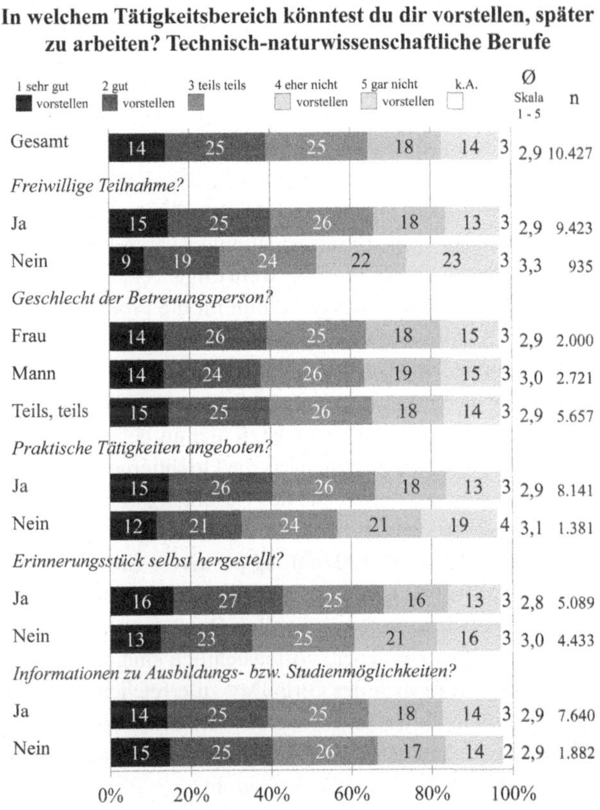

"Als ich selbst an der Maschine war, war ich erstaunt wie leicht es ging" 147

In welchem Tätigkeitsbereich könntest du dir vorstellen, später zu arbeiten? Technisch-naturwissenschaftliche Berufe

	1 sehr gut vorstellen	2 gut vorstellen	3 teils teils	4 eher nicht vorstellen	5 gar nicht vorstellen	k.A.	Ø Skala 1-5	n
Gesamt	14	25	25	18	14	3	2,9	10.427
Freiwillige Teilnahme?								
Ja	15	25	26	18	13	3	2,9	9.423
Nein	9	19	24	22	23	3	3,3	935
Geschlecht der Betreuungsperson?								
Frau	14	26	25	18	15	3	2,9	2.000
Mann	14	24	26	19	15	3	3,0	2.721
Teils, teils	15	25	26	18	14	3	2,9	5.657
Praktische Tätigkeiten angeboten?								
Ja	15	26	26	18	13	3	2,9	8.141
Nein	12	21	24	21	19	4	3,1	1.381
Erinnerungsstück selbst hergestellt?								
Ja	16	27	25	16	13	3	2,8	5.089
Nein	13	23	25	21	16	3	3,0	4.433
Informationen zu Ausbildungs- bzw. Studienmöglichkeiten?								
Ja	14	25	25	18	14	3	2,9	7.640
Nein	15	25	26	17	14	2	2,9	1.882

Abb. 5 Vorstellbare Tätigkeitsbereiche

5 Wirkung der einzelnen Gestaltungselemente

Alle untersuchten Gestaltungselemente weisen einen deutlichen Zusammenhang zu einzelnen Dimensionen der Berufsorientierung der befragten Mädchen auf. Im Folgenden wird für jedes der Gestaltungselemente kurz aufgezeigt, in welchem Zusammenhang sie mit den jeweiligen Dimensionen der Berufsorientierung stehen und welche Besonderheiten jeweils auffallen.

5.1 Freiwillige Teilnahme

Mädchen, die aus eigenem Antrieb am Girls'Day – Mädchen-Zukunftstag teilgenommen haben, weisen in allen untersuchten Dimensionen der Berufsorientierung höhere Werte auf, also in ihrer Zufriedenheit, in ihrer MINT-Affinität, in ihrer Wahrnehmung der vorgestellten Berufe und in ihrer Bindung an die veranstaltende Organisation höhere Werte auf. Die Studie der GWK, die u. a. die Implementierung von Gestaltungsstrategien von Berufsorientierungsveranstaltungen untersucht, zeigt auf, dass die Entscheidung für eine freiwillige versus eine verpflichtende Teilnahme ein wichtiges strategisches Kriterium für die Projektgestaltung ist (vgl. GWK 2011, S. 101 f.). Allerdings lässt sich aus den deutlich positiveren Werten der freiwillig teilnehmenden Mädchen nicht ohne weiteres auf eine unbedingte Empfehlung für diese Veranstaltungsform schließen. Denn bei einer freiwilligen Teilnahme kann im Gegensatz zu allen anderen hier aufgeführten Gestaltungskriterien nicht davon ausgegangen werden, dass die Orientierungen der Mädchen abhängige Ausprägungen sind, die sich aus der Gestaltungsform ergeben. Vielmehr ist anzunehmen, dass diejenigen, die sich aus eigenem Antrieb für eine Teilnahme entschieden haben, bereits vor dem Aktionstag positivere Einstellungen gegenüber MINT-Berufen zeigten. Hinzu kommt, dass die Mädchen, die nicht aus eigenem Antrieb teilgenommen haben, trotzdem in allen Dimensionen der Berufsorientierung relativ positive Antworten geben – offensichtlich sind also auch viele dieser Schülerinnen durch einen Besuch des Girls'Day zu erreichen. Insofern kann hier nur dafür plädiert werden, die Verpflichtung zur Teilnahme von den jeweiligen organisatorischen Rahmenbedingungen abhängig zu machen und zu prüfen, welche Form dem jeweiligen Projektformat eher entspricht.

5.2 Geschlecht der Betreuungspersonen

Auch wenn die Girls'Day-Teilnehmerinnen nicht zufriedener sind, wenn sie hauptsächlich durch Frauen betreut werden, so können sie sich doch stärker mit den kennengelernten Berufen und dem Unternehmen bzw. der Institution identifizieren, wenn Frauen im Betreuungsteam vertreten sind. Auf einer abstrakteren Ebene wirken die Frauen allerdings nicht als Vorbilder: Eine grundsätzliche Affinität zu MINT-Berufen wird durch Betreuerinnen nicht erreicht. Auffällig ist, dass die Orientierungen der Gesamtheit der befragten Teilnehmerinnen nicht dadurch beeinflusst zu werden scheinen, ob sie hauptsächlich durch Frauen oder aber durch ein gemischtes Team betreut werden. Lediglich wenn die Betreuung der Teilnehmerinnen überwiegend durch Männer erfolgt, fallen die Orientierungen der Mädchen negativer aus. In einer weitergehenden Analyse der Wirkung des Geschlechts der Betreuungspersonen bei Girls'Day-Programmen wurden einzelne Gruppen von Mädchen überprüft. Dabei konnte gezeigt werden, dass dies nicht gleichermaßen für alle Schülerinnen gilt: So reagieren z. B. Hauptschülerinnen nur dann mit einer positiveren Wahrnehmung der vorgestellten Berufe und der veranstaltenden Organisationen, wenn sie ausschließlich durch Frauen betreut werden, nicht aber bei einer Betreuung durch ein geschlechtergemischtes Team (vgl. Wentzel 2014). Insofern kann festgehalten werden, dass es für alle Mädchen vorteilhaft ist, bei Girls'Day-Aktionsprogrammen durch Frauen betreut zu werden; dabei reicht es für viele Schülerinnen aus, dass sich u. a. Frauen unter den Betreuungspersonen befinden, während es für einige Gruppen wichtig ist, dass sie in erster Linie durch Frauen begleitet werden.

5.3 Angebot praktischer Tätigkeiten

Beinahe alle Berufsorientierungsprojekte, die Mädchen für MINT-Berufe ansprechen, integrieren praktische Tätigkeiten in das Programm. Diese, so wird allgemein vermutet, ermöglichen den Mädchen einen praxisorientierten Zugang, der an zwei wesentlichen Motivatoren für die Berufsorientierung, nämlich Spaß und Selbstwirksamkeit, ansetzt. Die Untersuchungsergebnisse zeigen, dass Mädchen, die praktisch tätig waren, tatsächlich in diesen beiden Bereichen positivere Antworten geben: Sie sind zufriedener mit dem Aktionstag und sie können sich zu einem höheren Anteil vorstellen, in MINT-Berufen zu arbeiten als die anderen Mädchen. Auffällig ist allerdings, dass sich die Mädchen aus handlungsorientierten Aktionsprogrammen die kennengelernten Berufe nur geringfügig besser als Zukunftsoptionen vorstellen können und die Aktionsprogramme keinen Einfluss auf die Bindung an die veranstaltende Organisation haben.

5.4 Herstellung von Werkstücken

In einem Teil der Girls'Day-Aktionsprogramme beinhalten die ausgeübten praktischen Tätigkeiten das Ziel, ein Werkstück herzustellen, das die Mädchen im Anschluss mit nach Hause nehmen können. Es könnte als Erinnerung an Erfolgserlebnisse bei der Fertigung dienen und einen Anstoß für Gespräche mit Eltern, Freundinnen und Freunden über die Erfahrungen am Aktionstag und die möglicherweise entdeckten Fähigkeiten geben. Tatsächlich beantworten die Mädchen, die Erinnerungsstücke gefertigt haben, alle hier analysierten Fragen jeweils zu sehr ähnlichen Anteilen positiv wie die gesamte Gruppe der Mädchen, die praktisch tätig waren. Da die angefertigten Werkstücke allerdings gerade eine Erinnerungsfunktion nach dem Ende des Aktionstags aufweisen sollen, wäre es verfrüht, zum Befragungszeitpunkt Wirkungen zu erwarten, die über die Einflüsse hinausgehen, die auch praktische Tätigkeiten generell ausüben. Um zu erforschen, ob die Fertigung von Erinnerungsstücken weitere Wirkungen aufweisen, müssten diese zu einem späteren Zeitpunkt erneut gemessen werden.

5.5 Vermittlung von Informationen über Ausbildungs- und Studienmöglichkeiten bei der veranstaltenden Organisation

Ob Mädchen am Girls'Day darüber informiert werden, welche Ausbildungen bzw. welche Studienrichtungen sie bei dem veranstaltenden Unternehmen bzw. der Institution absolvieren können, hat keinen Einfluss auf ihre Affinität zu MINT-Berufen und darauf, inwieweit sie die vorgestellten Berufe als attraktiv wahrnehmen. Sie sind sogar weniger zufrieden mit dem Aktionstag als die Schülerinnen, die diese Informationen nicht erhalten haben – möglicherweise empfinden sie die Vermittlung als langweilig. Der Blick auf diese nun genannten Orientierungen würde eher gegen das Angebot von Informationseinheiten sprechen. Allerdings sind sie für die veranstaltenden Organisationen durchaus lohnend, denn die Mädchen, die etwas über Zukunftsmöglichkeiten in den Organisationen erfahren haben, können sich eher vorstellen, dort ein Praktikum, eine Ausbildung oder ein Studium zu absolvieren, ihre Bindung an die jeweilige Organisation ist also im Vergleich höher.

6 Fazit

Im vorliegenden Beitrag wurden mögliche Wirkungen von Gestaltungskriterien, die besonders häufig bei Berufsorientierungsveranstaltungen für Mädchen eingesetzt werden, vorgestellt und diskutiert. Es wird deutlich: Alle betrachteten Faktoren üben Einfluss auf die Berufsorientierung von Schülerinnen aus. Allerdings zeigt sich, dass alle einzelnen der Gestaltungselemente zwar Wirkungen auf einige Dimensionen der Berufsorientierung wie beispielsweise Zufriedenheit, MINT-Affinität und Bindung an das veranstaltende Unternehmen haben, auf andere jedoch wiederum nicht. Insofern ist es für Projekte, die Mädchen und Schülerinnen für MINT-Berufe ansprechen wollen, anzuraten, ein möglichst breites Spektrum von Strategien zur Gestaltung einzusetzen, um Mädchen auf verschiedenen Ebenen zu erreichen.

Die vorliegenden Ergebnisse basieren auf Evaluationsergebnissen des Girls'Day – Mädchen-Zukunftstags. Es ist zu vermuten, dass viele der Befunde in ähnlicher Weise auch auf andere Projekte übertragbar sind. Gleichwohl bedingen Spezifitäten verschiedener Projektformen und ihrer jeweiligen Durchführungsmodalitäten, dass verschiedene Ansätze jeweils in ihren Wirkungen differieren. Um eine generelle Übertragbarkeit der Ergebnisse zu belegen, müssten die Wirkungen der Gestaltungselemente insofern auch für weitere Projektformen überprüft werden. Darüber hinaus ist anzumerken, dass die hier diskutierten Befunde jeweils für die Gesamtheit aller befragten Mädchen ohne Berücksichtigung soziodemografischer Merkmale aufgeführt werden. Komplexere Auswertungen zeigen allerdings, dass verschiedene Teilnehmerinnengruppen sich in unterschiedlicher Weise von einzelnen Elementen angesprochen fühlen und weitere Differenzierungen erforderlich sind. Insofern sind die Ergebnisse in mehrfacher Hinsicht als empirische Annäherungen zu verstehen, die als Grundlage für eine möglichst optimale Gestaltung von Berufsorientierungsveranstaltungen weiterer Klärungen bedürfen.

Der Fokus in diesem Beitrag liegt auf Gestaltungskriterien, die sich zum einen ausschließlich auf die direkte Ansprache von Mädchen beziehen und die zum anderen konkret operationalisierbar sind. Über die hier betrachteten Strategien hinaus sollen hier abschließend weitere relevante Aspekte genannt werden, die bei der Konzeption von Berufsorientierungsveranstaltungen ebenfalls zentral sind: Zum einen muss betont werden, dass die gendersensible Ansprache von Teilnehmerinnen ein äußerst relevantes Gestaltungselement ist, das entscheidend dazu beiträgt, den Einfluss von Geschlechterstereotypen auf den Blick der Schülerinnen auf MINT-Berufe zu reduzieren (vgl. Schmid-Thomae 2012). Zum anderen ist es wichtig, den Fokus nicht nur auf die Ansprache von Mädchen zu legen, sondern auch andere Instanzen einzuschließen. Publikationen, die Berufsorientierungsmaßnahmen für Schülerinnen kategorisieren, nennen als in diesem Sinne entscheidende Projektinhalte z. B. die Einbindung und Sensibilisierung weiterer Akteurinnen und Akteure wie Eltern und Schulen (Kompetenzzentrum Technik-Diversity-Chancengleichheit 2006, S. 157 ff.), den Aufbau von Frauennetzwerken und die Sensibilisierung der Öffentlichkeit für die Belange der gendersensiblen Begleitung von Berufsorientierung (Schuster et al. 2004, S. 68 ff.). Die Ansprache diverser Akteurinnen und Akteure und die Einbindung struktureller Faktoren sind essentiell, um mittel- und langfristig gesellschaftliche Rahmenbedingungen zu verändern, die die Basis für die geschlechtliche Segregation des Arbeitsmarktes bilden. Denn nur, wenn viele der multifaktoriellen Bedingungen der Berufsorientierung einbezogen werden, kann eine nachhaltige Veränderung der geschlechterstereotypen Muster von Berufsfindungsprozessen gelingen.

Literatur

Bossen, A., Budde, J., & Kansteiner, K. (2013). Pädagogische Praktiken in ko- und monoedukativen Klassenkulturen. Schulpädagogik Heute 8. http://www.schulpaedagogikheute.de/index.php/75-sh-8-2013/forschungsbeitraege/302-paedagogische-praktiken-in-mono-und-koedukativen-klassenkulturen#download-des-artikels. Zugegriffen: 3. Mai 2014.
BMFSFJ. (2009). Entgeltungleichheit zwischen Frauen und Männern in Deutschland. http://www.bmfsfj.de/RedaktionBMFSFJ/Broschuerenstelle/Pdf-Anlagen/entgeltungleichheit-dossier,property=pdf,bereich=bmfsfj,sprache=de,rwb=true.pdf. Zugegriffen: 2. Sept. 2014.
Bundesagentur für Arbeit. (2013). Fachkräfteengpassanalyse 2013. http://statistik.arbeitsagentur.de/Statischer-Content/Arbeitsmarktberichte/Fachkraeftebedarf-Stellen/Fachkraefte/BA-FK-Engpassanalyse-2013-12.pdf. Zugegriffen: 2. Sept. 2014.
Fisher, A., & Margolis, J. (2002). *Unlocking the Clubhouse: Women in Computing*. Pittsburg: MIT Press.
Funk, L., & Wentzel, W. (2014). *Mädchen auf dem Weg ins Erwerbsleben. Wünsche, Werte, Berufsbilder. Forschungsergebnisse zum Girls'Day – Mädchen-Zukunftstag 2013*. Opladen: Budrich UniPress.
GWK (Gemeinsame Wissenschaftskonferenz). (Hrsg.). (2011). *Frauen in MINT-Fächern. Bilanzierung der Aktivitäten im hochschulischen Bereich. Materialien der GWK, Heft 21*. Bonn: GWK.
Kompetenzzentrum Technik-Diversity-Chancengleichheit. (Hrsg.). (2012). Evaluationsergebnisse des Girls'Day – Mädchen-Zukunftstag 2012. Zusammenfassung der Ergebnisse. http://material.kompetenzz.net/girls-day/veroffentlichungen/zusammenfassung-evaluationsergebnisse-des-girls-day-maedchen-zukunftstag-2012.html. Zugegriffen: 23. April 2014.
Schmid-Thomae, A. (2012). *Berufsfindung und Geschlecht: Mädchen in technisch-handwerklichen Projekten*. Wiesbaden: VS Verlag für Sozialwissenschaften.
Schuster, M., Sülzle, A., Winker, G., & Wolffram, A. (2004). Neue Wege in Technik und Naturwissenschaften. Wirtschaftsministerium Baden-Württemberg. http://www.fortbildung-bw.de/wb/06_frauen/downloads/Berufswahl.pdf. Zugegriffen: 1. Aug. 2012.
Thaler, A. (2006). *Berufsziel Technikerin?* (Technik- und Wissenschaftsforschung; 53). München: Profil.
Whitten, B. L., Dorato, S., Duncombe, M. L., Allen, P., Blaha, C. A., Butler, H. Z., Shaw, K. A., Taylor, B. A. P., & Williams, B. A. (2007). What works for women in undergraduate physics and what we can learn from women's colleges. *Journal of Women and Minorities in Science and Engineering, 13*, 37–76.
Wentzel, W. (2006). Fazit: Projekte zur Unterstützung von Schülerinnen in ihrer beruflichen Orientierung – durch Vielfalt zur Nachhaltigkeit. In Kompetenzzentrum Technik-Diversity-Chancengleichheit. (Hrsg.), *Girls'Day – Mädchen-Zukunftstag und mehr. Projekte zur Berufsorientierung von Mädchen* (S. 157–178). Bielefeld: W. Bertelsmann Verlag.
Wentzel, W. (2014). Weibliche Rollenvorbilder in MINT-Berufsorientierungsprojekten für Mädchen – unverzichtbar oder überschätzt? Der Einfluss weiblicher Betreuungspersonen am Girls'Day auf die Berufsorientierung der Teilnehmerinnen. In L. Funk & W. Wentzel (Hrsg.), *Mädchen auf dem Weg ins Erwerbsleben. Wünsche, Werte, Berufsbilder. For-*

schungsergebnisse zum Girls'Day – Mädchen-Zukunftstag 2013 (S. 93–134). Opladen: Budrich UniPress.

Wissenschaftliches Sekretariat für die Studienreform im Land Nordrhein-Westfalen. (2000). *Ingenieurinnen erwünscht! Handbuch zur Steigerung der Attraktivität ingenieurwissenschaftlicher Studiengänge für Frauen.* Gemeinsame Kommission für die Studienreform im Land Nordrhein-Westfalen, Bochum.